AV

Siegfried Pitschmann

Erziehung eines Helden

Herausgegeben
und mit einem Nachwort versehen
von
Kristina Stella

AISTHESIS VERLAG
Bielefeld 2015

Abdruck der Fotografien mit freundlicher Genehmigung
des Zentralarchivs VE Mining & Generation, Schwarze Pumpe

Bibliografische Information der Deutschen
Nationalbibliothek

Die Deutsche Nationalbibliothek verzeichnet diese
Publikation in der Deutschen Nationalbibliografie;
detaillierte bibliografische Daten sind im Internet
über http://dnb.d-nb.de abrufbar.

© Aisthesis Verlag Bielefeld 2015
Postfach 10 04 27, D-33504 Bielefeld
Schutzumschlaggestaltung unter Verwendung eines Fotos aus
dem Zentralarchiv VE Mining & Generation, Schwarze Pumpe
Satz: Klaus Lepsky
Bildgestaltung: Stephan Brühl
Druck: Hubert & Co., Göttingen
Alle Rechte vorbehalten

ISBN 978-3-8498-1100-6
www.aisthesis.de

Erziehung eines Helden

Dieses Buch ist,
mit der Bitte um Nachsicht für Unvollkommenheit,
meinen ungezählten Lehrmeistern
im Kombinat Schw. Pumpe
und meiner Frau Brigitte
dankbar für ungezählten Anlaß gewidmet.

Siegfried Pitschmann

I Ein Mann unterwegs

Ein Zug fuhr durch die Ebene.

Die Landschaft, geordnet in Wiese, Bruch und Wald, Acker und Ortschaft, drehte sich eilig am Fenster vorbei. Eine Windmühle flügelte geschäftig, wurde vergessen, Dächer hoben sich rot, tauchten hinter den Horizont, Telegrafenstangen hüpften, erschrocken bimmelte eine Schranke.

Der Mann, (Wagen 3, zweites Abteil, Fensterplatz links), dachte: Es steht dir noch alles frei.

Er schielte nach seinem Koffer, der massig und breit im Gepäcknetz über ihm lag.

Alter Koffer, dachte der Mann, wir können noch jederzeit umkehren, auf der nächsten Station, oder auf der übernächsten, selbst dort, wo wir endgültig ankommen. Was meinst du.

Er stand auf, er ließ das Fenster ein Stück herunter. Es war heiß im Wagen, grelle Augustsonne stach schräge Pfeile von Hitze und Licht durch die Scheiben.

Pfeifend schoß der lange, schlanke Zug dahin. Die Räder schlugen hastigen Doppeltakt, und die Waggons wiegten sich rhythmisch über den klappernden Drehgestellen. Der Zug hatte hohes Tempo, es entstand ein schriller, kreischender Ton, man lehnte sich zurück und hatte einen Augenblick heftige Vorstellung von Gefahr, Schienenbruch, Entgleisung, – rasende Schußfahrt ins Leere, – dann war das vorüber. Signale grüßten mit erhobenen Armen.

Die Abteile waren voll besetzt, es war Nachmittag. Ein Kind plapperte schläfrig. Jemand hatte seinen Kopf auf die Schulter einer fremden Frau rutschen lassen, aber die Frau rührte sich nicht. Vier Männer spielten Karten, bellten sich streitend an. Eine Alte mit Hut hielt ängstlich ihr Köfferchen. Einer hatte die Hände über dem Bauch gefaltet und schnarchte.

Der Mann saß jetzt schmal in seine Ecke gedrückt. Er hatte die Augen zu, aber er schlief nicht.

Seine Erinnerung, gesättigt von Erlebnis und immer in Bereitschaft, holte Bilder herauf, und immer war das Mädchen in ihnen, und es war schön und ein bißchen schmerzlich, diese Bilder mit diesem Mädchen zu träumen: er genoß es voll Mitgefühl mit sich selbst. (Und damit treffen wir eine seiner Schwächen.)

Das Mädchen stand in einer Wegbiegung des Parks. Der Park war berühmt, obgleich man ihn stets eines gewissen Gruftgeruchs verdächtigte, wenn man an die schwärmerisch hingerissenen Gesichter alternder Professorenfrauen dachte, durch deren verzückte Vorstellung DER GROSSE ALTE vom Frauenplan wie ein ewiger Gott mit der Leier hinwandelte.

Jedoch dies fiel nicht ins Gewicht.

In einer Wegbiegung stand das Mädchen, sie war, zwei Schritte vor ihm, plötzlich stehengeblieben, halb zu ihm herumgedrht, sie hob den Arm, und ihr Gesicht spiegelte den Tag, diesen Tag im zeitigen Frühjahr, mit Wind, hellgrauen, eiligen Wolkenfetzen unter dem Himmel, mit Unruhe und Vorgefühl kommender Reifezeiten und mit dem Lärm der Vögel in den alten Bäumen. Sonne war auch da, ab und zu, und das Mädchen stand da in der Wegbiegung, hinter der man durch säuberlich geschnittene Hecken einen Flügel des kleinen Schlosses erkennen konnte, stand da, hob den Arm und lächelte.

Nichts weiter geschah, die Zeit schien in angespannter Stille einen Augenblick auszusetzen, und vielleicht kam es gerade darauf an, daß nichts weiter geschah.

Mit einem fremden Gefühl, als sähe er sie zum erstenmal, als begänne er sie gerade erst zu lieben, starrte der Mann auf das Mädchen, und ihn ergriff plötzlich Angst.

„Bleib doch", sagte er.

Er machte die zwei Schritte zu ihr hin, aber sie hörte es nicht, und nun, in der Art, wie sie den Arm sinken ließ, sich umwendend, schon halb im Gehen, litt er auf einmal Möglichkeiten von hundert Abschieden voraus, alle schienen sie bereits in dieser einen kleinen Geste beschlossen.

Freilich war es unmöglich, sich ihr begreiflich zu machen, zudem schalt er sich selbst närrisch und überspannt, sie gingen jetzt nebeneinander her, und das Mädchen stützte leicht die Hand auf seinen Arm.

Das Bild verschwamm. Der Mann sah hinaus.

Draußen war Kiefernheide, soweit man sehen konnte, selten ein Hügel, dann eine Schneise, durch die sich in weiten Bögen eine Überlandleitung schwang. Es fiel schwer, sich die hochgespannte Energie vorzustellen, die unaufhörlich die dikken Drähte durchraste. Manchmal kamen Birken, freundliche Farbtupfen zwischen den strengen, dunkelgrünen Rechtecken der Schonungen, die in der Sonne brüteten, von den fast weißen Schnüren der Sandwege zerteilt, dann wieder Kiefern, Kiefernheide, Kiefern.

Daran wirst du dich gewöhnen, dachte der Mann. Alles andere, an das du dich gewöhnen mußt, wird schwerer sein. Aber du kannst es dir noch überlegen, bitte sehr.

Plötzlich sah er in seiner Vorstellung die ungeheuer flache, eintönige Landschaft da draußen seltsam zerklüftet von imaginären Baugerüsten, – Schornsteinen, die wie phantastische Gewächse in die Höhe schossen, von Masten und Kränen, die gespenstisch herumschwenkten und, unerhörte Riesenmuskel, gewaltige Lasten irgendwohin nach oben hoben.

Die Vorstellung, oftmals geprobt, gefiel ihm, sie hatte Romantik und begeisterte ihn, und in diesem Augenblick wußte er auch, daß ernstlich nie daran zu denken war, umzukehren, einfach alle seine lange und mühsam gereiften Entschlüsse wieder zurückzunehmen. Er war nun einmal, aus Eigensinn, Neigung und Neugier, in Gang gesetzt auf sein abenteuerliches

Ziel hin, und es brachte ihn nichts mehr davon ab, auch seine Ängste oder ungewissen Erwartungen nicht: die Richtung, so sagte er sich, stimmte.

Damals, erinnerte sich der Mann, begann langsam seine Unruhe und Ungeduld sichtbar zu werden.

Wie war der Tag noch deutlich: Der Himmel ohne Trübung von Aufgang bis Untergang, die Berge sanft aneinandergerückt, schummernd unter dem dichten Mantel der Tannen, ein kleines Dorf an einen Hügelrücken geschmiegt, vereinsamte Täler mit zierlichen Rauchkräuseln von Kohlenmeilern, Wiesen in feierlichem Grün, über ihnen kreisender Flug der Bussarde, das melodisch verwehende Geläute einer Herde, die durch einen fernen Windbruch trieb, – und dann die zärtliche Linie des Horizonts, kaum merklicher, blaßblauer Übergang weit hinter Hang und Höhe.

Dies alles, unendlich liebenswert, gab es, und es wurde noch liebenswerter, weil das Mädchen da war: was wollte er mehr.

Zuletzt standen sie auf der Sperrmauer eines kleinen Stausees inmitten der Berge, lehnten sich über die breite Brüstung und sahen hinunter, fast geblendet von den Sonnenreflexen auf der klaren Fläche, und der Mann spuckte ins Wasser und beobachtete, wie es Kreise zog.

„Laß doch sein", sagte das Mädchen. „Du machst mir den schönen Spiegel kaputt."

„Entschuldige", murmelte der Mann.

„Was hast du", sagte sie, ihn von der Seite ansehend.

„Nichts", sagte er, „was soll sein. Nichts." Er drehte sich um, ging an ihr vorbei, und er fühlte ihren Blick im Rücken.

Das Mädchen seufzte, (was für eine Geduld hatte sie damals!) sie stieß mit der Fußspitze an die Mauer, kam langsam hinter ihm her.

Heute sah der Mann ein, wie schwer er es ihr gemacht hatte, und nicht nur an jenem Tag. Er malte sich mit ziehendem Verlangen ihr Gesicht aus, klein, schmal, mit den flachen, schwarzen Bögen der Brauen, die in der Mitte zusammentrafen und stets etwas von Wildheit verrieten, er zog in Gedanken den Schwung ihrer Lippen nach, versuchte sich den Ton ihrer Stimme vorzustellen, aber es gelang nicht; das Geräusch des dahinrasenden Zuges schrillte wie ein Wecker in seinen Traum.

Er sah hoch, die Alte mit Hut ihm gegenüber war eingenickt, ihr Kopf pendelte hilflos bei jedem Stoß des Wagens. Der Mann kontrollierte seine Uhr: die Station, auf der er zum letztenmal umsteigen mußte, konnte nicht mehr weit sein.

Was habe ich damals gesagt, grübelte er, und damit holte er sich noch einmal die Erinnerung zurück.

„Ist es nicht schön hier?" fragte das Mädchen, indem sie nach seinem Arm griff. Ihre Augen, sehr groß, sahen ihn an, diese Augen, deren Farbe kaum zu bestimmen war, wechselnd von Oliv nach Braun, schwarz eingefaßt, mit stumpfen Lichtpunkten wie von splitterndem Bernstein.

„Gefällt es dir nicht?" sagte sie.

„Doch", sagte der Mann. Er hockte neben ihr im trockenen Gras der Uferböschung zwischen Tannengestrüpp. Durch eine breite Lücke sah man das Wasser.

„Es gefällt mir. Es ist schön hier." Er preßte die Lippen zusammen, seine Stirn zeigte zwei senkrechte Falten, er sagte: „Es ist zu schön, verstehst du. Man verdient es nicht."

Das Mädchen schüttelte den Kopf.

„Nein, du verstehst nicht", sagte der Mann. „Du kannst mich nicht verstehen. Vielleicht war es Unsinn. Vergiß, was ich gesagt habe."

„Schrecklich mit dir", rief sie, sich aufrichtend, und in einem plötzlichen Ausbruch krallte sie ihre Nägel in seinen Arm. „Ich will endlich wissen, was du für Gedanken hast, ich werde krank, wenn ich nicht weiß, was du denkst. Sag doch was, man muß ja Angst vor dir haben."

„Angst", wiederholte der Mann, während er vor sich hinstarrte. Er packte die Hand des Mädchens. „Ich weiß nicht,

wie ich es dir erklären soll. Aber du mußt nicht denken, daß
es mit dir zusammenhängt." Er küßte ihre Fingerspitzen.
 Das Mädchen schloß die Augen und lehnte sich zurück,
sie verschränkte die Hände im Nacken, und der Mann betrachtete einen Moment überrascht die zurückgebogene Linie
ihres Halses. Unter der sanft gespannten Haut pulste leise und
gleichmäßig eine Ader.
 „Man muß etwas tun", murmelte er. „Ich halte das nicht
länger aus."
 „Ich weiß nicht, wovon du sprichst", sagte das Mädchen
unter halbgeschlossenen Lidern. „Ich gebe mir Mühe, dich zu
verstehen, aber ich weiß nicht, von was du sprichst."
 „Es ist das alte Lied", sagte der Mann, „und du weißt es
auch. Ich spreche davon, daß ich keine Lust mehr habe, herumzusitzen und unnütze Musik zu machen, verstehst du, herumzusitzen, während die anderen ..."
 Er winkte wütend ab, er riß einen Grashalm heraus und
zerpflückte ihn in kleine Stücke.
 „Die anderen", sagte sie langsam, und ihre Stimme klang
plötzlich so, als stünde sie als Lehrerin vor ihrer Schulklasse.
„Was denn. Sie gerben Leder, fahren Straßenbahnen, bringen
den Kindern bei, wie man schreibt und rechnet, sie säen Korn,
lackieren Autos, – alles was du willst, und du spielst Klavier. Sie
hören dir zu, überall, wo du spielst, in Kurhotels, manchmal
im Radio, sogar in Fabrikkantinen, sie hören dir zu, und es
macht ihnen Vergnügen. Ist das nichts?"
 „Schöne Arbeit", sagte der Mann verächtlich. Er rieb die
Stelle an seinem Arm, an der ihre Nägel eine kleine, scharfe
Spur gezeichnet hatten, er sagte: „Schöne Arbeit. Schönes
Klavierspielen, schönes Vergnügen."
 Das Mädchen beugte sich hastig herüber, ihre Lippen fuhren
mit zärtlichem Eifer über die Stelle, und der Mann spürte,
wie warm ihre Lippen waren, und er wünschte sich, daß sie
nicht aufhören sollte, ihn so zu streicheln. Er dachte flüchtig:

Vielleicht hat sie recht, und zugleich dachte er daran, daß sie im Grunde vielleicht nie seine Unzufriedenheit und Ungeduld begreifen würde: Sie ruhte ja sicher und glücklich in ihrem Beruf.

„Du mußt nicht so bitter sein", flüsterte sie, während ihr Atem an seinem Ohr vorbeistrich.

Sie lag schmal halb an ihn gelehnt, und er sah auf ihre Schulter herab, die sich zierlich unter dem dünnen Kleid rundete, er spürte die vertraute Rundung, und er spürte auch die Energie, die oftmals unvermutet ihren Körper zu spannen schien, und dann sah er auf das Stück See zwischen den Tannen hinaus, wo gerade der Kahn des Schleusenwärters gewichtig vorbeiruderte, (seine Erinnerung war sehr genau), er sagte benommen: „Ich werde etwas Verrücktes tun."

Er wollte noch mehr sagen, aber sie legte ihre Hand auf seinen Mund, und er hatte plötzlich großes Verlangen, ganz ohne Gedanken zu sein. „Du wirst sehen", wiederholte er eigensinnig in ihre Hand hinein, „eines Tages werde ich etwas ganz Verrücktes tun", und dann sagte er nichts mehr, sie küßte ihn, und der Mann küßte sie auch, und seine Unruhe löste sich in einer langen, atemlosen Umarmung.

Aber jetzt, hier im Zuge, je näher er seinem Ziel kam, erschien ihm das, was er tun wollte, immer weniger verrückt: es war ganz einfach, sagte er sich, wenn man sich erst entschlossen hatte.

Der Zug polterte über Weichen, er bremste.

Der Mann zerrte seinen Koffer aus dem Gepäcknetz, er stieg aus, trieb mit dem Strom der Reisenden über den Bahnsteig. Der Bahnsteig war sehr lang, heiß von der Sonne, und der Mann schleppte keuchend und schwitzend seinen Koffer.

Reiß dich zusammen, dachte er, du wirst noch ganz andere Sachen schleppen. Mit ihm hasteten viele Menschen zum Anschlußzug, der auf einem weit entfernten Gleis wartete, und die Männer, die ihn drängelnd und lärmend überholten, schienen ihm abenteuerlich genug auszusehen, er musterte sie verstohlen, und er dachte: Sie haben sicher dasselbe vor wie du. Sie paßten in seine romantische Vorstellung von dem, was ihn erwartete.

Später, als der Zug schon lange fuhr, langweilig bummelnd von einer Station zur anderen, versuchte der Mann etwas zu schlafen. Aber er schrak immer wieder hoch. Schließlich döste er nur ein bißchen vor sich hin.

Er hörte aus dem Nebenabteil Fetzen einer wilden, von Gelächter zerhackten Unterhaltung. Einer der jungen Leute, die dort eingestiegen waren, hatte ein Kofferradio bei sich, das quäkte und wimmerte wie eine Hammond-Orgel. Jemand schrie: „Wißt ihr, was Zacke gemacht hat?"

„Schnauze", knurrte eine Stimme. Vielleicht gehörte sie diesem Zacke.

Einer rief: „Gut, Zacke, alter Fremdenlegionär."

Fremdenlegionär, dachte der Mann. Wieso Fremdenlegionär?

„Na los, Zacke, erzähl, was du gemacht hast."

„Also wie der Kerl mit der Stoppuhr dasteht", erklärte der erste, anscheinend zappelnd vor Ungeduld, „wie er dasteht mit seiner verdammten Uhr und mit dem Notizblock, und Zacke sieht sich das eine ganze Weile an, ganz ruhig, versteht ihr, und dann sagt der Kerl: Ich will euch doch bloß helfen, ihr habt zuviel Stillstandzeiten in eurer Norm, zuviel Stillstandzeiten, sagt er; also da knallt Zacke seine zwei Ziegel, die er gerade in der Hand hat, dem Kerl genau vor die Füße. Vom Wagen runter genau vor die Füße."

„Na und?" grunzte Zacke.

„Genau vor die Füße", schrie der erste wieder. „Der Kerl macht ein Gesicht, also ein Gesicht, sage ich euch, er glotzt durch seine dicke Brille, rührt sich nicht vom Fleck. Und da steigt Zacke vom Wagen, er schiebt langsam auf den Kerl zu.

Ich denke, na, jetzt klingelt es gleich, wie Zacke so auf ihn zuschiebt, gleich klingelt es."

„Hast du ihm ordentlich die Fresse poliert?" Die Stimme eiferte vor Erwartung.

Nun, wie gefällt dir das, dachte der Mann. Schöner Vorgeschmack, nicht wahr?

Er hörte, wie Zacke sagte: „Quatsch, Fresse poliert. Geh ich drei Monate in Kahn, was?" Das Radio lärmte. Zacke sagte: „Was werd ich gemacht haben? Hab ich ihm gesagt, daß er soll sorgen für kürzere Stillstandzeiten, Kerl mit dickem Arsch, verdammten. Soll er Krach machen bei Transportleitung, hab ich gesagt. Soll machen, daß die Wagen pünktlich kommen und soll nicht blödes Zeug reden, sonst kriegt er Klamotte an Kopf."

Der Mann begriff nicht ganz, um was es ging, er begriff nur soviel, daß es sich um eine Norm drehte, er kannte sich darin nicht aus, aber bald würde er sich darin auskennen, er dachte: Du wirst noch viel lernen, wenn du erst mal richtig dabei bist, wollen wir hoffen, daß du es lernen wirst. Wollen wir hoffen, daß du einmal richtig dabei sein wirst.

Der Zug hielt schon wieder, und der Mann wußte, daß er noch eine reichliche Stunde in diesem träge dahinratternden, von Stimmengewirr und Radiogeleier erfüllten Kasten aushalten mußte. Nur Geduld, sagte er sich, du wirst noch früh genug ankommen.

Draußen auf einem Schild sah er den Namen der Station in deutscher und sorbischer Sprache, er konnte den fremden Namen nicht entziffern, und einen Augenblick hatte er das Gefühl, unerkannter Ausländer auf einer gewagten Reise zu sein, und es hätte ihn nicht gewundert, wenn plötzlich die Menschen in seinem Wagen in einer fremden Sprache geredet hätten.

Nebenan gab es wieder Gelächter, der eine sagte irgendwas Unflätiges, und der Mann hatte eigentlich keine Lust mehr, zuzuhören, doch die Stimme von Zacke zwang ihn, immer wieder hinzuhören, seine harte, gebrochene Sprechweise, die er vielleicht aus Oberschlesien mitgebracht hatte, oder wo immer er hersein mochte.

Hier bist du jedenfalls richtig, dachte der Mann. Hier bekommt der verkrachte Herr Kaffeehausmusiker gleich den richtigen Vorgeschmack.

Der verkrachte Kaffeehausmusiker, das war es. Damals am Stausee brachte er es nicht fertig, sein Unbehagen zu erklären, und er hatte es auch später niemals fertig gebracht. Wie sollte das Mädchen sein Gefühl von Schuld begreifen, begreifen, daß er sich stets vorkam wie einer, der nutzlos oder unbrauchbar draußen herumsteht, und inzwischen wächst ein neues Haus, jeder leistet sein Teil, handelt, arbeitet, bringt etwas vor sich.

Wohin sollte er mit seiner Enttäuschung, als er plötzlich einsehen mußte, daß die Jahre des Studiums umsonst gewesen waren, daß seine Fähigkeiten trotz aller Mühe nicht ausreichten, ein guter Pianist zu werden, oder wenigstens das, was er von einem guten Pianisten verlangte. (Dein großer Traum von großer Kunst, mein Freund: nichts als ein törichter Auswuchs von Pubertät.)

Die Unterhaltung im Nebenabteil schrumpfte zur dunklen Geräuschkulisse zusammen, vor der sich hastig seine Gedanken bewegten, und wenn er zum Fenster hinaussah, erkannte er zwar das Gefüge der Landschaft: öde Heideflächen, die ihm langsam vertraut wurden, den riesigen Talkessel eines Tagebaus mit dem verworrenen Netz der Grubenbahngleise, und hinter einem Waldstrich eine Gruppe von Schornsteinen und Kühltürmen mit ihren wolkig übergestülpten Mützen aus Dampf vor der vergehenden Bläue des Horizonts, – aber das alles nahm er nur wahr wie jemand, der, sehr ermüdet, eine Seite in einem Buch liest und immer wieder liest und schließlich doch nicht weiß, was er gelesen hat.

Der Mann dachte mit Anflug von Bitterkeit: Du warst eine vollkommene Fehlinvestition.

Aber es war gut, daß du es eingesehen hast, und vielleicht war es gut, daß du versucht hast, noch daraus das Beste zu machen, und wenn dich das Mädchen auch nicht verstand, so warst du ihr doch dankbar, wenn sie dich trösten wollte.

Vielleicht, dachte der Mann, warst du ihr deshalb dankbar, weil damit deine Entscheidung, die einmal kommen mußte, immer wieder hinausgeschoben wurde, und natürlich war es zunächst nur Spielerei, wenn du gesagt hast, daß du etwas ganz Verrücktes tun willst, deine Vorstellung schwamm im Nebel, und noch fehlte der letzte Anstoß, der dich endlich in Bewegung brachte.

Die Erinnerung, an diesem Punkt, an dieser neuralgischen Stelle angelangt, schmerzte ihn, und der Mann hätte sein Gedächtnis gern überredet, hier auszusetzen, aber die Bilder, die ihn schon überwucherten, konnte man nicht einfach abschalten wie einen Fernsehschirm.

An diesem Abend, (er schien, obwohl er erst drei Wochen zurücklag, in eine entfernte Vergangenheit zu gehören, in ein Leben, das einen nichts mehr anging), an diesem Abend war alles anders.

Da war zwar das Zimmer des Mädchens. Da waren die Möbel, die er so gut kannte, das lange Bücherregal, etwas durchhängend unter der Last vieler Bände, da war der altmodische, hochbeinige Schreibtisch in der Ecke, mit Stapeln von Schulheften, die wacklige Stehlampe, die ihren mattgelben Lichtkreis sparsam abzirkelte.

Außerhalb des Lichtkreises saß der Mann in einem Sessel. Er dachte: Ich habe es gewußt. Ich habe es schon an der Tür gewußt, vielleicht schon immer. Nun kannst du zusehen, wie es dich kurz und klein schlägt.

Er saß da in seinem Sessel, etwas krumm, nach vorn gebeugt, er sah sich, wie er dort hockte, als wäre er ein Fremder; die langen Beine standen mit spitzen Knien lächerlich hoch, er hatte die Arme gekreuzt, und seine Hände, letztes Requisit einer hochtrabend begonnenen Laufbahn, lagen unruhig mit nach oben durchgebogenen Fingerspitzen auf der schmalen Sessellehne.

Ich gebe eine jämmerliche Figur ab, dachte er, aber es ist mir gleich, ob ich eine jämmerliche Figur abgebe oder nicht. Jetzt ist mir alles gleich. Er sagte: „Möchtest du eine Zigarette?" Er schob langsam die Schachtel über den Tisch, der klein und niedrig zwischen ihnen stand.

Das Mädchen streckte die Hand aus, und der Mann sah zu, wie sie eine Zigarette aus der Schachtel nahm und hastig anzündete. Ihr Gesicht zeigte Abwesenheit.

So ist das also, dachte der Mann. Er hörte überlaut das Geticke der Uhr an der Wand mit der verblichenen Tapete, es dröhnte wie ein Hammer in seinen Ohren.

Er dachte: Was willst du, es ist eine ganz einfache, banale Geschichte, oder zumindest ist es die alte, ewige Leier, die immer wieder heruntergespielt wird: ein anderer taucht auf, der berühmte Andere, dieser blödsinnige lachende Dritte, der in jedem billigen Theaterstück vorkommt, und du bist abgemeldet, du kannst gehen.

„Dein Gesicht", sagte das Mädchen, „du mußt nicht so ein Gesicht machen. Ich kann es doch auch nicht ändern."

Der Mann sagte: „Nein, du kannst es auch nicht ändern." Seine Stimme kratzte wie der Ton alter, abgenutzter Schallplatten. Er sagte: „Darf ich meine Zigarette zu Ende rauchen?"

„Bitte", sagte sie.

Er wagte nicht mehr, das Mädchen anzusehen. Sie schien ihm schon ganz fremd, durch eine lange Strecke stillstehender, wie Glas starrer Luft von ihm getrennt, und mit jedem tückisch zuhackenden Pendelschlag der Uhr entfernte sie sich weiter von ihm.

Mein Gott, dachte er, und zum erstenmal spürte er so etwas wie Verzweiflung, ich habe sie geliebt, erst jetzt weiß ich, wie ich sie geliebt habe, und vielleicht liebe ich sie immer noch.

Er sah zur Wand hinüber. Da hing Picassos trauriger Don Quichotte mit den Windmühlen, und ein Stück seitlich davon starrte aus einem schwarzen Rahmen das schwärzliche Auge eines strengen Frauengesichts. Er haßte das Bild, er dachte: Das Auge dieser fremden Frau hat zugesehen, immer war es da, immer hat es herübergestarrt, es hat unsere Umarmungen gesehen und unsere heimlichen Ekstasen, jeden Kuß hat es gezählt.

Der Gedanke, so lächerlich er war, quälte ihn, und zugleich quälte ihn die Vorstellung, wie das Auge mit der gleichen finsteren Unbeteiligtheit auf neue Umarmungen herabsehen würde, oder vielleicht hatte es schon herabgesehen, auf neue Verzückungen und auf neue Zärtlichkeiten, die diesem Anderen galten. Er dachte: Es ist ekelhaft, wie du dir alles ausmalst, und es ist billig und gemein und ekelhaft, zu versuchen, auf diese Art mit deiner Enttäuschung fertig zu werden.

Wie hinter einer Glaswand hörte er das Mädchen sagen: „Du weißt, daß ich dich nicht belügen kann."

„Ja", sagte der Mann, „ich weiß es, und ich bin dir dankbar, weil du mich nicht im Unklaren läßt." Dankbar, dachte er, es ist die jämmerliche, winselnde Dankbarkeit eines geprügelten Hundes, der seinem Herrn die Hand lecken darf. Er sah auf die Zigarette zwischen seinen Fingern, er dachte: Sie ist gleich zu Ende. Was mache ich, wenn sie zu Ende ist?

Das Mädchen sagte leise: „Vielleicht erinnerst du dich. Wir haben uns vorgenommen, wenn es einmal so weit sein sollte, ohne Bitterkeit auseinanderzugehen. Erinnerst du dich?"

„Ja", sagte der Mann, „ich erinnere mich. Und jetzt ist es so weit." Er spürte plötzlich den leicht angegangenen Geruch von Parfüm und Zigarettenrauch, vermischt mit dem reinlichen Duft von Seife oder frischer Wäsche, diesen Geruch, der ihm das Zimmer hundertmal vertraut gemacht hatte, er sagte: „Ja, jetzt ist es so weit."

Er wußte, daß er nun gleich aufstehen mußte, um irgendwie aus dem Zimmer zu gelangen. Aber er saß da, als wäre er gelähmt, er starrte feindselig die Zigarette an, die ihm schon fast die Fingerspitzen verbrannte, und dann sah er doch das Mädchen an, und plötzlich hatte er unsinniges, hoffnungsloses Verlangen, ihre Hände zu streicheln, ihre Arme, ihren Hals und das Weiße unterhalb des Halses, er würde ihr Gesicht küssen, wild und verzweifelt würde er es küssen, und dabei sagte er sich, daß es wahrscheinlich das Albernste und Primitivste war, was ein Mann in einem solchen Augenblick tun konnte.

Das Mädchen drückte die Zigarette aus, sie stand auf, ging ein paar Schritte im Zimmer umher, dann nahm sie ein Buch aus dem Regal, sie durchblätterte es gleichgültig oder zerstreut, stellte es an seinen Platz zurück, sie fuhr mit dem Handballen ordnend über die lange Reihe der Bücherrücken, und der Mann sah benommen allen ihren Bewegungen zu, die für ihn etwas trostlos Endgültiges, Abschließendes hatten, er saß noch immer im Sessel, unfähig, sich zu rühren.

Natürlich ist er Lehrer, dachte er plötzlich, sie hätte es mir kaum zu sagen brauchen. Natürlich unterrichtet er an derselben Schule wie sie, und ich bin sicher, daß er tüchtiger ist als ich. Er dachte verbittert: Er ist in jedem Fall tüchtiger als ich.

Draußen unter dem Fenster waren die Geräusche der Straße, wie sie immer dagewesen waren, der elektrische Bus kam, bremste mit einem stumpf schleifenden Ton an der nahen Haltestelle, man hörte die Tür rollen, irgendjemand stieg aus oder ein, die Tür rollte zu, und der Bus fuhr weiter. Dann klangen Schritte auf dem Pflaster, leichte, stöcklig klappernde Frauenschritte, irgendwo schlug klirrend ein Fenster, die Schritte entfernten sich, und dann war es ganz still.

Mit einem Gefühl, als müßte gleich etwas in ihm zerreißen, sah der Mann das Mädchen am Bücherregal stehen, sie stand halb abgewendet, und ihre Hand sank langsam herab, wie damals im Park. Mach ein Ende, dachte er. Mach endlich ein Ende.

Und nun, während er mit einer Art Ekel und Entsetzen spürte, wie die Minuten in endlosen, weich zerfließenden Zwischenräumen versickerten, in denen man zu ersticken drohte, und während er gleichzeitig wahrnahm, wie im oberen Stockwerk röhrend eine Wasserleitung ging, brachte er es fertig, aus seinem Sessel hochzukommen. Er sagte mühsam: „Also dann …"

„Du kannst mir ruhig die Hand geben", sagte das Mädchen, sich herumdrehend, und der Mann gab ihr die Hand, von einer sinnlosen Angst erfaßt, daß er nun doch noch irgendwas Unberechenbares oder Peinliches sagen oder tun könnte, aber er sagte und tat nichts Unberechenbares oder Peinliches, er ließ die Hand des Mädchens los und ging zur Tür, er lief mit kurzen, ungeschickt steifen Schritten.

Das Mädchen sagte: „Ich hoffe, daß du deinen Zug noch erreichen wirst." Sie ging an ihm vorbei durch den dunklen Flur, ihre Hand streifte dabei seinen Arm.

Er sagte: „Keine Sorge. Ich erreiche ihn noch", und natürlich wußte er, daß er ihn nicht erreichen würde; denn um diese Zeit fuhr kein Zug mehr nach dem Nest, in dem er seit Wochen spielte, und er war sicher, daß sie es auch wußte. Ich werde im Wartesaal schlafen, dachte er, es ist idiotisch und lächerlich, in diesem Moment darüber nachzudenken, wo ich schlafen werde, aber es ist mir völlig egal, jetzt, wo alles vor die Hunde geht.

Das Schloß knirschte, während das Mädchen die Haustür aufsperrte, und der Mann ging durch die halboffene Tür, er sagte mit einer müden, verwunderten Stimme: „Siehst du, es regnet nicht."

Er stand einen Augenblick auf der Haustürstufe, er dachte: Gleich wird die Tür zufallen. Er hörte, wie das Mädchen noch etwas zu ihm sagte, aber er verstand es nicht, oder vielleicht wollte er es nicht verstehen, er sagte noch einmal: „Todsicher, ich habe geglaubt, daß es regnen würde", – und dann ging er.

Die eiserne Tür des Vorgartens kreischte in den Angeln; mit diesem Geräusch brach die Erinnerung des Mannes ab, und zugleich rettete es ihn in die Gegenwart zurück.

Der Zug fuhr mit kreischenden Bremsen in seinen Zielbahnhof ein.

Es war ein ganz gewöhnlicher, kleiner, grauer Provinzbahnhof, wie es sie hundertmal an allen Strecken gibt, mit drei teerpappeüberdachten, steingrauen Bahnsteigen, mit dem zweistöckigen Stationsgebäude, grau und nüchtern und sehr häßlich, und der Mann, indem er langsam hinter der Menschenmasse herging, die sich lärmend und gestikulierend wie eine Überschwemmung durch die enge Sperre ergoß, eilig, rennend, als hätten sie alle Angst, irgendwas zu versäumen, fühlte sich ein bißchen enttäuscht.

Sei nicht albern, dachte er ärgerlich. Hast du vielleicht einen strahlenden, raffiniert modernen Großbahnhof erwartet, ein Wunderwerk, einen Traum von einem Bahnhof, oder was willst du eigentlich. Kann möglich sein, daß du ihn in zehn Jahren vorfinden wirst, oder was weiß ich in wieviel Jahren, wenn alles gut geht, und du kannst dich beinah drauf verlassen, daß es gut gehen wird.

Der Mann kam auf den Vorplatz hinaus. Da erhob sich, freundlicher Ausblick, aus engen Baugerüsten eine doppelte, geschwungene Reihe von halbfertigen und manchmal ganz fertigen Häusern, langgestreckt, mit breiten Fenstern, mit Balkonen und Andeutungen von Balkonen, und mit den gewagten Aussparungen für spätere Läden in den Erdgeschossen.

Er ging nun auf die Häuserreihe zu, etwas aufgeregt, wie wir zugeben, und uns bleibt im Augenblick nichts übrig, als unserem Mann noch eine Weile nachzusehen, unserem Helden, oder vielmehr dem, was einmal ein Held werden soll: Da geht er, etwas krumm unter der Last seines Koffers, ein bißchen unsicher, (aber das läßt er sich kaum anmerken), und vielleicht sollte man ihm eine Handvoll guter Wünsche mitgeben.

II Laufzettel – Nr. 7635

„Atmen Sie tief ein", sagte Dr. Hummeleit. „So, schön, Luft anhalten, ausatmen. Gut. Der Nächste. Bißchen Beeilung, meine Herren."

Es nimmt heute wieder kein Ende. Möchte wissen, was für eine Faszination dieses Unternehmen ausstrahlt, daß sie scharenweise zusammenlaufen wie zu Goldgräberzeiten: der große Run der weißen Männer nach neuen Zentren von Reichtum und Abenteuer.

Er sagte: „Der Nächste bitte, etwas rasch. Mann, Sie haben ja eine Gänsehaut. Wir haben dreißig Grad im Schatten, und Sie kommen mit einer Gänsehaut. Haben Sie Angst, daß Sie erschossen werden sollen? Hier werden Sie nicht erschossen."

Übrigens ein selten blödsinniger Name für eine klug und großzügig geplante und ausgeführte Sache; ich habe nie einen so anrüchig komischen und zugleich volkstümlichen Namen gehört wie diesen: auf sorbisch Corna Pumpa, oder so ähnlich, – klingt ein bißchen nach Hurenhaus, aber für Eingeweihte ist es ein ganzes Programm. Na schön, die alte Kneipe heißt so, und sie steht nun mal da an der F 97, wie die berühmte Landstraße hier genannt wird. Wir leben ganz eindeutig im Zeitalter der Reduzierung auf nackte Begriffe.

„Wie heißen Sie?" fragte Hummeleit. „Beruf? Lassen Sie die Arme nach vorn hängen, Buckel machen. Mann Gottes, haben Sie noch nie einen Buckel gemacht? Manche stellen sich wirklich dämlich an."

Tut mir leid, daß ich dich anfauche wie ein alter Sanitätsfeldwebel. Kann sein, daß ich mich über dein Gesicht ärgere, dieses auf Hochmut und Gleichgültigkeit zurechtgemachte Gesicht. Ich unterstelle übrigens, daß du es nur aus Verlegenheit oder Hilflosigkeit tust, ohne es zu wissen.

Er sagte: „Sind Sie immer so nervös? Nebenbei, Sie haben mindestens dreißig Pfund Untergewicht. Ein bißchen viel, mein Lieber, auf Ihren Rippen könnte man Klavierspielen lernen. Einatmen, tief atmen."

Tut mir leid, daß du dir vorkommst wie eine Nummer unter vielen, genau genommen Laufzettel-Nummer 7635. Tut mir leid, daß dir das Ganze verdammt nach KV-Schreibung riecht: immer fünf Mann nackt oder wenigstens halbnackt auf einen Schub. Es kotzt mich selber an, und ich hab mir meine Arbeit auch anders vorgestellt, aber schließlich kann ich nicht für jeden eine Privatkonsultation veranstalten.

„Haben Sie schwere Krankheiten durchgemacht?" sagte Hummeleit. „Unfälle? Angeborene Leiden? – Gut."

Natürlich bist du mir aufgefallen, Neurastheniker-Typen sind leicht herauszufischen. Aber das ist unwichtig. Ich möchte wissen, was in drei Teufels Namen einen Musiker veranlaßt, plötzlich ins Kombinat zu kommen. Bißchen angeknackste Existenz, was? Bißchen Helden spielen? Oder hat man dich zur sogenannten Bewährung hergeschickt?
(Denkwürdiges Phänomen: Leute, die in irgendeiner Stellung oder Funktion etwas ausgefressen haben oder nur versagt haben, schickt man eine Zeitlang in die Produkti-

on, oder zumindest empfiehlt man es ihnen. Man stellt sie hart auf die Füße, und ich bin sehr dafür, daß man sie hart auf die Füße stellt, natürlich bin ich sehr dafür. Aber ich begreife nicht, wie für die einen oder die meisten diese Arbeit am Fundament, dort, wo alle Werte entstehen, eine Sache von Lebensauffassung, Berufung, ja Ehre sein kann, und sie ist es auch, – während für jene anderen dieselbe Arbeit einen Geruch von Strafe erhält.
Weiß der Teufel, ich begreife es nicht, und ich gebe mir Mühe, vieles zu begreifen, seit ich hier bin.)
Übrigens halte ich mich viel zu lange mit dir auf, ich hätte in der Zeit drei andere untersuchen können. Tatsächlich bist du nur ein anonymer Fall unter hundert anderen anonymen Fällen, die aus was für Gründen auch immer hier arbeiten wollen, und vielleicht ist es ganz richtig, wenn man Intellektuellen oder Halbintellektuellen von deiner Sorte das Laufen beibringt, und ich bin überzeugt, daß man es dir beibringen wird.

Der Arzt, mit abschließender Handbewegung, sagte: „In Ordnung, Thorax-Organe ohne Befund. Hören Sie zu, Mann: Ich schreibe Sie arbeitstauglich, aber warum Sie ausgerechnet als Betonarbeiter anfangen wollen, leuchtet mir nicht ein. Natürlich ist das Ihre Sache, ich will Ihnen da nicht zwischenreden, und ich bewundere Ihren Mut, aber sehen Sie zu, daß Sie nicht in vier Wochen auf der Nase liegen.
   Sie können sich anziehen."

III Neuling im Netz

Die neue Welt ist vierzig Meter lang. Sie reicht vom vielfach gestaffelten Plattenstapel bis zum Lastenaufzug, befahrbar auf einer Breite von einem oder eineinhalb Meter. Es gibt drei Kurven, zwei scharf rechtwinklige, dem großen Mörtelkasten ausweichend, und eine sanft geschwungene, soweit eine Kurve sanft geschwungen sein kann, die als notdürftig zurechtgemachte Bretterbahn durch holprigen Baustellenschutt und lockeren Sand führt.

Dies also, vorläufig kärglich bemessen, ist die Welt des Neulings.

Er hat kaum Zeit, sich umzusehen, zudem fände er sich im geheimnisvoll geschäftigen Ameisengetriebe des riesigen Bauplatzes nicht zurecht, so daß er sich, winziges Insekt, auf seine vierzig Meter Bretterbahn beschränkt, auf den Plattenstapel, der immer größer zu werden scheint, je mehr Platten er abträgt, und allenfalls auf den eiligen, metallisch orgelnden Aufzug am vier Stockwerke hohen Gerüst, das leicht unter seiner Last schwankt.

Der Maschinist (diese hochnäsigen Spezialisten aus den Schwarzen Brigaden erlauben sich verdammt viel zum Zeichen ihrer Wichtigkeit) lag in seiner offenen Bretterbude auf einer schrägen Holzplanke neben der Seilwinde mit dem schweren Elektromotor. Er hatte Jacke und Hemd ausgezogen und räkelte sich bequem in der Sonne. Wenn eine Ladung Platten auf dem Aufzug verstaut war, bewegte er im Liegen lässig mit einer Hand den Hebel für Fahrt und Bremse, während der Fahrstuhl scheppernd und summend an seiner Stahlschiene am Gerüst nach oben stieg.

Die Abwärtsfahrt ging polternd und kreischend in rasendem Tempo vor sich, und erst dicht über dem Erdboden bremste die Laufkatze mit der Plattform durch einen eleganten Hebelschwung des Maschinisten. Er ließ sie das letzte Stück sanft gleiten und dann fast unhörbar aufsetzen, das fett geschmierte Zugseil schlappte etwas nach, und man sah, daß der Mann es ehrgeizig darauf anlegte, die Maschine immer wieder so schnell und schonungsvoll und exakt als möglich nach unten zu bringen.

Ab und zu stand er von seinem Brett auf, trat von einem Bein aufs andere, er pfiff und schrie irgendwas hinauf, und dann erschien oben auf dem letzten Stockwerk des Gerüsts, in Dachhöhe, das wurzlig verkniffene Gesicht des alten Johann über den gekreuzten Querlatten.

Johann trug einen verbeulten, schmalkrempigen, schwarzen Hut. (Wir werden noch wahre Abenteuer von Hüten erleben!) Er sah aus wie einer der alten Glasträger oder Uhrenträger aus dem Böhmerwald oder Schwarzwald, über dunkle Landstraßen aus fernen Jahrhunderten in die Gegenwart heraufgestiegen, und seine Gestalt hatte etwas von einem halbverwitterten Waldbaum, so daß man erwartete, es müßte in seinen Gelenken knarren oder ächzen, wenn er sich bewegte.

„Johann, du Aas!" schrie der Maschinist, er fuchtelte mit den Armen, er schrie: „Paß auf, Johann, halt fest." Er ließ den Fahrstuhl mit der vollen Last ein halbes Stockwerk absacken und dann mit jaulendem Motor wieder hochkommen, obwohl das verboten war.

Johann rannte aufgeregt auf dem schmalen Gerüst hin und her, verzweifelt mit den Händen ins Leere greifend, er schimpfte und schrie irgendwas zurück, aber man konnte es nicht ernst nehmen. Er drohte mit der Faust, und der Maschinist grinste und schüttelte den Kopf und rief: „Ist das ein Idiot. Mensch, Johann, du dummes Luder." Dann legte er sich faul auf sein Brett zurück, wie ein Kater, der sich die wärmste Stelle auf der Fensterbank ausgesucht hat, während Johann die Sperrklinke aushob und, mit dem Fuß nachhelfend, den schweren Ausleger herumschwenkte.

Ganz freundlicher Ton, dachte der Neuling. Er hob mit einem ungeschickten Ruck die Karre an, auf der zwei Platten lagen. Er dachte: Wie spät ist es? Dumm, daß ich meine Uhr in die Jacke gesteckt habe. Die Jacke hängt in der Baubude. Ich kann jetzt nicht zur Baubude rüberlaufen, nur um nachzusehen, wie spät es ist, ich kann hier nicht einfach wegrennen. Womöglich denken sie, ich will mich drücken, gleich am ersten Tag, gleich in den ersten paar Stunden.

Die Karre, konstruiert wie die Karren, mit denen in Mühlen oder auf Bahnsteigen Kisten und Säcke transportiert werden, hatte die Neigung, von der Bretterbahn abzugleiten; oder sie rutschte mit einem der kleinen Vollgummiräder in die Spalten zwischen den Brettern, um dann umzukippen, weil die Last weit auf beiden Seiten hinausragte.

Der Neuling nahm einen Anlauf. Das erste Stück rollte die Fuhre fast allein, und nachdem die schwache Kurve überstanden war, in der die Bretter oft nachgaben, steuerte er beinah im Laufschritt auf die zwei scharfen Biegungen zu.

„Tempo, Tempo, Tempo", rief der Maschinist, er zündete sich eine Zigarette an.

Grinse du ruhig, dachte der Neuling, es ist mir egal, ob du grinst. Es ist mir egal, ob ich mich in deinen Augen blöde und unbeholfen anstelle oder nicht, verstehst du. Du hast auch irgendwann mal blöde und unbeholfen angefangen, und schließlich ist diese verfluchte Karre nicht meine eigene Erfindung.

Es kam jetzt alles darauf an, kurz vor der Kurve im richtigen Augenblick das Gewicht herumzudrücken und dann, den Schwung ausnutzend, dicht an der Einfassung des Mörtelkastens vorbeizukommen, ohne daß er aneckte oder steckenblieb. Er kannte schon die Tücken seiner Strecke, er hatte schlau alle ihre Gefahrenpunkte herausgetestet, und er war stolz darauf, wenn er sie ohne Unfall überwand.

Ich möchte doch wissen, wie spät es ist, dachte er. Würde mir ganz gut tun, wenn ich zur Baubude rüberlaufen könnte. Irgendwann muß doch mal Frühstück sein. Würde mir ganz gut tun, wenn ich einen Augenblick ohne dieses Vehikel laufen könnte, wenn ich nur paar Schritte gehen könnte ohne diese mörderische Last.

Die letzten Meter bis zum Aufzug stiegen leicht an, und der Neuling spürte das Gewicht der Karre in allen Knochen, und manchmal hatte er das Gefühl, als schleppte er sie auf dem Rücken oder im Nacken, anstatt sie vor sich herzuschieben. Er lief halb gebückt, und seine Arme, muskelschwach, knickten nach dem Körper zu ein.

Er dachte: Ihr habt mir gleich die richtige Beschäftigung aufgebrummt. (Aber welche Aussicht, eines Tages als hochqualifizierter Karrenschieber über die Baustelle zu hetzen!) Ihr habt gedacht: da ist wieder mal so ein Neuer, so einer, der keine Ahnung hat, einer, dem wir die Hammelbeine schon langziehen werden, – das habt ihr euch doch so gedacht, nicht wahr. Aber bildet euch nicht ein, ich kneife, oder ich mache schlapp. Ich denke nicht daran, zu kneifen oder schlappzumachen.

Bis jetzt ist es noch auszuhalten, sagte er sich in einem Anfall von Hoffart. Eigentlich habe ich mir alles viel schlimmer oder gefährlicher vorgestellt, ich hab mir den Sprung ins kalte Wasser weiß Gott schlimmer vorgestellt, aber bis jetzt ist es noch auszuhalten.

Am Aufzug wartete Adam mit seiner beladenen Karre. Er sah blinzelnd zu, wie sich der Neuling gegen sein Fahrzeug stemmte und mühsam Meter um Meter vorankam.

Adam war der zweite Mann vom Bodendienst, der die Brigade auf dem Dach der riesigen Halle mit Platten versorgte. In dieser Halle sollten später die Kraftwagen des Kombinats repariert oder überholt werden (als Eingeweihte entziffern wir auf einem Plakat die Formel ‚KFZ-REP' für das ganze Objekt), und man sah jetzt schon die einzelnen Geviere der Reparaturgruben im aufgewühlten, von Schächten durchzogenen Hallenboden, überlange Wannen mit grauen Betonwänden.

Adams Gesicht, von der Sonne verbrannt, erinnerte manchmal an die Pfiffigkeit einer alten, erfahrenen Hausmaus, die bisher glücklich, wenn auch mit zerfranstem Fell, allen Fallen-Abenteuern entronnen war.

„Du mußt mehr im Kreuz tragen", sagte er, „im Kreuz ist es leichter. Mach dich nicht so krumm, Schultern raus."

„Ja, Schultern raus", sagte der Neuling wütend. Er dachte: Wenn ich so lange dabei bin wie du, kann ich auch Ratschläge geben. Aber warte ab, ich komme noch hinter eure Ökonomie des Muskelspiels. Er sagte: „Verdammt schwere Fuhre."

„Wirst schon lernen", sagte Adam, seine Mütze abnehmend. Er wischte umständlich mit einem groben karierten Tuch den Schweiß von Stirn und Nacken, dann angelte er aus der Hosentasche Feuerzeug, Taschenmesser und eine zerbeulte Blechschachtel, in der zwischen Tabakkrümeln und vergilbtem Zigarettenpapier eine Zigarre lag. „Die erste heute", sagte er.

Jetzt verstehe ich, dachte der Neuling. Hab mich die ganze Zeit gewundert, warum sie ihn „Zigarre" nennen. Bin gespannt, was sie mir für einen Namen anhängen werden. Sicher werden sie mir einen Namen anhängen, aber es soll mir nichts ausmachen.

Vielleicht war es keine besonders gute oder teure Zigarre, aber Adam behandelte sie wie eine gute oder teure Zigarre, sie vorsichtig zwischen den Fingerspitzen drehend; er schnitt sorgfältig das breitere Ende ein, keilförmig, fuhr fast zärtlich mit gespitzter Zunge über das Deckblatt, und endlich setzte er sie, genüßlich und zufrieden schnuppernd, in Brand, und er ließ sich auch nicht stören, als der Fahrstuhl polternd nach unten kam und der Maschinist zu schimpfen und zu krakeelen anfing.

„Halt die Klappe", knurrte Adam. Er sagte: „Dieser Schnösel kann bloß klugscheißen, stör dich nicht dran. Wirst noch 'ne Menge Leute kennenlernen, die bloß klugscheißen können. Außerdem will er Prozente schinden, weil er bei uns im Geschäft drinhängt."

„Geschäft?" sagte der Neuling. „Was für ein Geschäft?" Mach dich nicht lächerlich mit deiner Fragerei, dachte er.

Adam sagte: „Unsere Norm natürlich. Je mehr Platten wir verlegen, desto höher steigen wir über die Norm – bis hundertsechzig oder hundertachtzig Prozent, wenn's gut geht." Sein Kopf schwebte in einer bläulichgrauen Wolke von Zigarrenqualm. „Wirst schon dahinterkommen, wie der Hase bei uns läuft. Keine Angst."

„Bewegung, ihr faulen Hunde!" rief der Maschinist. „Ich mach euch gleich Beine."

„Laß ihn quatschen", sagte Zigarre. „Für das bißchen Hebelrücken dicke Gelder einstreichen, und dann noch meckern, was? Aber ich sag dir: Laß ihn quatschen. Hier machen wir das Tempo, hier lassen wir uns nicht reinmeckern."

Er griff nach seinem Eisenstab, mit dem die Platten angehoben wurden. „Na los", sagte er, „faß an."

Jede Platte, aus Beton gegossen, zwei Meter lang, fünfzig oder sechzig Zentimeter breit, mit Eisengeflecht armiert und mit fünf Längsbohrungen versehen, wog dreieinhalb Zentner. Der Neuling hatte den verzweifelten Mut, sich auszurechnen, daß er zusammen mit Zigarre im Laufe des Tages 350 Zentner oder siebzehneinhalb Tonnen durch Muskelkraft bewegen würde, wenn sie die glatte Norm schaffen wollten.

Aber er wußte von Zigarre, daß mindestens das Eineinhalbfache einkalkuliert war, und die Vorstellung von diesen fünfundzwanzig Tonnen (vielleicht wurden es dreißig – es kam nicht mehr darauf an) wälzte sich wie ein riesiger Betonalp durch sein Gehirn.

Sie schoben ihre Eisenstangen in die mittlere Bohrung der ersten Platte, hoben die Platte von der Karre und trugen sie die vier oder fünf Schritte zum Aufzug, und der Neuling spürte, wie sich in seinen Armen an der Stelle, wo die Muskeln zu vermuten waren, etwas spannte, während sie die Platte hoben und die paar Schritte schleppten und dann vorsichtig auf das Aufzugsgestell runterließen und zurechtrückten.

Der Neuling gab sich Mühe, Zigarres Tempo zu halten, der sich gleichmäßig wie eine Maschine bewegte, und es gelang ihm auch, obwohl Schultern und Rücken wie im rheumatischen Anfall schmerzten, obwohl seine Knie wegzuknicken drohten.

Er dachte: Das Schlimmste ist das Heben. Zehnmal lieber will ich diese elende Karre schieben, Tag und Nacht will ich sie schieben, wenn es sein muß, (Gott sei Dank muß es nicht sein), aber das Heben macht mich fertig. Möchte wissen, wie Zigarre zurechtkommt. Es sieht wie Spielerei aus, wenn er mit dem Ding jongliert, als wäre es aus Waffelteig, oder jedenfalls merkt man bei ihm nicht, daß wir es mit dreieinhalb Zentnern zu tun haben.

Weiß der Geier, ich hab bis jetzt keinen Begriff gehabt, was dreieinhalb Zentner sind.

Sie hoben und schleppten und rückten vier Platten wie bei jeder Aufzugsladung, die sie fertigmachten, und als der Neuling die vierte Platte runterließ, schwitzend, mühsam Atem holend, war er froh, daß er bald wieder seine Karre schieben durfte, und zugleich wußte er, daß er sie natürlich nach den ersten paar Metern verwünschen würde: verteufeltes Karussell, in das er hineingeraten war, noch unkundig des wohltuend funktionierenden Gesetzes von Gleichmaß und Gewöhnung.

Als sie mit ihren leeren Karren zum Stapel zurückfuhren, sagte Adam: „Hast du keine Mütze? Eine Mütze mußt du haben."

Der Neuling antwortete nicht, er schielte nach einem kleinen, korpulenten Mann in grauer Manchesterkluft, der an der Maschinenbude aufgetaucht war. Er hörte, wie der Mann zum Maschinisten sagte: „Soll ich dir einen Liegestuhl bringen lassen?"

„Wer ist der Dicke?" fragte der Neuling.

Die Antwort des Maschinisten konnte er nicht verstehen, er sah nur, wie er ausspuckte. Der Manchestermann machte ein beleidigtes Gesicht und drehte sich um und ging, wütend sein schwarzes Notizbuch schwenkend, mit dem kurzen, wiegenden Trippelschritt der Dicken zur Baubude rüber.

„Der?" sagte Zigarre. „Einer von den Radfahrern. Unser Polier." Und dann, als er sah, wie der Neuling plötzlich schneller lief: „Mach keine Faxen. Brauchst nicht gleich loszulegen, wenn der Polier erscheint, – wir haben schon das richtige Tempo. Darfst bloß nicht rumstehen oder gar rumsitzen, wenn er durchs Revier schleicht. Immer schön in Bewegung, dann ist alles in Ordnung."

Der Neuling biß sich auf die Lippen. Sie waren trocken, fast spröde, und schmeckten nach Zement und Kalkstaub. (Widerlicher Geschmack, den er vorläufig nicht mehr loswerden sollte.)

Zigarre machte sein erfahrenes Mausgesicht.

„Ich sag dir das, weil du neu bist und weil ich merke, daß du 'nen guten Tip vertragen kannst. Du kannst ruhig auf meine Tips hören, ich kenne den Laden, bin schon zwei Jahre dabei und hab 'ne Menge gesehen und mitgemacht. Vor zwei Jahren haben wir hier noch Bäume gefällt, Junge, wenn ich daran denke … Also, wenn du was wissen willst, komm zu mir, halt dich an mich, dann fährst du am besten. Die anderen quatschen bloß blödes Zeug."

„Wenn du meinst", sagte der Neuling, halb unsicher, halb dankbar. Er dachte: Will erst zusehen, wie ich mit der Karre am besten fahre, und zugleich dachte er: Tust ja verdammt väterlich. Er sagte: „Wieso ist der Polier ein Radfahrer?"

„Wirst schon merken", brummte Adam, heftig an seiner Zigarre saugend, die auszugehen drohte.

Dann sagte er eine ganze Zeit nichts, und der Neuling sagte auch nichts, sie brauchten ihren Atem, um die Platten von den mannshohen Stapeln herunterzustemmen.

Später sagte Adam: „Ich hab dich schon mal gefragt, ob du keine Mütze hast. Wirst dich morgen wundern, wie dein Kopfkissen aussieht."

„Möglich", sagte der Neuling. „Aber ich hab kein Kissen." Er spuckte auf das Ende des Eisenstabs, das als Griff diente. Seine Hände brannten. Er betrachtete, wie ein Vivisektor beim tödlichen Versuch, mit einem Anflug von Grauen und fast zärtlicher Neugier die Blasen, die rund um den Handteller und an der Innenseite des Daumens aufquollen, weich und rosig weiß, und während er die Hände zur Kühlung in der Luft schlenkerte, berechnete er grämlich verstimmt, daß die Blasen spätestens bis zum Frühstück platzen würden.

„Irgendwas muß der Mensch auf dem Kopf haben", sagte Zigarre. „Der Kopf ist das wichtigste, deshalb gehe ich nie ohne Mütze raus."

„Ja", sagte der Neuling. Er dachte: Mein Kopf ist mit Platten vernagelt, das genügt.

„Kannst mal zur Wasserleitung rüberlaufen", sagte Adam, „dort hängt 'n langer Schlauch." Er angelte sein Messer aus der Tasche und klappte es auf. Die Schneide, dolchartig, war blankgescheuert und sehr scharf. „Säbelst einfach zwei Enden vom Schlauch ab", sagte er, „als Handgriffe für unsere Eisen. Aber laß dich nicht vom Polier erwischen."

Auf die Idee hätte ich auch kommen können, dachte der Neuling.

„Hab ganz schöne Hornhaut auf den Pfoten", sagte Adam, „aber gegen dieses dreckige, verrostete Eisenzeug komm ich nicht auf. Los, mach schon."
Der Neuling nahm das Messer und lief zur Bude rüber, froh, ohne Platten und ohne Karre zu sein, wenigstens für einen Augenblick, und hinter der Bude fand er den Wasserhahn mit dem Schlauch, er schnitt eilig zwei Stücke ab, heimlich nach dem Fenster in der Bude schielend, aber der Polier schien nicht drin zu sein.

Dann ging er zum Aufzug zurück, sein Gang war schaukelnd, etwas breitbeinig, er spürte seine Schultern, magische Ansammlung von Kraft, als wären sie in den paar Stunden gewaltig gewachsen, und in diesem Moment fühlte er sich unerhört stark und sicher; er hätte Bäume ausgerissen, oder was immer man von ihm verlangt hätte, oder zumindest hätte er es großspurig versucht, und vielleicht fühlte er sich deshalb so stark und sicher, weil ihm schien, er sei bereits Teil des ausgeklügelt funktionierenden Baugetriebes, an seiner Stelle sinnvoll eingeordnet.

Er sah Adam am Aufzug stehen, und er wußte, daß Adam ohne ihn keine einzige Platte verladen konnte, und wenn er schräg am Aufzug vorbeisah, erkannte er hoch über halbfertigen Hallendächern und Stahlkonstruktionen den riesigen Drillingswuchs der Schornsteine: himmelstürmend optimistische Zeigefinger.

Zwei von ihnen waren noch nicht ganz ausgewachsen mit ihren fingerhutartig aufgesetzten Rundgerüsten unterm Maschenwerk der Sicherheitsnetze, aber der Neuling erwartete, daß man ihrem Wuchs zusehen konnte wie dem Wuchs von Pilzen nach einem Regen.

Der Himmel war klar, und der Neuling spürte durch Jacke und Hemd die Sonne auf seiner Haut, und vielleicht lag es auch an der Sonne, wenn er sich stark und sicher und sinnvoll eingeordnet fühlte, während er zum Aufzug zurückging. (Natürlich hatte er jetzt vergessen, daß er eben noch über dieselbe Sonne geflucht hatte, die ihm beim Heben und Schleppen und Karrenschieben den Schweiß aus allen Poren trieb und die ihm sofort wieder den Schweiß heraustreiben würde.)

Nun bilde dir bloß nicht zuviel ein, sagte er sich zugleich, mißtrauisch gegen ungenaue Gefühle. Ohne dich läuft diese eingefuchste Maschinerie genauso gut, und es spielt keine Rolle, ob du mitmachst oder nicht. An deiner Stelle würde ein anderer als Nummer 7635 mitmachen, verlaß dich drauf. Er dachte: Kannst ruhig annehmen, daß es niemanden interessiert, in welche Ecke dieses Bauplatzes es dich verschlagen hat, oder ob es dich überhaupt hierher verschlagen hat.

„Ich hab deine Karre mit rüberkutschiert", sagte Adam.

„Danke", sagte der Neuling. „Die nächsten zwei nehme ich." Er dachte: Wird schon gehen, es wird mich schon nicht umschmeißen.

Sie stülpten die Gummistücke auf ihre Eisen, und nun lagen die Eisen besser in der Hand, aber der Neuling hatte keine Hoffnung, daß die Blasen nicht doch aufgehen würden. Auf jeden Fall würden sie aufgehen.

„Mußt heute abend Jod draufschmieren", sagte Zigarre. „Das härtet ab."

„Ja", sagte der Neuling, fast ergeben, „Jod draufschmieren." Ich kenne mich nicht aus mit euren barbarischen Hausmitteln vom Bau, dachte er. Aber natürlich werde ich was draufschmieren, wenn du meinst, daß es abhärtet. Mein Gott, früher kam es darauf an, die Hände so geschmeidig und gelenkig wie möglich zu machen, aber ich pfeife auf früher. Na los, sagte er sich in einer Anwandlung von Heroismus, fangen wir mit der Abhärtung bei den Händen an.

Aus der Maschinenbude kam ein schriller Pfiff. Oben auf der Rüstung schrie Johann. Zigarre sprang ein paar Schritte zurück.

Drei Meter vor dem Neuling sauste, sich torklig überschlagend, eine Schubkarre herab und wühlte sich mit dumpfem Aufprall in den sandigen Boden.

„Mahlzeit", sagte Zigarre. „Die ist im Eimer."

Der Maschinist drohte mit der Faust nach oben. „Johann, du faules Aas! Sicherheitskette! Ich komm gleich rauf."

Zigarre zog grinsend die Schubkarre aus dem Sand. Das Fahrgestell, aus dickem Rundeisen geschweißt, hatte nichts abbekommen, nur das Kastenblech war eingebeult. Zigarre sagte: „Schwein gehabt. Du darfst niemals näher als sieben Meter an den Aufzug ran, wenn er oben ist, oder wenn er grade in Fahrt ist oder ausgeschwenkt wird."

„Vielen Dank", sagte der Neuling. „Ich weiß. Hab wirklich keine Lust, den Segen aufs Dach zu kriegen."

„Kann immer mal schiefgehen", sagte Zigarre. „Dann bist du der Dumme, und den Maschinisten lochen sie obendrein ein. Der hat die Verantwortung."

Der Neuling fuhr mit der zerbeulten Karre zum Kieshaufen, er füllte sie mit gesiebtem Kies, schob sie keuchend zum Aufzug zurück. Das Karrenrad quietschte bei jeder Umdrehung. Zwischen der Plattform des Aufzugs und der Anfahrtsrampe war ein kleiner Höhenunterschied, eine lächerlich kleine Stufe. Aber die Karre ging nicht über die Stufe weg, soviel der Neuling auch schob und drückte und Anlauf nahm.

Ich kriege das Scheißding nie rauf, dachte er wütend. Er hörte, wie Johann oben nach dem Kies für die Mörtelmischung schrie, der Maschinist stand gelangweilt an seinem Hebel, und Adam war weit weg am Plattenstapel.

Fehlt bloß, daß du den ganzen Dreck umkippst, dachte der Neuling, er schwitzte vor Angst oder vor Aufregung, er dachte: Du Idiot, du jämmerlicher Schwächling, wirst nicht mal mit so einer Scheißkarre fertig, hältst den ganzen Laden auf.

Johann schrie schon wieder nach dem Kies, und schließlich kam der Neuling, halb verzweifelt, auf die Idee, ein Brett anzulegen, und nun brachte er die Karre schwankend, aber wohlbehalten über das dünne Brett auf den Aufzug.

Am Plattenstapel sagte Adam (er liebte es, fand der Neuling, begonnene Themen hartnäckig zu variieren): „Wenn was schiefgeht, findet sich immer einer, den man einlochen kann, verstehst du."

Du mußt es ja wissen, dachte der Neuling. „Laß mich mal auf die rechte Seite rüber", sagte er, „dann kann ich die andere Hand nehmen." War schon immer ein bißchen schwach in der linken Hand, dachte er, das Training wird ihr guttun. Etüde in Beton für die linke Hand.

„Hier kommst du schnell dazu, eingelocht zu werden", sagte Adam.

„Ja", sagte der Neuling. „Wir müssen die Platte umdrehen, damit die Fuge vorn liegt."

Sie drehten die Platte um.

Der Neuling lief stolpernd, mit hängender Schulter einen Halbkreis, wie der ungeübte Flügelmann in einer ungeübt schwenkenden Marschkolonne, Adam als langsam drehende Achse beneidend, dann endlich konnte er die Platte auf die Karre runterlassen. Er dachte: Gott sei Dank liegen sie meistens richtig. Noch drei solche Touren, und ich bin fertig.

Adam sagte: „Je mehr Verantwortung du hast, desto schneller kannst du eingelocht werden." Er spuckte seinen kalten Zigarrenstummel aus. „Na ja", sagte er, „mir kann nichts passieren. Bin bloß 'ne kleine Figur. Ich mach meinen Kram, und damit Schluß."

Könntest gern mit deinem Gerede vom Einlochen Schluß machen, dachte der Neuling, während er sich mit seiner Karre in Bewegung setzte.

Adam kam dicht hinterher. Die Last schien ihm nichts anzuhaben, er sagte: „Voriges Jahr wollten sie mich zum Brigadier machen, aber ich hab mich bedankt. Die hundert Mark mehr kratzen mich nicht. Weißt du, was sie mit meinem alten Brigadier gemacht haben?"

„Ja", knurrte der Neuling zwischen den Zähnen, „eingelocht." Gleich kommt die Kurve, dachte er, reiß dich zusammen. Er steuerte angestrengt, die Platten schaukelten.

„Richtig", sagte Zigarre gemütlich, als wäre er auf einem Spaziergang. „Wir haben Fundamente gegossen, drüben bei E-Lok- und Wagenbau. Kaum reißen die Zimmerleute die Schalung runter, fängt der Mist an zu bröckeln wie Gips."

Er lachte, mit Andeutung von Ärger. „Falsche Mischung. Und wen hatten sie gleich am Arsch? Den Brigadier. Na hör mal", sagte er, und der Neuling wußte, daß er wieder sein Mausgesicht machte, „dann lieber 'n hübsches, kleines Licht bleiben."

„Ja", sagte der Neuling mit verkniffenem Mund. Komische Geschichte, dachte er. Komisches, hübsches, kleines Licht. Und dann dachte er: Was willst du? Hast du vielleicht erwartet, hier laufen alle mit roten Nelken im Knopfloch rum, emphatisch Aufbaulieder singend?

Er stemmte sich verbissen gegen die Karrengriffe. Seine Hände waren fast gefühllos. Ich fahre meine Karre und singe, dachte er. Das rechte Rad glitt in eine breite Fuge, die Last rutschte zur Seite.

Verflucht ja, dachte er, ich fahre meine Karre, ich singe, und nun kippt das Aas um. Er ließ die Hände von den Griffen, es war sinnlos, sich zu wehren, die Platten waren stärker.

„Was ist los?" rief Adam. „Mensch, halt doch fest."

„Kann nicht", stöhnte der Neuling.

In diesem Augenblick schrie jemand: „Na Leute, wie geht's bei euch?"

Obwohl der Neuling nicht hochsah, wußte er, daß es der Brigadier war, der sich oben über die Rüstung lehnte. Ausgerechnet jetzt, dachte er. Mußt ausgerechnet jetzt runtersehen.

„Wie soll's gehen –", schrie Zigarre zurück. „Gut geht's." Er setzte rasch seine Karre ab, er sagte zum Neuling: „Komm komm, ist doch kein Beinbruch."

Sie beluden die verunglückte Karre von neuem. Verdammt nett von dir, dachte der Neuling. Werde mich das nächstemal besser vorsehen, kannst dich drauf verlassen.

„Was meint ihr", rief der Brigadier, „könnt ihr noch 'n Zahn zulegen?" Seine Stimme schnarrte etwas.

Früh hatte der Neuling nur ein paar Worte mit ihm gewechselt. Die Sonne war schon hochgekommen und bepinselte die Schornsteine und Gerüste und Hebezeuge mit einem blassen Rot, und der Neuling stand mit den anderen von der Brigade vor der Baubude; er stand etwas abseits mit seinem neuen blauen Arbeitszeug und den schweren neuen Arbeitsschuhen, er scharrte mit ihnen im Sand und fühlte sich unbehaglich, so offensichtlich frisch von der Stange mit den neuen Sachen, und zugleich spannte ihn Erwartung. Pulsbeschleunigung gestehen wir zu. Kurz vor sechs bog der Brigadier um die Hallenecke, er gab allen die Hand, und er gab auch dem Neuling die Hand, er sah ihn schnell von oben bis unten an, (Schlachtkaninchen fühlen sich so taxiert), er sagte mit seiner schnarrenden Stimme: „Na, dann wollen wir mal", und dann sagte er noch: „Bleibst unten, machst Bodentransport", und das war alles, oder jedenfalls erinnerte sich der Neuling nicht an mehr.

„He, Zigarre", rief der Brigadier wieder vom Dach, „noch 'n Zahn gefällig?"

„Verrückt geworden", zischte Adam. „Zahn zulegen." Er schob seine Mütze hoch, er schrie: „Unmöglich, Otto. Uns kocht sowieso schon der Kühler über."

„Nur keine Aufregung", rief der Brigadier. „Wollte bloß wissen, ob ihr ausgelastet seid."

Das nennt man also ausgelastet, dachte der Neuling. Zum Teufel, dann hab ich nie gewußt, wie sehr man ausgelastet sein kann.

Zigarre hob seine Karre an und rumpelte hinter ihm her. „Unser Neuer macht sich gut", rief er, mit Schwung die Kurve durchfahrend. „Tatsache, Otto, der Junge macht sich."

Warte ab, dachte der Neuling. In zwei oder drei Stunden, oder was weiß ich in wieviel Stunden sagst du das nicht mehr, meine Knochen sind jetzt schon butterweich. Aber immerhin freundlich von dir, mir eine gute Note zu erteilen, wenn ich auch nicht weiß, wie weit deine Väterlichkeit professionell ist.

Der Brigadier war nicht mehr zu sehen, Adam sagte: „Otto ist 'n scharfer Hund, verstehst du. Aber ich halt die Klappe nicht, wenn mir was nicht paßt. Wohne mit ihm zusammen auf einer Bude, Lager eins. Ich kenne ihn, er ist 'n scharfer Hund."

„Ja", sagte der Neuling. Sie waren am Aufzug angelangt. Er dachte: Werde mich hüten, als Grünhorn irgendwas dazu zu sagen. Wenn du meinst, daß Otto 'n scharfer Hund ist, – gut. Könnte mir vorstellen, daß so ein Brigadier ganz schön den Kopf voll hat. Mit zwölf oder fünfzehn Mann gut auszukommen, ist sicher nicht jedermanns Sache.

„Was wirst du abends machen?" fragte Adam.

„Weiß nicht", sagte der Neuling. „Möglich, daß ich grade bis zum Bett komme. Werde sicher wie ein Toter schlafen." Hör auf, vom Schlafen zu quatschen, dachte er. Wir haben noch nicht mal Frühstück, und du quatschst vom Schlafen.

„Hast recht", sagte Adam. „Schlafen ist gut." Er gähnte genußvoll und stützte sich auf seinen Eisenstab, weil der Fahrstuhl noch nicht unten war. Er sagte: „Ich fall meistens auch gleich ins Bett, bin sogar zum Lesen zu müde. Höchstens geh ich mit Otto ins Lagerkino. Oder in die Bierschwemme."

Der Fahrstuhl kam, und sie packten die Platten drauf, und der Neuling wußte nicht mehr, die wievielte Ladung es war, die sie fertigmachten. Zuerst hatte er mitgezählt, aber bald gab er es auf, es waren immer die gleichen, eintönigen Manöver.

„Die Bierschwemme ist 'n wilder Schuppen. Ich geb dir den Tip, nicht reinzugehen. Lümmeln immer welche rum, die auf Leute wie dich scharf sind. Und dann ziehen sie dich aus bis aufs Hemd. Kannst mir glauben, daß sie in dir 'nen Neuen wittern und dich ausziehen werden."

„Na ja", sagte der Neuling. „Ist nicht zu ändern, wenn man mir auf zehn Meter ansieht, daß ich neu bin."

Zigarre betrachtete ihn einen Augenblick nachdenklich.

Laß mich erst mal paar Wochen hiersein, altes Mausgesicht, dachte der Neuling. Dann merkt mir kein Mensch mehr was an, dann geh ich auch in deine Bierschwemme, ohne aufzufallen.

„War nicht so gemeint", sagte Zigarre friedlich.

Der Neuling antwortete nicht, er dachte: Hab eigentlich Glück gehabt. Möchte wissen, ob jeder auf Anhieb so einen alten Knacker findet, der ihn unter die Fittiche nimmt. Aber warten wir ab, sagte er sich zugleich mit erprobter Skepsis, schließlich kenne ich ihn erst ein paar Stunden.

Dann, unterwegs mit der leeren Karre, sagte er: „Übrigens wohne ich nicht im Lager. Sie haben mich nach Hoyerswerda verfrachtet, Neubauwohnung. Block dreiunddreißig. Gibt 'n ganz neuen Stadtteil am Bahnhof."

„So", sagte Zigarre. „Neubau. Wär besser, wenn du im Lager wohnen würdest."

Ich danke, dachte der Neuling. Camp in Wildwest, was? Er sagte: „Hast du was gegen die Stadt, oder wie man das Kaff nennen soll?" Er dachte: Sicher ist es im Lager auch nicht anders.

„Hab nichts dagegen", brummte Zigarre. „Hab nur gesagt, daß du im Lager wohnen solltest. Die ganze Brigade wohnt da. Wenn irgendwas los ist, hat man sie alle zusammen."

„Dafür muß ich ein hübsches Stündchen früher aufstehen als ihr", sagte der Neuling.

Weiß Gott, 'n hübsches, rundes Stündchen, dachte er. Kannst vor dir selber den Hut ziehen, daß du Punkt vier ohne Wecker aufgewacht bist. (Ich werde einen Wecker kaufen, sobald ich den ersten Lohn in der Hand habe!)

Du hast Angst gehabt, daß du die Zeit verschläfst, aber du hast sie nicht verschlafen. Es war schon hell, und der Alte im anderen Bett lag noch zusammengerollt unter seiner Decke und schnarchte. Du bist ins Bad rausgegangen, das kalte Wasser hat dich fabelhaft munter gemacht, und in den Wohnungen über dir und unter dir, im ganzen Block hast du die anderen rumoren gehört, Türen schlugen, und irgendjemand pfiff laut und entsetzlich falsch. (Ich erinnere mich: banana-song; es reizte mich, raufzugehen und dem Pfeifer die richtigen Noten reinzutrommeln.)

Dann bist du in deine Bude zurückgegangen, im Flur kam dir aus dem anderen Zimmer ein halbnackter, muskulöser Bursche mit Zahnbürste und Handtuch entgegen; er hatte sehr braune, glatte Haut, und am Hals hing eine dünne Medaillonkette, vielleicht hatte er das schlafäugig lächelnde Bild irgendeiner Freundin im Medaillon, Farbfotografie, oder ein Erinnerungshaar oder was für einen aufregend gewichtigen Fetisch auch immer; und dann hast du den Alten muntergemacht, du kamst dir großartig ausgeschlafen und kräftig vor, voll Tatendrang. Du hast dein Frühstück zusammengepackt und bist losgegangen, im Strom der anderen, aus allen Blocks kamen sie, und an der Haltestelle standen schon die Omnibusse. Es war ziemlich kühl, fröstlich, das Gras auf den neuen Grünflächen war naß vom Tau, und du hast bißchen gefroren, vor Kühle und vor Aufregung. Die Omnibusse hatten Musik in ihren Radios, unbekümmert lärmende Musik, und wieder warst du voll Tatendrang und einer Art von Heldengefühl, gib ruhig zu, daß es ein großartiges Heldengefühl war.

„Menschenskind", schrie Zigarre, „paß auf! Fehlt noch, daß du mir die Platte auf die Füße schmeißt."

Der Neuling stotterte irgendwas zur Entschuldigung, er krampfte seine Hände um die Eisenstange und spannte die Schultern, während er die Platte auf die Karre hob.

„Brauchen das Ding gar nicht raufzuschicken", sagte Zigarre, „hat keinen Zweck. Zweimal angebrochen." Er fuhr mit seinen kurzen, dicken Fingern die Risse nach, die quer über die rauhe Oberfläche liefen. „Los", sagte er, „wegschaffen."

„Ja", sagte der Neuling.

Sie hoben die angeknackste Platte wieder von der Karre und schleppten sie ein paar Meter weiter an eine Stelle, wo schon andere angeknackste oder unbrauchbare Platten herumlagen, und der Neuling war froh, als er sie endlich loslassen konnte. Der Rücken seiner linken Hand, entdeckte er, war zerschrammt. Er wußte nicht, an welcher Ecke oder Kante oder an was für einem Hindernis sonst er sie aufgerissen hatte; eine dünne Blutspur, halb eingetrocknet, zog sich quer vom kleinen Finger bis zur Daumenwurzel, und der Neuling wußte, daß es nicht der einzige Kratzer bleiben würde.

Bei der nächsten Platte hatte er ihn bereits vergessen. Er dachte: Gestern abend war nichts von Heldengefühl. Vielleicht lag es daran, daß ich hundemüde und kaputt war von der ganzen Lauferei, ich bin nicht sicher.

Ich stolperte mit meinem Koffer und einem Haufen Decken unterm Arm durchs Neubaugelände, und manchmal sahen irgendwo Leute zum Fenster raus, bißchen mitleidig, bißchen spöttisch, mit der grinsenden Überlegenheit der privilegierten Veteranen, (ich weiß, daß ich später genauso auf die Neulinge, auf die unsicheren Grünhörner runtersehen werde), und schließlich kam ich zum Block dreiunddreißig.

Die Frau von der Unterkunftsleitung ging vor mir die Treppe rauf, sie sagte mit ihrer gestiefelten Feldwebelstimme, eine Tür aufstoßend, dies sei mein Zimmer, ich müßte es mit einem anderen teilen, und dieser Andere kam auch gleich, ein geiernasiger, magerer Alter mit unruhig lauernden Augen.

Dann ging die Frau weg, und ich stand da, mit meinem Koffer und den Decken und einem ziemlich desperaten Gefühl. Ich bildete mir mit lächerlicher Empfindlichkeit ein, daß mir das Zimmer nicht gewogen sei und niemals gewogen sein würde mit seinem kümmerlichen Inventar. (Hatte ich denn eine Villeneinrichtung erwartet?) Ich gestehe, daß mir graut, heute abend in diese Bude zurückzukehren, diese Bude mit dem langen Tisch und den zwei Stühlen, mit den zwei Metallbettstellen und den roh gebeizten Kasernenspinden, mit den kistenähnlichen Nachttischen auf dem rotbraunen Steinholzfußboden, und der Gedanke an die kalkig hellen Wände mit dem lieblos aufgewalzten Muster von blassen Blumen unter der nüchternen Milchglasglocke erzeugt Kälte.

Der Alte setzte seinen verschnürten Pappkarton ab, und ich setzte meinen Koffer ab, ich warf die Decken auf das Bett an der rechten Wand, und damit gehörte diese Zimmerhälfte mir.

Wir haben kaum zehn Sätze miteinander geredet, und es war mir recht, daß wir nicht mehr redeten, ich machte mein Bett mit den Decken fertig, so gut ich es konnte, und dann hab ich aus dem Fenster gestarrt. Ich glaube, ich hab mir heftig gewünscht, das Mädchen sollte mich sehen, wie ich da stand, am Fenster, allein, mit meinem scheußlichen Gefühl von Verlorenheit, und ich sah der Sonne zu, die langsam hinter dem Block uns gegenüber wegrutschte; dieser Block war noch im Rohbau, die Fenster waren leere Höhlen, und man konnte durch die Höhlen durchsehen, wie die Sonne auf der anderen Seite wegrutschte. Rechts war ein anderer Block, noch nicht verputzt, aber schon bewohnt, die Balkontüren standen auf, und die Scheiben waren flüssig rot von der Sonne, und unten vor unserem Fenster lagen Berge von Schutt und Sand, von Unkraut überwuchert, daneben stand eine verrostete Kipplore, halbgefüllt, auf einem Stückchen Gleis.

Das Zimmer roch halb nach Neubau, etwas feucht, halb hatte es den unbestimmt muffigen Kasernengeruch, der sich in allen Massenquartieren einnistet. Ich machte das Fenster auf, aber davon wurde es nicht besser, und dann hörte ich aus irgendeiner Wohnung das Gequängel einer Ziehharmonika, jenes dümmlich verlogene Getue in Tönen, das auf Feierabendgefühl und beschwingte Arbeit und bißchen Heimweh hinzielt, wie in gewissen Filmen, und wenn ich ohnehin Abneigung gegen dieses infantile Instrument hatte, so haßte ich es jetzt ganz gewiß, ohne den Spieler zu verdächtigen.

Ich machte wütend das Fenster wieder zu, und ich sah, daß der Alte schon ins Bett gegangen war, er lag steif auf dem Rücken und starrte die Zimmerdecke an, und nun gab ich dem Ziehharmonikagedudel schuld, daß ich mich desperat und mutlos und jedenfalls ungemütlich fühlte. Zugleich hatte ich Mühe, nicht an das Mädchen zu denken, (möglich, daß sie gerade diesen Augenblick in einer hitzigen Umarmung untertauchte), und ich betete mir zum hundertsten Mal vor, wie unsinnig und albern es war, ihr nachzutrauern. Später packte ich meinen Kram aus dem Koffer, und dann ging ich schlafen, und ich bin sicher, daß es das vernünftigste war, was ich tun konnte.

Trotzdem möchte ich wissen, dachte der Neuling, was das Mädchen für ein Gesicht machen würde, wenn sie mich jetzt sehen könnte. Er lotste seine schaukelnde Ladung gefährlich nahe, aber mit gutberechnetem Schwung am Mörtelkasten vorbei. Er dachte: Bildest du dir vielleicht ein, sie würde bewundernd zu dir aufsehen, oder womöglich beschämt ihr Gefühl für dich zurückholen? Sei nicht kindisch.

„Frühstück", rief Zigarre. Er setzte seine Karre am Aufzug ab, und der Neuling hielt hinter ihm an. Er richtete sich auf, mit dem kläglichen Versuch, sein schmerzendes Kreuz weit durchzudrücken.

Sie gingen zur Baubude rüber. Vom Gerüst stiegen die anderen Männer der Brigade, sie kletterten langsam die schmalen Leitern herab, und der Brigadier kam als letzter, er sagte mit seiner Schnarrstimme: „Leute, wenn wir das Tempo durchhalten, kommen wir heute auf hundertachtzig Prozent."

Die Baubude, mit ihrem harzigen Geruch von trockenem Holz, unterm flachen Dach in der Augusthitze brütend, von schrägen Sonnenstreifen durchzogen, in denen der Staub tanzte, erinnerte den Neuling an seine vagen Träumereien von Baustellenromantik und moderner Goldgräberei: er belächelte jetzt seine Träumereien, und zugleich sagte er sich, daß die Wirklichkeit seine Vorstellungen übertraf, an Romantik wie an Härte.

Er hockte zwischen den anderen Männern der Brigade auf einem wackligen Holzschemel. (Er war der dreizehnte Mann.) Unbewanderte konnten kaum erkennen, daß er hier neu war, und die Männer behandelten ihn auch nicht wie einen Neuen; sie redeten mit derselben freundlichen Gleichgültigkeit mit ihm oder über ihn weg, wie sie irgendeinen anderen anredeten oder über ihn wegredeten. Er hatte wie sie seinen Stapel von dicken Broten vor sich auf der rauhen Tischplatte, und ab und zu schlürfte er Schlucke vom heißen Tee, den sie aus der Kantine geholt hatten. Der Tee war sehr süß und roch halb nach wilden Kräutern, halb nach Kantinenkessel.

Die Männer hatten ihre Hüte und Mützen an die Bretterwand gehängt, bombastischer Aufmarsch von Altgedienten, – bunt, verbeult, zurechtgebogen, mit mutwillig durchlöcherten oder eckig eingeschnittenen Rändern, oder Krempen, die hier und da mit einem dicken Zimmermannsnagel hochgesteckt waren.

Der Neuling, hastig kauend, dachte: Lieber Himmel, ich hab heute zum erstenmal das Gefühl, daß ich mir mein Frühstück ehrlich verdient habe. Sein früheres Leben erschien ihm abseitig und auf jeden Fall nutzlos, und in diesem Augenblick sah er mit der selbstgefälligen Verachtung des Bekehrten darauf zurück.

Der Brigadier drehte sich zu ihm herum, er sagte: „Bist du schwindelfrei?" Seine Augen, wäßrigblau, hatten stechend schwarze Pupillen.

Der Neuling fühlte sich nicht ganz wohl unter Ottos Blick, er glaubte, Andeutung von Spott zu finden, während Otto ihn mit glatt lächelndem Gesicht ansah, oder zumindest verdächtigte er ihn der fatalen Überlegenheit des alten Fuchses, dem man nichts vormachen kann. Er dachte: Blamier dich nicht.

„Wenn du schwindelfrei bist", sagte der Brigadier, „kommst du nachher mit aufs Dach rauf. Wir wollen uns abwechseln." Er begann eine grüne Gurke zu schälen, die er sich als Nachtisch aufgehoben hatte.

„Werde schon nicht runterfallen", sagte der Neuling großspurig. Er zündete sich eine Zigarette an. Jetzt hast du dir was eingebrockt, dachte er. Dich möchte ich auf dem Dach sehen.

Er hatte den ganzen Morgen noch nicht geraucht, und nun spürte er, wie ihn der erste Zug von der Zigarette angenehm schwindlig machte, während er den Rauch tief einatmete. (Hinzu kommt die bloße Vorstellung von der Höhe des Dachs überm schwankenden Gerüst, die Schwindel erregt, aber das würde er nicht zugeben.) Er dachte: Nun fang nicht an zu spinnen. Bist auf dem besten Wege zu einem ausgewachsenen Minderwertigkeitstick, falls du nicht anfängst, dir bißchen mehr zuzutrauen. Er sagte: „Sicher bin ich schwindelfrei."

„Wär übrigens keine Schande, wenn du nicht schwindelfrei wärst", sagte Otto. Er schnitt säuberlich die Gurkenschale in langen, dünnen Streifen herunter, und der Neuling sah seinen sorgfältigen, vorausgenießenden Bewegungen zu. Dann zerteilte Otto die Gurke in schmale Scheiben, spießte sie aufs Messer und schob sie zwischen die Zähne, die knackend und mahlend zubissen. Der Saft hing in dicken, milchigen Tropfen an der Messerklinge.

„Na gut", sagte der Brigadier, „du bist also taktfest", und damit war der Neuling, Opfer seines beflissenen Heldengetues, unerwarteten Abenteuern ausgeliefert.

Und dies ist die Art, wie der Neuling aufs Dach gelangt: Seine Hände klammern sich gleitend um die rauhen Leiterholme, während der Fuß, vom seekrank zitternden Knie kaum angehoben, von Sprosse zu Sprosse tastet.

Die Leiter, innerhalb des Systems von Stehstangen, Querstreben, Stempeln und Laufplanken im steilen Zickzack nach oben steigend, scheint kein Ende zu nehmen, und je höher der Neuling kommt, desto zerknirschter verwünscht er seine bedenkenlose Großmäuligkeit.

Die anderen sind schon auf dem Dach. Ein paar Meter neben ihm, wütend beneidet, turnt ein Zimmermann zwischen den Streben herum, er prüft die Bauklammern auf festen Sitz. Sein Hammer (unerläßliches Werkzeug, von dem sich diese Leute mit den übergroßen Hüten nie zu trennen scheinen) hängt lose auf dem Rücken im Gürtel, und unterm Kinn baumeln die verknoteten Enden seines Hutbandes.

Der Neuling wagt nicht, nach oben zu sehen: Da ist ein Stück Himmel, der Rest einer weißen Sommerwolke zwischen schwankenden Rüststangen, aber der ganze Bestand beginnt sich zu drehen, kreist langsam nach der Seite weg, und der Neuling spürt sofort heftigen Aufruhr im gastrischen Bezirk. Ebenso gefährlich ist es, nach unten zu sehen: Da trottet Zigarre mit seiner Karre, ein harmloser Spielzeugkarrenschieber auf einer harmlos nahen Erde, aber auch die Erde scheint sich wegzudrehen; es gibt üble, heimtückisch wellenschlagende Verschiebungen im Gleichgewichtsorgan, und der Neuling, an sein hühnerstiegendünnes Leiterchen geklammert, steigt zittrig, mit zusammengebissenen Zähnen weiter.

Schließlich erreichte er das Dach. Das Dach war erst zu einem Drittel mit Platten abgedeckt, das übrige sah aus wie eine ins Überdimensionale gewachsene Konstruktionszeichnung, ein säuberlich zusammengefügtes Skelett aus langen, freitragenden Stahlschienen. Später würden jene Platten preßspanisoliert und betoniert die riesige, auf beiden Seiten sanft geschrägte Fläche bilden, – weißes, akkurates Rechteck im Film einer Luftaufnahme, – jene Platten, die bisher die Welt des Neulings grau und betonhart abgrenzten.

Der Ausblick war überwältigend, und der Neuling genoß (soweit man etwas genießen kann, wenn man immer wieder von Schwindelanfällen gewürgt wird) diesen Ausblick auf die Landschaft mit Schornsteinen, Kühltürmen und Werkhallen, und mit Siedlung und Wald an der Peripherie. Nach einiger Zeit verloren die Anfälle an Heftigkeit, und der Neuling zwang sich, dicht am Dachrand langzugehen, wo die Schalung für das Gesims fertiggemacht wurde und wo der Abgrund gähnte. Schließlich gewöhnte er sich auch daran, daß in dieser Höhe der Wind pfiff, während er ihn auf ebener Erde kaum gemerkt hatte. Trotzdem wußte er genau, daß alle seine klugen Manöver, Sicherheit zu gewinnen, im Grunde nichts halfen: er war nun einmal nicht schwindelfrei.

Sie hatten zwei Spezial-Transporter auf dem Dach, und mit einem dieser langen, luftbereiften Zweiradwagen aus Stahlrohr, die man mühelos beladen und entladen konnte, fuhr der Neuling die Platten von der Aufzugsbühne über die leichte Schrägung des fertigen Daches weg zu der Stelle, wo sie verlegt wurden.

Er dachte: Schöner Job. Wenn ich taktfester wäre, wenn nicht jede Fahrt nach vorn eine jämmerliche Angstpartie wäre, könnte man behaupten, daß es ein schöner leichter Job ist, eine Kinderei gegen das, was ich unten gemacht habe.

Das Vorderteil des Wagens mit der Last ragte über den Rand der frischverlegten Plattenreihe, die, halsbrecherisch in die Luft hineingebauter Streckenvortrieb, lang und schmal von einem Querträger zum anderen lief, und der Neuling rangierte den Wagen auf der schmalen Bahn so, daß die Platte genau zwischen den Längsschienen hing. Dann ließ er sie herunter, vorsichtig dem Übergewicht nachgebend, bis sie sicher auf der Auflage ruhte, während die beiden Männer, die wie versierte Seiltänzer vorn auf den Trägern hockten, mit ihren Fäusteln die Platte endgültig zurechtrückten und die Fugen mit Mörtel verschmierten.

Der Neuling hielt sich am Wagengriff fest, als wäre das kalte Stück Eisenrohr seine einzige Sicherheit auf diesem unerprobten Gelände, während er den Wagen langsam zurückzog. Er starrte mißtrauisch auf die Platten unter seinen Füßen, und zugleich, mit Frösteln, sah er tief unten den aufgewühlten Hallenboden. Er sah auch das Sicherheitsnetz. Kann gar nichts passieren, dachte er. Sieh nur runter, gewöhn dich endlich dran. Die paar Meter Höhe können dir nichts anhaben.

Nach der fünfzehnten Fahrt brauchten die Seiltänzer neuen Mörtel. Der Neuling schleppte den Mörteleimer an den Rand der Plattenbahn.

„Gib rüber", sagte Martin.

„Ja", sagte der Neuling, „sofort."

Martin streckte die Hand aus, mit der anderen Hand hielt er sich am Träger fest, auf dem er hockte. Er war jünger als der Neuling, sein rundes Gesicht hatte noch die flaumig unbescholtene Glattheit gewisser Achtzehnjähriger, die, sobald sie massenweise auftreten, mit Anstrengung Eindruck von Gefährlichkeit oder wenigstens unerhörter Kühnheit erwecken.

Der Neuling sah die flache Kappe auf Martins Kopf, er erkannte deutlich das übermütige Muster, das mit einer Lochzange in den speckig glänzenden Stoff gestanzt war, und er sah, wie Martin grinste.

„Na los doch", rief Martin, „hast du Angst?"

„Quatsch, Angst", sagte der Neuling. Er schätzte die Schritte ab, die er auf dem Träger machen mußte, um Martin zu erreichen. „Angst", sagte er verächtlich. Die Mörtelmischung schwappte im Holzeimer. Er dachte: Wenn du noch lange wartest, halten sie dich wirklich für einen Jammerlappen, und du bist unten durch bei ihnen. Lächerlich, die drei oder vier Schritte.

Er setzte den linken Fuß auf den Träger. Der Träger war breiter als der Fuß. Kann gar nichts passieren, dachte der Neuling wieder. Die anderen spazieren hier oben rum, als wärs ein bequemer Bürgersteig, oder 'ne gepflegte Promenade oder was weiß ich; und nun beweg dich gefälligst auch so.

„Bitte schön", sagte er. Seine Hand hing ins Leere. Er sah erstaunt dem schweren Eimer nach, der nach unten verschwand.

Martin schrie: „Bist du besoffen, Mensch?" Sein Gesicht verdrehte sich, er stand plötzlich kopf. Der Eisenträger hob sich in schwindliger Windmühlenfahrt. Hohles Saugen in der Magengrube beschwor Erinnerungen an eine schaukelnde Riesenradtour.

„Bitte schön", brüllte der Neuling, und es klang fast wie Triumph, so, als hätte er es vorausgesagt, und nun konnten alle sehen, wie sehr er recht gehabt hatte.

Er lag im Netz, mit gekrümmtem Rücken und eingezogenem Kopf, und das Netz schaukelte und wippte und dehnte sich an der Stelle durch, wo er gelandet war. Drei Meter über sich, weit über den Plattenrand gebeugt, sah er die Gesichter der Brigademänner, er hörte ihre Rufe, und er hörte Martins Stimme heraus, bei allem Spott voll Gutmütigkeit.

Von unten (die Tiefe greift tintenfischarmig, quallig saugend durch die Maschen des Netzes) kam das meckernde Gelächter des Maschinisten. Der Brigadier war nicht zu sehen.

„Komm rauf, du Fallschirmjäger", rief Martin.

„Jawohl, raufkommen", schrie der Neuling, „wie denn raufkommen?" Er dachte: Verfluchte, dreckige Scheiße. Er dachte es mit genießend ausholender Gründlichkeit und zugleich mit dem schlechten Gewissen von Leuten, denen derartige Verfehlungen kaum geläufig sind.

Johann mit dem Uhrenträgerhut streckte seinen Kopf vor. „Seht euch das lange Luder an", krächzte er. „Das lange Luder zappelt."

Hoffentlich hat Otto nichts gemerkt, dachte der Neuling verzweifelt. Aber dann sagte er sich: Soll er mich sehen, zum Teufel, es kommt nicht mehr drauf an. Es kommt drauf an, wie ich aus diesem Netz rauskomme. (Ohne dieses schöne, herrliche Netz könnten sie jetzt meine Knochen zusammenklauben.) Verfluchte Scheiße, dachte er noch einmal, und wieder genoß er es als Verfehlung, während er klägliche Versuche machte, sich aufzurichten.

„Wir werden das lange Luder retten", krächzte Johann.

Martin ließ ein Seil herunter. Der Neuling schnallte sich den Sicherheitsgürtel um, der am Seil befestigt war, dann angelte er nach dem Eimer, der ein Stück neben ihm lag und ausgelaufen war, und dann zogen sie ihn mit Geschrei hoch.

Da hängt er nun am Seil, gleich wird er das Dach erreichen, unser Neuling, unser Held, oder vielmehr das, was einmal ein Held werden soll, und wir, mit viel Hoffnung für ihn, lassen ihn vorläufig allein.

Später, nach Feierabend, treffen wir ihn im Bus wieder, er sitzt am Fenster, ziemlich erschöpft, müde, verschwitzt und schmutzig. Die betonte Gelassenheit, mit der er aus dem Fenster sieht, deutet auf das großartige Gefühl eines Mannes, der etwas geleistet hat und der genau weiß, daß er etwas geleistet hat, und es ist kein Snobismus (gewisse Chronisten gefährden sich peinlich durch Gönnerhaftigkeit), wenn wir ihm auf die Schulter tippen, froh, daß er seine ersten Abenteuer glücklich überstanden hat.

IV Dialog über Ausnahmeleute

DIE SZENE, MÄSSIG AUSGELEUCHTET, zeigt das Inventar einer Bierstube. Im Hintergrund sechs Zimmerleute an einem Tisch. Die Zimmerleute haben ihre Spitzhämmer in die Tischplatte geschlagen und sind mit verbissen bemühter Lustigkeit beschäftigt, Biergläser leerzutrinken, um dann die ausgetrunkenen Gläser schwungvoll unter den Tisch zu werfen. (Es handelt sich offenbar um eine dieser idiotisch unerfindlichen Wetten, bei welcher der Einsatz sofort vertrunken wird.) Die Gleichmäßigkeit ihrer Bewegungen hat etwas von der fürchterlichen Unabänderlichkeit ferngesteuerter Automaten.

Dies jedoch darf den Zuschauer oder Zuhörer nicht schrekken, da das Spiel relativ harmlos ist, und überdies haben die Geräusche, das Gelächter, das Scherbenklirren eine gewisse gespenstische Diskretheit und Gedämpftheit, so daß die Aufmerksamkeit für die beiden Männer am Tisch im Vordergrund links gesichert scheint.

Wir erkennen den Brigadier Otto und Karrenschieber Adam. Adam raucht eine Zigarre. Otto hat einen Zettel mit Berechnungen vor sich liegen. Die Biergläser auf dem Tisch sind halbleer.

ADAM: „… hättest du sehen sollen. Ich gab ihm die Scheine, und er sah sie kaum an, steckte sie in die Tasche, unbesehen, als wärens 'n paar dumme Fetzen Papier, oder als würde er sich schämen. Ich sage: „Willst du nicht nachzählen?" „Nachzählen", sagte er, „hast recht", und er holte das Geld wieder raus, und dann zählte er, und ich sah ihm zu, wie er die Scheine durch die Finger blätterte, erst die großen, dann die kleinen Scheine. Ich sah an seinem Gesicht, daß er ganz schön überrascht war, ich sage: „Na, zufrieden für'n Anfang?" und er nickte, und ich denke, daß er wirklich zufrieden sein konnte. Er sah aus wie'n Kind zu Weihnachten. Möchte wissen, wie er früher sein Geld verdient hat. Hörst du überhaupt zu?"

OTTO: (rechnet.) „Was? Natürlich höre ich zu." (rechnet.)

ADAM: „So'n Bleistift ist 'ne schöne Erfindung. Also, wie'n Kind zu Weihnachten. Hat er sich verdient. Ich sage, daß er sich das Geld ehrlich verdient hat. Die ersten Tage war ich ziemlich sicher, daß er zusammenklappen würde. Könnte meinen Kopf dafür wetten, daß er noch nie im Leben auf einem Bau war. Sieh dir seine Handgelenke an."

OTTO: „Ein Bau ist kein Kindergarten. Wer nicht spurt, kann gehen." (rechnet.)

ADAM: „Er spurt, er spurt; darauf kannst du dich verlassen. Ich hab wirklich geglaubt, daß er zusammenklappen würde. Habe gesehen, wie er die Zähne zusammengebissen hat, ich muß das beurteilen können. Hab mehr als einmal geglaubt: Jetzt kippt er um, jetzt sackt er dir einfach ab, verdammt nochmal, – aber keine Spur von Absacken. Der nicht."

OTTO: (rechnet.)

ADAM: „So'n Bleistift ist 'ne schöne Erfindung."

OTTO: „Was?"

ADAM: „Ich sage, daß so'n Bleistift 'ne schöne Erfindung ist. Und spitz muß er sein. Natürlich gibt es auch Leute, bei denen er nicht so spitz ist. Ausnahmeleute, verstehst du. Aber was ist los mit dir? Ich wollte in Ruhe 'n paar mit dir heben, aber was machst du? Hockst da und ziehst 'n Gesicht und büffelst und rechnest, als hätten die Kohlen heut nicht gestimmt."

OTTO: „Der Blei muß einen Knacks weghaben. Die Mine bricht dauernd ab."

ADAM: „Nicht ärgern, Otto. Ich sage dir: Es gibt Ausnahmeleute. Ich frage mich nur: Ist es Dummheit oder die blanke Ehrlichkeit? Möglich, daß blanke Ehrlichkeit auf Dummheit rauskommt. Na los, trink aus."

Otto: „Ich glaube, du bist schon blau."

Adam: „Vielleicht hab ich was übrig für Ausnahmeleute. Nimm mal so einen Neuen, einen, der kaum reingerochen hat. Was macht er? Er schreibt jede Platte an, die raufgeht aufs Dach. Du hast selber gesagt, daß er sie anschreiben soll. Jede Platte registriert er, verstehst du. Ich sage dir das, weil ich denke, es könnte dich interessieren."

Otto: „Ja, das sagst du mir, weil du denkst … Was denkst du denn mit deinem großen schlauen Kopf?"

Adam: „Brauchst dir nicht einzubilden, daß ich mich einkratzen will; so wahr ich Adam heiße, ich habs nicht nötig. Aber du bist der Brigadier. Du hast die Verantwortung. Du trägst das Abzeichen.

Ich denke mir, daß so'n Neuer, so einer von den Ausnahmeleuten sich wundert, wenn er hundertsechzig Platten anschreibt, genausoviel wie raufgehen, – aber dann merkt er, daß an einer anderen Stelle hundertachtzig ausgerechnet werden. Ich frage mich, ob er in seiner verbohrten Ehrlichkeit, – und ich mach 'ne Verbeugung vor seiner Ehrlichkeit, verstehst du, – ob er so eine Rechnung auf die Dauer mitmachen wird."

Otto: „Das war 'ne lange Rede."

Adam: „Ich weiß, ich quatsch dir zuviel. Hör ja schon auf. Ich beklag mich nicht.

Trinken wir noch was?

Nimm an, daß ich an dem Neuen 'nen Narren gefressen hab. Vielleicht hab ich 'nen Narren gefressen, weil er so unbescholten oder unbeschrieben ist, oder so ehrlich, oder was weiß ich. Kann ja sein, daß ich keine Ahnung hab von der ganzen Normenrechnerei mit Stückzahl und Quadratmetern und mit weiß der Teufel was. Sicher hab ich keine Ahnung. Du bist Brigadier, und du hast die Verantwortung, und auf deine Rechnung kommts an …"

Die Zimmerleute im Hintergrund reden lauter. Sie beginnen sich in ihrem Scherbenhaufen einzurichten; er hat ihre Waden erreicht.

Otto zieht die Stirn in Falten. Adams Kopf verschwindet in einer Wolke von Zigarrenqualm.

V Lektionen für den Langen

BALD NACH MITTAG BEGANN ES ZU REGNEN.

Der Morgen hatte angefangen wie alle diese ungenauen, müden Morgen im September, trüb, mit wandernden Nebelfeldern, mit blaßgrauem Wolkendunst unterm hängenden Himmel und der zerstreuten Andeutung von Herbstgeruch im gelben Flug der Ahornblätter am Straßenrand. (Man saß fröstelnd im Bus und sah unausgeschlafen verdrießlich auf die Bäume am Straßenrand und nach dem verdrießlich hängenden Himmel, und man wünschte sich ein bißchen Wärme, oder wenigstens den Versuch der Sonne, durchs Wolkengeschiebe zu brechen.) Später kam dann die Sonne, und man vergaß den trüben Morgen, wie man ihn jeden Tag vergessen hatte unterm klaren Mittagsauge der Septembersonne.

An diesem Tag jedoch riß die Wolkenschicht nicht auseinander, sie verdichtete sich, trieb eilig über die Kronen der Schornsteine weg, und heftiger Wind stäubte kurze Schauer von Sprühregen schräg durchs Baugelände. Die Luft war von einem ungewissen, diesigen Grau, das alle Konturen verwischte.

Sie arbeiteten die ersten Stunden auf dem Dach, und dann, als der Wind zu böig wurde, und als sich die Männer nur noch mit Mühe gegen den Wind halten konnten, der sie fast heruntergefegt hätte, verließen sie das Dach und arbeiteten unten in der riesigen Halle.

Dort verfüllten sie die tiefen Gräben, die den Hallenboden in allen Richtungen zerschnitten und das Röhrenwerk der Kanalisation aufnahmen, und zwischendurch, wenn der Wind den Regen durch die offenen, noch nicht verglasten Hallenwände hereinjagte, verkrochen sie sich in der halbfertigen Meisterbude wie eine Herde frierender, kläglich durchnäßter Hühner. Das Wasser tropfte von ihren Hutkrempen, sie hockten auf Bretterstapeln, Ziegelhaufen und umgekippten Schubkarren, und sie rauchten und schimpften und fluchten auf das Wetter, das ihnen einen Strich durch ihre Prozenterechnung machte, und sie verfluchten den buckligen Magaziner vom Baubereich, der noch keine Regenklamotten herausrükken wollte; und dem Polier, der sie wieder in das Sauwetter rausjagte, wünschten sie die Krätze an den Hals.

Später fingen sie im unüberdachten Teil der Halle an, den Boden zu planieren; der Boden war hart und steinig und mit Ziegeln und erstarrten Zementbrocken vom Fundamentbau durchsetzt, und an ein paar Stellen stießen sie auf eine flache Schicht junger Braunkohle. Sie kamen nur langsam mit ihren Schaufeln und Hacken voran, und sie rechneten sich voll Wut aus, daß sie nicht mal die Norm erreichen würden, die für solche Arbeiten vorgegeben war, eine dieser blödesten, langweiligsten Lückenbüßerarbeiten.

Bald nach Mittag begann es zu regnen. Es war ein herrlicher, gleichmäßig stark strichelnder Landregen, und sein Ende war nicht abzusehen, und die Brigade zog sich, triefend vor Nässe, in die Baubude zurück.

Sie hängten ihre Jacken auf eine Schnur, die sie quer durch die Bude gezogen hatten, und einer zog seine Arbeitshose aus, die er über die dünne Kombination gestreift hatte, und hängte sie dazu, und da schaukelte sie, steif und bißchen komisch und regennaß mit durchgebeulten Knien, wie die abgelegte, unförmige Hülle eines ausgeschlüpften Rieseninsekts.

Martin machte den Ofen an. Das Holz knackte und qualmte etwas, und der Qualm schlich träge und flachschwadig unter der Decke lang und machte angenehm schläfrig, und die elf Männer (zwei hatten sich krank gemeldet) saßen schwerfällig mit aufgestützten Ellenbogen da und horchten auf das wärmende Geprassel im Ofen und auf die Trommelmusik des Regens auf dem Budendach.

„Sauregen", sagte Johann. Er saß in der Ecke auf einer Kiste. In dieser Ecke tropfte es von oben durch, aber Johann rührte sich nicht von der Stelle. Er hatte als einziger seinen Hut aufbehalten, (niemand konnte sich erinnern, daß er ihn jemals abgesetzt hätte,) und nun stülpte er ihn sich noch fester auf den Kopf, diesen alten, weitgereisten Uhrenträgerhut, und man konnte sehen, wie ab und zu ein Tropfen auf die verbeulte Krempe prallte und zersprühte. „Sauregen", sagte Johann und kniff die Augen zusammen.

Zigarre, wie immer rauchend, sagte: „Da kann man nichts machen. So 'ne Pause ist auch ganz schön."

„Zeitlohn ist Dreck", knurrte Martin. „Heute früh haben wir allerhand rangeklotzt, und wenn es so weitergegangen wäre, hätten wir jetzt unsere hundertsiebzig Prozent in der Tasche." Er zog ein Spiel Karten heraus und durchblätterte es melancholisch. Sein rundes, harmloses Halbstarkengesicht zeigte Bekümmerung unterm Ansatz der borstig gestutzten Haare, die ihm etwas unerhört Komisches und Treuherziges gaben.

„Nun heule nicht", sagte Zigarre. „Was heut nicht wird, kommt morgen dran."

„Sauregen", sagte Johann wieder. Er spuckte schmallippig schnalzend auf den Boden, ohne die selbstgedrehte Zigarette aus dem Mundwinkel zu nehmen. „Mein Spalierwein braucht Sonne", sagte er. „Ich hab mindestens zwei Zentner dranhängen."

„Er hat zwei Zentner dranhängen", sagte Nagel anzüglich. „Dieser Kulak." Nagel hätte man im Dunkeln unter hundert Leuten herausgefunden. Seine Aussprache gab vor, großstädtisch zu sein, mit den schnoddrig weichen Abrundungen gewisser Konsonanten, aber gerade der falsche Gebrauch dieser Abrundungen verriet das Ganze in seiner Großmäuligkeit als provinzschale Imitation. „Gib mal 'n Hieb Tabak rüber, du Kulak", sagte er.

Johann, seinen Tabaksbeutel rüberreichend, brummte: „Selber Kulak."

Am Fenster, mit dem Rücken halb zum Ofen, so daß er den Raum und ein Stück Baustelle vor dem Fenster übersehen konnte, saß der Lange (wie sie ihn jetzt nannten), unser Held mit den schmalen Handgelenken. Er saß da in der Haltung eines Mannes, den nichts aus der Ruhe bringen kann, nicht zu unterscheiden von allen anderen: einer, der dazugehörte, der sich heimisch fühlte im engen Bezirk dieser Baubude mit ihren zeitweiligen Bewohnern wie in der größeren Landschaft des ganzen Baus, und tatsächlich benahm er sich so, als wäre er hier schon immer zuhause gewesen.

Er hatte die Ärmel hochgekrempelt, die Haut auf seinen Armen war braungebrannt, und man sah dick die Stränge der Adern vortreten, die den Armen etwas Muskulöses verliehen. (Heimlich, vor dem Spiegel probierte er abends seine Muskeln, und obwohl er sich sofort unwürdig kindischer Eitelkeit und Kraftmeierei bezichtigte, wuchs sein Staunen mit Andeutung von Selbstbewußtsein, wenn er feststellte, daß sich dort etwas bildete wie der harte Kern einer Frucht.)

Er fühlte sich ein bißchen müde, aber er schob es auf das Regenwetter, und vielleicht lag es auch an der ungewohnten Ruhe mitten in der Arbeitszeit und an der ungewohnten Wärme in der Bude, und er hörte gleichmütig auf die Reden der Männer, und als der Brigadier ihn fragte, wieviel Platten sie am Morgen raufgeschickt hatten, sagte er gelassen: „Genau zweiundsechzig Stück. Ganz gut für die Zeit."

„Ja", sagte der Brigadier, „es geht."

Der Lange dachte: Zweiundsechzig Platten, das sind einunddreißig Fahrten, und davon hab ich die Hälfte gemacht. Nun, was willst du? Willst du davon müde sein? Kleinigkeit.

Zigarre nickte, als der Lange die Zahl nannte, er sagte: „Laß regnen, wenns regnen will. Was heut nicht drankommt, kommt morgen dran."

„Nun sei mal vorsichtig", sagte Otto. „Wir müssen die Halle bis zum ersten Frost unter Dach haben. Fix und fertig unter Dach mit Estrich und Isolierplatten und Gesims." Er sah sich langsam unter den Männern um, als erwartete er Widerspruch.

Der Lange rieb sich die Handgelenke. Manchmal spürte er ein Ziehen von den Fingerknöcheln bis in den Unterarm, aber es störte ihn nicht.

„Was heißt Frost", krächzte Johann, „erst soll mein Wein reif werden."

Zigarre sagte: „Na ja, man muß an alles denken." Nach einer Weile fragte er mit seinem Mausgesicht: „Wer paßt auf deinen Wein auf, Johann? Liegt deine Alte mit 'nem Regenschirm auf der Lauer?"

„Ach Quatsch, Regenschirm", sagte Johann ärgerlich.

„Los Johann", rief Nagel, „erzähl das Ding mit dem Regenschirm. Erzähl das Ding von deiner Alten mit dem Schirm."

Johann, sein Gesicht in schmerzlich wütende Erinnerungsfalten legend, sagte: „Quatsch Regenschirm. Laß mich in Ruhe."

„Sie hat ihn aus dem Bett geprügelt", sagte Martin grinsend. „Johann, du Aas, hast dich erwischen lassen mit einer anderen im Bett. Und deine Alte mit dem Schirm hinterher, und du im Hemd über die Straße …"

„Verdammter alter Drachen", krächzte Johann.

Es machte ihm nichts aus, wenn sie über ihn lachten, und sie lachten oft über ihn. Im Geruch unverschämt potenzierter Fähigkeiten, die er marktschreierisch anpries, ließ er sich immer wieder zu Berichten provozieren, und natürlich war er der Held in diesen Berichten. Aber es war ein leicht tragischer Held, von der Art eines Don Quichotte, und meistens gingen seine Geschichten tragisch oder tragikomisch aus; es gab haarsträubende Verwicklungen, und am Ende erschien immer eine furchtbare, zwei Zentner schwere Rachegöttin, die infolge einer standesbehördlichen Akte zum Strafvollzug legitimiert war.

Johann, in ein hohes, singendes Falsett geratend, erzählte alle seine Geschichten mit peinlich minutiösen Einzelheiten, ohne jede delikate Aussparung, und manchmal entflammte er sich an ihnen bis zur grotesken Raserei, mit der er schadenfroh geiles Gelächter erntete, ein aus den Fugen geratener Waldschrat, und es machte ihm weiß Gott nichts aus, daß er Gelächter erntete.

Aber jetzt sagte er nur: „Verdammter alter Drachen", und das war alles, wozu er sich entschloß.

Martin legte einladend seinen Kartenstoß auf den Tisch.

„Ich mach 'ne Runde mit", sagte Nagel.

Zigarre, mit Prophetenstimme, sagte: „In den Karten steckt der Teufel, mein Sohn."

„Scheiß auf deinen Teufel", sagte Nagel.

Der Lange betrachtete argwöhnisch seine Hände, und dann sah er Zigarre an, der muffelnd, mit fast einfältig zufriedenem Gesicht vor sich hinrauchte und den Kartenspielern zusah, und schließlich ging sein Blick zu Johann in der Ecke, während er auf das schläfrig murmelnde Geräusch des Regens horchte. Wind war nicht mehr da.

Er betrachtete das magere, bräunliche Gesicht unter dem alten Hut; es zeigte ein freundliches Furchennetz von Falten, und alle Falten wanderten wie Flußläufe oder Bachläufe auf einer Geländekarte nach dem Mund zu, deuteten auf ihn hin, und der Mund, obwohl etwas nach innen gezogen wie bei Leuten mit wenig Zähnen, war die ruhende Mitte in diesem Gesicht, mit kräftiger Unterlippe und von einem Rot wie herbstliches Weinlaub.

Dann sah der Lange wieder seine Hände an. (Das Regengeräusch tropft durchs Gehör und gerinnt im Gehirn zu stereotyp wiederholter Tonfolge.) Er starrte mißbilligend, obgleich sie ihn vor neuer Blasenbildung schützte, auf die rauhe Hornhaut an den Innenflächen, und er bewegte einzeln jeden Finger. Die Finger waren stärker geworden, an den Spitzen unförmig verdickt, und die Daumen, wie die Finger mit Rissen und Narben dekoriert, bewegten sich nur schwer, und diese offensichtliche allgemeine Verrohung seiner Hände kränkte und befriedigte ihn zugleich.

Sieh dir diese Pfote an, dachte er, sieh sie dir genau an. Liebe Zeit, früher war ich stolz darauf, mühelos eine Oktave samt Terz oder Quart greifen zu können, die Handspanne war fabelhaft durchtrainiert, und auch die Quinte habe ich gut geschafft, und manchmal hab ich mir was drauf eingebildet. Und heute? Er dachte: Und was ist heute? Nichts mit Oktave samt Terz oder Quart, keine durchtrainierte Handspanne. Dreckige, ungelenke Pfote, – es ist zum Kotzen. Sieh dir diese dreckige, ungelenke Pfote an.

In diesem Augenblick klopfte Otto mit seiner Tabakspfeife an die Teekanne. Er klopfte laut und energisch und mit einem Gesicht wie ein Feldwebel, der seine lahme Kolonne auf Vordermann bringen will. Er sagte mit seiner schnarrenden Vorgesetztenstimme: „Hört mal her, Leute: Nächste Woche müssen wir zwei Nachtschichten einlegen."

„Na dann viel Spaß", murmelte Zigarre, sich am Kopf kratzend.

„Schnapsidee", sagte Johann.

Martin, indem er eine Karte auf den Tisch knallte, fragte: „Wo denn Nachtschicht? Wer hat sich das ausgedacht?"

„Ich kanns nicht ändern", sagte der Brigadier ungeduldig. Ihr stellt euch an, als hätten wir noch nie 'ne Nachtschicht gemacht. Wir wollen die Zwischendecke schütten, drüben am Stockwerkmagazin. Befehl von der Bauleitung."

„Natürlich Poppe", sagte Nagel. „Möchte wissen, wann dieser Flasche von Bauführer mal was Vernünftiges einfällt."

„Langsam", knurrte Martin. „Ohne Bauführer wärst du 'n Arsch ohne Hose."

Johann sagte: „Schnapsidee." Dann, ausspuckend, sagte er: „Kümmer dich um Gummizeug, aber früh genug, verstanden."

Die erste Nachtschicht, dachte der Lange. Wird nicht die einzige bleiben, nehme ich an.

Zigarre sagte: „Arbeit ist Arbeit. Der Schornstein muß rauchen."

Möchte dabeisein, wenn der erste Rauch aus den Schornsteinen qualmt, dachte der Lange abschweifend. Den zweiten haben sie auch bald oben. Dabeisein, dachte er, mit Blick auf seine Hände. Sei nicht blöd, heul nicht um deine durchtrainierte Handspanne, heul nicht um deine Oktave mit Terz oder Quart.

Johann sagte zum Brigadier: „Wenn du keine Gummiklamotten ranschaffst, hack ich dich spitz, du alter Bock."

Der Lange dachte: Bist ja Nachtarbeit gewöhnt. Aber bilde dir nicht ein, daß es eine Spielerei wird.

„Da ist nichts spitzzuhacken", sagte Otto. Sein Gesicht zeigte besorgten Eifer. „Die Anweisung an den Magaziner geht morgen raus, ich habe alles organisiert. Wir schütten umschichtig mit zwei Brigaden, damit es keine Pause gibt. Ich denke, daß wir in der zweiten Nacht fertigwerden."

„O key", sagte Martin zwischen den Zähnen wie ein Westernheld.

Die anderen sagten nichts mehr, und es gab auch nichts mehr zu sagen; das Betonieren von Decken war ihr Beruf, und ein paar Nachtschichten warfen sie nicht um. Es wurde wieder schläfrig still in der Bude, man hörte nur das eintönige Pochen der Skatfäuste auf der Tischplatte und das eintönige Rauschen des Regens.

Nach einer Weile, als hätte er die ganze Zeit darüber nachgedacht, sagte Zigarre: „Hoffentlich schicken sie uns 'nen tüchtigen Maschinisten."

Der Satz schien in der Luft hängenzubleiben; niemand antwortete, und Zigarre saß da mit breit aufgestützten Armen, und dann sagte er noch: „Verstopfer in der Betonleitung können wir nicht gebrauchen, die sind nicht mein Geschmack", und wieder antwortete niemand, und er sagte, sich selbst abwinkend: „Na ja, vielleicht haben wir Glück."

Der Lange dachte: Du brauchst dir nichts einzubilden auf deine Pfoten. Dreckige, ungelenke Hände sind weiß Gott noch kein Privileg. Er starrte düster, zugleich voll Mitgefühl mit sich selbst, (wir kennen seine Schwächen), auf die rissigen Finger, er dachte: Glaubst du vielleicht, es genügt, wenn du solche Pfoten herzeigst, wenn du schimpfst und fluchst wie die anderen, wenn du dreimal oder auch zehnmal am Tag Scheiße sagst? Du kannst dir Mühe geben, du kannst dich abschinden wie du willst, du wirst kein richtiger Arbeiter werden, kein Prolet; du bleibst immer der jämmerliche, lächerliche Überläufer aus dem Kleinbürger-Panoptikum, der auszog, das Gruseln zu lernen.

Er dachte wütend: Na los, Panoptikums-Figur, hast du das Gruseln gelernt? Aber dann sagte er sich, mit Versuch von Zurechtweisung, daß es darauf nicht ankäme, daß er übertreibe; und sicher war an seinen Übertreibungen dieser unaufhörlich trommelnde, eintönige Regen schuld. Arbeite du, dachte er, schufte, zeig, daß du kein Schlappschwanz bist, und hör auf, verdammten Unsinn zusammenzugrübeln. Alles andere wird sich finden.

Nagel sagte: „– 'n Kasten Bier wär jetzt das Richtige."

„Bier macht Nebel im Kopf, ihr Säufer", sagte Zigarre mit erhobenem Finger.

Ja, dachte der Lange, und der Kopf ist das Wichtigste, guter alter Knacker, Bruder und Meister im Karrenschieben.

Martin schluckte trocken. „Meine Gurgel fühlt sich an wie 'n Zementsack."

„Grünschnabel", sagte Zigarre.

Der Brigadier stand auf. Er kramte in seiner Jacke, die an der Schnur hing. Er sagte mit großzügiger Geste: „Gut Leute, den Kasten gebe ich."

„Also", sagte Nagel, „das ist 'n Einfall."

Zwei Männer gingen los, um das Bier zu holen. Sie hängten sich ein Stück alte Zeltbahn um die Schultern; sie hatten eine ziemliche Strecke bis zur Chaussee rüber, wo die Kneipe stand.

„Na Johann", sagte Otto, „wie wärs mit 'ner hübschen kleinen Geschichte? – irgend so 'ne richtige saftige Geschichte, bei der uns die Haare zu Berge stehen, bei der sogar alte Sünder wie Zigarre rot anlaufen?"

Aber Johann war nicht in Gang zu bringen. Er hockte müde auf seiner Kiste, er sagte verdrießlich: „Bleibt mir vom Halse mit Geschichten, ihr Hurenböcke. Keine auf Lager."

Der Lange lehnte sich zurück. Er war nicht mehr ganz bei der Sache. Er hörte Johanns Stimme, aber er verstand nur halb, was er sagte, und während er zu ihm hinübersah und zerstreut sein Faltengesicht betrachtete, verwandelte sich die Szene.

Sie waren beim Kiessieben. Wie Zigarre hatte Johann einen wohltuend ausgeglichenen Arbeitsrhythmus, und der Lange hatte keine Mühe, Takt zu halten. (Die Ökonomie des Muskelspiels ist tatsächlich erlernbar, mein Freund!) Sie warfen gleichmäßig ihre Schaufelladungen gegen das hohe, engmaschige Drahtnetz, und auf der anderen Seite des Netzes wuchs der Sandberg, ein feinkörniger Kegel aus rieselndem, gelblichrotem Flußsand, und ab und zu kratzten sie die Brocken und Steine zusammen, die sich vor dem Sieb ansammelten, und warfen sie abseits auf einen Haufen.

„Du Hund, verfluchter", schrie Johann plötzlich. Er stieß seine Schaufel in den Kieshaufen, sein Gesicht zeigte Aufruhr.

Der Lange drehte sich um. Es war niemand da, nur in der Aufzugsbude hörte man den Maschinisten rumoren. Die Brigade war auf dem Dach.

„So ein Hund", sagte Johann, und der Lange begriff nichts. Johann stand breitbeinig da, nicht sehr groß, sehnig, er hielt sich etwas krumm, so daß der Schaufelstiel bis unter sein Kinn ragte, und er stützte sich mit gekreuzten Armen auf den Stiel und schüttelte den Kopf.

Was ist bloß los, dachte der Lange. Ihm fiel ein, daß Johann manchmal fürchterliche Anfälle von Jähzorn haben sollte. Er schaufelte heftig weiter, und immer, wenn er mit dem Schaufelblatt gegen das Sieb schlug, um den träge rutschenden Sand durchzukriegen, schielte er verstört zu Johann hinüber. Er gehörte zu den merkwürdigen Leuten, die bei jeder Gelegenheit ein schlechtes Gewissen fühlen und, aus unerfindlicher Solidarität, aus Unbehagen und Anständigkeit, dieses schlechte Gewissen der halben Welt zeigen oder zur Verfügung stellen.

Johann sagte: „Mach Pause, langes Luder."

„Ja", sagte der Lange, er rückte seine Mütze aus der Stirn. (Man sah ihr nicht an, daß sie erst drei Wochen alt war, und er war stolz auf sie.)

Johann wippte in den Knien, er spuckte aus, und dann sagte er: „Ich darf nicht dran denken. Verflucht, ich darf nicht dran denken; gleich ist der Teufel los."

„Hast du Ärger gehabt?" sagte der Lange unsicher, während er Johann die Zigarettenschachtel hinhielt. Nur nicht reizen, dachte er.

„Was heißt Ärger", krächzte Johann. „Wild ist der verdammte alte Bock. Mach was dagegen."

Mensch Johann, du Aas, dachte der Lange. (Alle sagten ‚Johann du Aas'.) Und nun erinnerte er sich der eindeutigen Gerüchte, er dachte kühl: Jetzt kommen paar von den berühmten Obszönitäten, und du wirst sie dir anhören und wirst pflichtschuldig lachen. Aber ich bin nicht scharf drauf.

Es kamen jedoch keine Obszönitäten, Johann sagte nur: „Ich darf nicht dran denken." Und dann sagte er: „Mit so einem Bürschchen wie dir nehm ich's noch lange auf, – bei allen. Wetten?"

Meinetwegen, dachte der Lange. Vielleicht hast du 'ne Kollektion von Dankschreiben. Seine Zigarette brannte schief und kohlte und stank, und er drückte sie ärgerlich aus.

„Sie erzählen verrückte Sachen von dir", sagte er langsam, „aber ich glaube nur die Hälfte", und er wußte, daß es eine Provokation war: Er war nicht frei von ungebührlich stichelnder Neugier.

„Komm her", sagte Johann mit seinem Waldschratgesicht.

„Ja", sagte der Lange. „Was ist los?" Er ging zu ihm hin, und Johann reckte sich auf, er schob mit verkniffenen Lippen die Zigarette von einem Mundwinkel in den anderen.

„Glaubst nur die Hälfte?" sagte er.

„Na ja", sagte der Lange. Er war fast einen Kopf größer als Johann, und obgleich er auf ihn runtersehen konnte, fühlte er sich auf unerklärliche Art zusammengeschrumpft, unbedeutend und schwächlich, als könnte Johann ihn jeden Augenblick umblasen.

„Faß an", sagte Johann. „Fühl selber."

Der Lange, nach Ausflucht suchend, sagte wieder: „Na ja. Ich glaub ja."

„Los, faß an", befahl Johann mit Falsettstimme. Er blinzelte zu ihm rauf, seine Zigarette schwankte im Mundwinkel, er spreizte sich wie ein Hahn.

„Nun?" krächzte er. „Was sagst du nun?"

Der Lange sagte gar nichts. Er dachte, überwältigt: Kein Wunder, wenn so einer mit seinem Pfund wuchert.

Freilich kam er sich sehr unbehaglich vor, und er drehte sich rasch um und griff nach seiner Schaufel. Er hatte jene hilflos grinsende Verlegenheit, die Unbescholtene nach dem schamrot flüchtigen Betrachten gewisser fotografischer Exzesse befällt, und zugleich, so lächerlich es war, fühlte er sich ausgezeichnet vor anderen, eingeweiht und für würdig befunden.

Jetzt, in der Baubude, während er etwas schläfrig unter der monotonen Regentrommel, etwas unkontrolliert Gedanken,

Bilder und Erinnerungen vorbeiziehen ließ, dachte er: Vielleicht deklarierst du es als Zeichen deiner Zugehörigkeit, wenn dir einer von ihnen sein anrüchiges Erfolgsgeheimnis anträgt. Er dachte: Warum sollte ich es nicht als Zeichen von Zugehörigkeit deklarieren? Und wenn er sich unter den Männern umsah, so schien es ihm tatsächlich, als ob er sie alle schon lange Zeit kannte, und es war ihm wieder einmal unbegreiflich, daß er jemals ein anderes Leben gehabt haben sollte.

Es war nicht nur allgemein faselnde Schwärmerei in Blau und Rosa, so sagte er sich mit vorsichtigem Zureden, wenn er sich den zehntausend oder zwölftausend Männern und Frauen verbündet fühlte, die diesen Riesenbau aus dem Heideboden stampften, dieses Gehäuse für ein künftiges Zentrum aus geballter Energie: Er war legitimer Teil der Armee auf dem Vormarsch. (Macht nichts, wenn du bloß 'n kleiner, dreckiger Fußlatscher bist, – Fußlatscher müssen auch sein.)

Die beiden Männer kamen mit dem Kasten Bier, und der Brigadier verteilte die Flaschen, er ging leutselig herum und rief die Namen auf wie bei einem Appell, und jeder bekam zwei Flaschen.

Der Lange lehnte verlegen ab.

„Was denn", rief der Brigadier, „Korb verpassen?"

„Darf nicht", sagte der Lange schroff. „Vom Arzt verboten." Blödsinniger Schwindel, dachte er, kein Arzt hat mir was verboten, aber wie soll ich mich sonst aus der Klemme ziehen? Nun, du großer Schlaukopf, dachte er, wie willst du dich rausziehen? Hast doch gewußt, daß du irgendwann mal in so 'ne Klemme kommen wirst.

Er sagte: „Will dir keinen Korb verpassen, Otto, das mußt du glauben." Er tippte mit beteuerndem Hinweis auf seine Brust, sein Gesicht proklamierte Treuherzigkeit, und der Brigadier zuckte die Schultern und betrachtete ihn halb geringschätzig, halb mitleidig mit seinen wässrig blauen Augen, unter denen sich der Lange nicht wohlfühlte: Er glaubte sich durchschaut, oder wenigstens verdächtigt.

„Deine Kognakpumpe ist undicht, wie?" sagte Nagel. Johann sagte: „Das lange Luder säuft bloß Milch. 'n langer, verdammter heiliger Milchsäufer."

„Laß ihn mal", sagte Zigarre väterlich. „Wenn er nicht darf, dann darf er nicht." Er ließ mit dem Daumen seinen Flaschenverschluß aufknallen, er sagte: „So 'n Herz ist wie 'n klappriger Wecker, nur nicht überdrehen. Mein Wecker geht jedenfalls noch ganz gut, gottseidank, und 'n schöner Tropfen Öl tut Wunder."

Die Männer tranken, und man hörte das saugende, gurgelnde Geräusch zwischen Flaschenhals und Kehle. Der Lange sah ihnen zu, und in diesem Augenblick, nachdem er begriffen hatte, daß sie mit freundlich knurrender Nachsicht seine Weigerung hinnahmen oder gar respektierten, fühlte er sich, hypochondrische Reaktion, wirklich ein bißchen krank und hinfällig und jedenfalls bemitleidenswert, und wenn ihm jetzt ein Arzt eröffnet hätte, er habe ein Panzerherz, oder Neurose, oder irgendeinen schwerwiegenden Klappenfehler, so hätte er es wahrscheinlich geglaubt.

War höchste Zeit, als ich damals aufgehört habe, dachte er. Wir haben noch mal Glück gehabt. Er dachte, mit einer Anwandlung von Bodenseereiter-Gefühl: Wie billig, wenn du dich mit deiner Trinkerei vor zwei Jahren auf verspätete Pubertätserscheinungen rausreden wolltest, die schließlich jeder durchzumachen hätte; wenn du dich rausreden wolltest, du hättest Ärger gehabt, Sorgen, (weiß der Teufel was für Sorgen), und du wärst eben fertig gewesen, so fertig und verzweifelt und marode, wie nie ein Mensch vorher und nachher und auf alle Zeit fertig und marode und verzweifelt sein konnte.

Er zwang sich oft zu peinlich bitteren Erinnerungen, und häufig brauchte er sich nicht einmal zu zwingen: In jedem Betrunkenen, den er traf, schwankte er sich selbst als mörderischer, verfluchter Alptraum entgegen, lallend, triefäugig glotzend, halb blöde vor Weltschmerz, würdelos, – eine groteske Persiflage seiner selbst, für den alle Welt torkelnd und grinsend auf dem Kopf stand.

Er war sicher, daß er übertrieb, und sicher war auch sein pedantisch verbohrter Abscheu vor Alkohol übertrieben oder lächerlich, aber er hatte, angeekelt und belehrt durch Reste von Selbstbeobachtung, eine Art Vertrag mit sich unterschrieben, und zudem verließ ihn nie ganz die Angst vor möglichen Katastrophen, wenn er wieder anfing; seine Latenzzeit schien noch nicht abgelaufen.

Seine zwei Flaschen hatte er Johann und Zigarre gegeben, und er sah gelassen ihren gewaltigen Schlucken zu. Nagel begann weitschweifig und umständlich mit einer Geschichte aus dem Wohnlager, und der Lange konnte die Wirkung der Geschichte auf Johanns Gesicht ablesen, obwohl er, befangen von Erinnerung, nicht genau zuhörte.

„Die Lagerwache hatte gleich Verdacht, wie sie in die Bude reinkam", sagte Nagel. „Alles aufgeräumt und ganz harmlos. Bloß unter einem Bett lagen 'n paar Schuhe, nette kleine Schuhe."

Der Lange dachte: Damals fing es an. Der Abrutsch war rapide, und ich konnte mir selber zusehen, wie ich rutschte. Ich bekam meine Enttäuschung nicht runter: Ich hatte vom Konzertsaal geträumt und war im Kaffeehaus gelandet. Natürlich gebe ich zu, daß es ein gutes, solides Kaffeehaus war, ein Haus mit Anspruch, und ich versuchte auch, gute und solide Musik zu machen. Na schön, vielleicht habe ich diese Musik gemacht. (Ein neuer Gershwin sollte geboren werden, wie?)

„Die Lagerwache hat sofort die Schuhe aufgegabelt", sagte Nagel. „Wo so 'n paar Schuhe rumliegen, kann auch die Frau nicht weit sein, der diese Schuhe gehören, – ist doch klar. Die Wache sieht sich also gründlich um, schnüffelt alles durch, findet nichts, und die Männer aus der Bude grinsen. Schöne Blamage."

Der Lange dachte: Es ist nicht wahr, daß ich zu trinken anfing, als Mutter starb. Ich hab schon vorher getrunken; ich hab getrunken, weil ich meinen Konzertsaal-Traum liquidieren wollte. Aber nun war ich allein, so gottsjämmerlich hoffnungslos allein, und das Mädchen, so sehr es sich Mühe gab, konnte mir nicht helfen, und vielleicht wollte ich mir auch nicht helfen lassen: ich sah mir zu, wie ich abrutschte.

Wie hat eigentlich mein Vater ausgesehen? Mein Gott, ich habe lange vergessen, wie sein Gesicht war, (freundlicher Schatten über einem bekritzelten Schulheft), ich habe sein Gesicht vergessen, ich bekomme es nie wieder zusammen. Vorbei, Staub, eine getilgte Spur am Ladoga-See.

Das Mädchen war über alle Maßen geduldig mit mir, und ich sah ein, manchmal, daß ich dieser zärtlichen, barmherzigen Geduld nicht würdig war. Aber was hast du getan, verdammter Narr, was hast du getan?

Nagel erzählte: „Beinah wäre alles gut gegangen. Die Leute von der Kontrolle meckern noch 'n bißchen rum, wollen abziehen. Und gerade, wie sie schon an der Tür sind, hören sie jemand niesen. ,Mensch', sagt der eine, ,hier stimmt was nicht. Das Niesen kommt aus dem Schrank.' Und dann ist der Affe los. Sie machen den Schrank auf, und was ist in dem Schrank drin? Na, was meint ihr, was in dem Schrank drin ist?"

Der Lange dachte: Es war der Tiefpunkt. Es war die Strecke Null auf der blödsinnigsten und widerlichsten Kurvenfahrt, die ich jemals hinter mich gebracht habe.

Das war ein Tag im September. Ich erinnere mich, daß der Himmel über dem Dorf mit den Hopfengärten klar war. Das Dorf ruhte inmitten heiterer Hügel, und man konnte beinah vergessen, daß ganz in der Nähe der Berg mit dem Totenwald lag, unerbittlich in die Landschaft geätztes Menetekel aus den Jahren des Schreckens und der Schande.

Ich war am Vormittag mit der Bahn gekommen, und ich ging die ausgefahrene Dorfstraße zur Schule runter; ich wollte das Mädchen abholen.

Im Korridor des alten, freundlichen Schulgebäudes, das wie viele dieser alten, freundlichen Dorfschulen unter Kastanien und Linden stand, gegenüber der zwiebeltürmigen Kirche mit der heiseren Turmuhr, war es halbdunkel und sehr still. Ich stand eine lange Zeit in dem halbdunklen, stillen Korridor und horchte auf die spärlichen Geräusche aus den Klassenzimmern und auf das melancholische Gequake eines Entenvolks im Schulhof, und ich roch, Erinnerung an eigene Schultage heraufholend, den strengen, unverwechselbaren Schulkorridorgeruch, – Papier, Tinte, Staub und Kreide und geölter Fußboden, – und ab und zu hörte ich hinter einer Tür die Stimme des Mädchens. Sie rief einen Namen, und manchmal buchstabierte sie eine Vokabel, (ich glaube, es war russisch), es klang energisch und sicher, und ich stand da und versuchte mir vorzustellen, wie sie energisch und sicher zwischen den Bankreihen auf und ab ging, und ich beneidete sie und fühlte mich allein und ein für alle mal ausgeschlossen. (Vom Vortage kreisten noch Alkoholreste in meinem Gehirn.)

Ich drehte mich, von lächerlicher Wehmut befallen, schließlich um und ging zum Ausgang zurück, und einen Augenblick hatte ich verrückte, irrsinnige Lust, die altmodische Schulglocke draußen vor der Tür in Bewegung zu setzen und Sturm zu läuten, – Sturm, Protest und Aufstand gegen meine eigene Lethargie, aber natürlich ließ ich es sein, ich ging über den Hof, langsam, ziemlich kleinlaut, wie ein Ausgewiesener, ich scheuchte nur mit dem Fuß das erschrockene Entenvolk auseinander, und dann war ich wieder auf der Dorfstraße.

Die Straße führte im Bogen um die Kirche herum, und ich ging dem Bogen nach und kam auf eine Quergasse. Die Häuser, von alterskrummem Fachwerk, meist zweistöckig, sahen mit sonnenblinden Scheiben auf mich herunter, und ich schien der einzige Mensch in der ganzen Gasse zu sein; die Leute waren auf dem Kartoffelacker. Ich ging die Gasse runter und ein Stück in die Feldmark hinein, die sich durch eine Senke zog, und dann kehrte ich um, und ich genoß es, spazierenzugehen, während die anderen sich auf den Äckern herumplagten. Ich ging durch die Gasse mit den hohen, abweisend verschlossenen Haustoren und mit den sonnenblinden Fenstern zurück, und an der Kirche bog ich in die Hauptstraße. Es gab eine Schmiede, und durch das offene Tor konnte ich einen Mann am Schmiedefeuer sehen, es war der erste Mensch, den ich sah.

Neben der Schmiede war eine Wirtschaft, und ich ging hinein und ließ mir einen Kognak geben. Ich mußte eine Weile in der verräucherten, unaufgeräumten Wirtsstube warten, ehe aus dem Hinterzimmer eine alte dicke Frau schlurfte, und ich sah ihr zu, wie sie aus dem Flaschenschrank die Kognakflasche kramte und das Glas füllte, und ich blieb an der kupferbeschlagenen Theke stehen, während ich trank. Ich ließ mir ein zweites Glas eingießen, und danach wurde mir bißchen übel, aber ich kannte das schon, und nach dem vierten Glas fühlte ich mich angenehm erleichtert.

Die alte Frau betrachtete mich mißtrauisch und verdrießlich über ihre zersprungenen Brillengläser weg, und ich sagte ihr, um sie zu gewinnen, etwas Freundliches vom freundlichen Wetter und vom freundlichen Dorf, und dann legte ich das Geld auf den Kupferbeschlag.

In der Stubenecke hockte ein kleines Kind auf dem schmierigen Fußboden und türmte Holzklötze aufeinander; es sah einmal zu mir herüber, mit einem altklugen Erwachsenenblick, und ich schämte mich einen Moment lang heftig vor dem Kind. Dann war es mir gleichgültig, und auch die alte Frau mit ihrer bebrillten Verdrießlichkeit wurde mir gleichgültig.

An der schmutziggelben Wand hing eine geschnitzte Uhr, ihr hölzernes Pendel knickste in grotesken Halbsekundensprüngen, und auf dem vergilbten Zifferblatt mit den beinernen Zahlen krochen träge ein paar Fliegen herum. Überall krochen Fliegen, und ich sah, wie sie manchmal im schwachen Flugversuch taumelten, sie bevölkerten um diese Zeit alle Stuben und schickten sich träge und aufdringlich zum Sterben an. Es machte mir Ekel und Ärger, als eine von ihnen über den seidenhaarigen Kopf des Kindes lief, aber das Kind schien nichts zu spüren, und ich vergaß bald Ärger und Ekel.

Ich fand es jetzt sehr gemütlich in der Stube, und ich trank den fünften Kognak. Zugleich wurde ich unruhig, wie immer, wenn ich das erste Animierquantum drinhatte, und ich nickte der alten Frau zu und verließ die Stube. Ich sah noch, wie das Kind seinen Turm aus Holzklötzen mit dem Fuß einstieß.

Auf der Straße versuchte ich tief zu atmen, ich hielt mich unerhört grade, und ich hauchte in die hohle Hand und roch verärgert und gleichzeitig lächerlich befriedigt den Fuselgestank. (Damals hatte ich die prophylaktischen Pfefferminztabletten längst aufgegeben.)

Die Dorflandschaft erschien mir nun noch heiterer, und ich lief bis ans Ende der Straße, die einen Hügel hinaufging und zwischen offenen Gärten steckenblieb. Auf dem Hügel thronte romantisch eine Turmruine.

Ich wollte zur Ruine raufklettern, erregt von hochgespannter Vorfreude auf Dinge, die kommen sollten, aber ich verlor den Turm aus den Augen, und ich stolperte ins Dorf zurück. Ich war noch so klar, daß ich meine hochgespannte Vorfreude als euphorische Gaukelei entlarven konnte, und dennoch wünschte ich, daß sie anhielt: ich schwebte im köstlichen Mittelpunkt der Welt. Es gab keine Probleme, keine Ängste, keine Enttäuschung über meinen unglücklich verfehlten Beruf. Ich hatte (wie ich glaubte) nie gehörte Musik im Ohr, ich pfiff und summte sie nach und war gerührt und erschüttert von meinen eigenen sensationellen Einfällen, und ich hoffte mit inständiger Torheit, das Mädchen sollte später (später, später), ebenso gerührt und erschüttert sein.

Jenseits des Dorfes sah ich die Bahnlinie mit den gesperrten Vorsignalen von der Station, eine heiter erhobene Schranke vor einem Birkenbestand, und, weiter entfernt, die ruhigen Bögen eines Viadukts, und der Anblick dieser Bahnlinie verführte zu neuer Vorfreude, und ich stellte mir vor, daß ich in drei oder vier Stunden mit dem Mädchen zur Stadt des G<small>ROSSEN</small> A<small>LTEN</small> vom Frauenplan zurückfahren würde.

Ich hatte nun Eile, näher an die Bahnlinie ranzukommen, zudem erinnerte ich mich, daß am Bahnhof ein Gasthaus stand. Ich ging ziemlich rasch durchs Dorf zurück, an Schule und Kirche vorbei, und diesmal traf ich ein paar Leute, die mich anstarrten, und ich spürte ihre mißfälligen Blicke unbehaglich im Rücken. Kurz vor der Station klapperte ein Ackerwagen über die Straße, und als der Bauer mir zuwinkte, (vielleicht bildete ich es mir nur ein), fühlte ich mich sofort getröstet und wunderbar erhoben, und ich grüßte ihn mit albern großer Geste wieder.

Die Kneipe am Bahnhof hatte ein freundliches Zimmer mit Sonnenreflexen auf den Gardinen, und ich setzte mich an den Ecktisch und nahm mir in einem Anfall von Reue und Besserungswahn mit verzweifeltem Nachdruck vor, noch zu dieser Stunde abstinent zu werden. Ich bestellte Kaffee, und nachdem ich ihn getrunken hatte, würgte mich Brechreiz, und ich ließ mir, ohne nachzudenken, einen doppelten Kognak geben. Ich schüttete ihn hinunter, und ich grinste hilflos und blöde den Mann an, der den Schnaps gebracht hatte.

Ich saß bis zum Mittag an meinem Ecktisch, ich trank noch fünf oder sechs doppelte Kognak, und danach trank ich ölig laufenden Wodka. Ab und zu hörte ich einen Zug durchfahren, (öfters fuhren sie quer durch meinen Kopf durch), ich spürte empfindlich das schwache Zittern der Dielen, wenn Lokomotive und Waggons durch die Station stampften, und dann fiel mir ein, daß ich auf das Mädchen wartete, und ich wollte den Mann, der mir Schnaps brachte, umarmen.

Manchmal kam jemand herein und trank ein Bier, und ich verachtete mit dem feixenden Hochmut Hartgesottener den Trinker und seine schale Brühe und lud ihn großspurig zum Schnaps ein. Schließlich saß auch jemand an meinem Tisch und versuchte mich von irgendwas zu überzeugen, und dann versuchte ich ihn zu überzeugen, (auf unserem Breitengrad rangiert das Überzeugen um jeden Preis unter den vornehmsten Exerzitien, und es muß, da ich sehr laut und pathetisch redete und gestikulierte, etwas aufreizend Wichtiges gewesen sein), aber dann ging der Mann nach einer Weile weg.

Es gab zwischendurch Augenblicke jämmerlicher Nüchternheit, die wie Leuchtfeuer durchs Gehirn zuckten, und manchmal hörte ich die Wanduhr schlagen, und nichts außer wohltätigem Wodka konnte mich vor diesen fürchterlichen, klirrenden Schlägen retten.

Plötzlich sah ich mir gegenüber den flachen, schwarzen Brauenbogen, der zu dem einen einzigen (weit weit, vormals) geliebten Gesicht gehörte. Flacher, schwarzer, doppelter Brauenbogen, schwebend in Wolken von Nebel, Verstörtheit und Verwüstung. Ich erinnere mich nicht an mehr.

Ich erinnere mich nicht an mehr, dachte der Lange, auffahrend. Zum Teufel, ich erinnere mich nicht, und ich will auch nichts wissen. Laß endlich die alten Geschichten.

„Nun?" sagte Nagel. „Das habt ihr nicht erwartet, was?"

Martin stöhnte. Seine Ohren liefen rot an, und nun sah sein komisch treuherziges Halbstarkengesicht mit den kummervoll abstehenden, rot glühenden Ohren noch komischer aus.

„Stellt euch vor", sagte Nagel, „im anderen Schrank noch eine, und bloß Schuhe an."

„Hört doch auf", knurrte Zigarre.

Johann sagte grinsend: „Hätte bei uns in der Bude passieren sollen."

„Mann, ich garantiere für nichts", sagte der Brigadier. „Du wärst Hahn im Korb gewesen, was, Johann?"

Der Lange tauchte endgültig aus seiner Erinnerung auf. Er beobachtete, leicht angewidert, mißbilligend, die Veränderung in Ottos Gesicht: Hinter einem Gemisch von Jovialität und Vorgesetztenstrenge grinste angesäuselte Lüsternheit. Er dachte: Bin gespannt, ob Johann darauf anspringt.

In Johanns Ecke tropfte es noch immer von oben durch. Johann stand auf, seine Hutkrempe war durchgeweicht, und er nahm endlich den Hut ab und schlug ihn gegen seine Hosenbeine. „Sauregen", sagte er, er kniff wieder den Mund ein.

„Mensch Johann", sagte der Brigadier, und er redete so, als käme es darauf an, die Leute bei guter Laune zu halten, „denk mal zurück." Er sagte großfressig: „Zweiundvierzig, – Frankreich, – Paris …"

Was Paris, dachte der Lange. Was Frankreich, warst du auch Gott in Frankreich, – so ein kleiner, tückischer germanischer Lieber Gott mit Stahlhelm und Maschinenpistole?

Johann sagte nichts, er rückte seine Kiste ein Stück von der Tropfstelle weg, und dann, nachdem er seinen Hut ein paarmal verächtlich hin und her geschlenkert hatte, setzte er sich wieder. Er stülpte sich den nassen Hut auf den Kopf und griff nach der Bierflasche, und man sah ihm an, daß er nichts sagen wollte.

Der Lange dachte mit Befriedigung: Gut Johann, hier hört der Spaß für dich auf. Aber was willst du, dachte er weiter, wir haben das Dezennium klaffender Widersprüche.

Dieser Brigadier weiß ganz sicher, worauf es ankommt. Unter seiner harten Regie holen wir 'ne Menge aus uns raus, und wir sind nicht die einzige Brigade, die ihren Bau vorfristig hinstellt. Und wenn Otto zur Partei gehört, (du kannst ruhig davon absehen, daß er manchmal ziemlich auf die Pauke haut, aber hüte dich, Opportunismus zu unterstellen), so demonstriert dies eindeutig, wo hier der Hebelpunkt sitzt. Überall sitzen solche Hebelpunkte, und immer geht von i h n e n die faszinierende Bewegung ganzer Massen aus.

Natürlich fällt so ein Brigadier, oder was er auch immer sei, nicht einfach vom Himmel runter, komplett ausgerüstet mit makellosem Bewußtsein. Otto war im Krieg. Otto war Feldwebel. Vielleicht ist sein Knacks, den sie ihm damals beigebracht haben, noch nicht ganz ausgeheilt, sagte sich der Lange mit obligatem Hang zu Erklärung und Entschuldigung. (Wer von allen, die damals mitlaufen, mitmarschieren, mitsiegen mußten, hat sich keinen Knacks weggeholt?)

Nimm an, daß ab und zu, gewiß immer seltener, der großdeutsche Renommierbazillus des kleinen Fritz rumort, wenn unser Brigadier abstruse Armeepuff-Abenteuer aus Paris rauskramen will.

Überdies schien Otto bereits einzusehen, daß er aufs falsche Gleis geraten war; er nahm einen heftigen Schluck aus seiner Flasche, und dann zog er sein Notizbuch, das er stets zur Hand hatte, und vertiefte sich in irgendwelche Berechnungen, oder jedenfalls sah es so aus, als stellte er Berechnungen an. (Die Normenfrage, mein Lieber, läßt sich nicht glatt wie ein Kreuzworträtsel lösen.)

Nagel, offensichtlich enttäuscht, weil seine Schrankgeschichte spärlichen Anklang fand, sagte: „Das muß man sich mal vorstellen: Nichts weiter an als Schuhe, und dann …"

„Und dann, und dann", schrie Adam plötzlich, und alle sahen überrascht zu ihm hin. Er schlug mit der flachen Hand auf den Tisch, und der Lange erinnerte sich nicht, daß er ihn jemals so aufgeregt gesehen hatte. Adam schrie: „Habt ihr denn bloß Weibergeschichten in euren Dreckschädeln?"

„Reg dich nicht auf, Großväterchen", sagte Nagel mit schiefem Blick. „Kannst ja so lange rausgehen."

Johann spuckte, symbolisch einen beschwichtigenden Punkt setzend, kräftig aus. Die Kartenspieler schoben gleichmütig ihre Karten zusammen.

Das Regengetrommel auf dem Dach verstärkte sich, als hätte eine riesige Hand auf die Wolken gedrückt, und der Lange entzifferte endlich die stereotyp wiederholte Tonfolge im Gehirn, die sich seit langem diesem Geräusch unterlegte, und er versuchte, mit den ungelenken Fingern das einfache, melancholische Thema auf einer imaginären Klaviatur anzuschlagen. Jedoch beschuldigte er sich sogleich verrückter, hoffnungsloser Schwarmgeisterei. Wie gut, dachte er, wie fabelhaft: Mach aus dieser nüchternen Baubude 'ne Geisblattlaube mit Blick auf Kühltürme, – Regentropfenprelude überm Getriebelärm von Aufzug und Betonmischer.

In die schnauzenden Zurufe der Kartenspieler, in die karussellfahrenden Gedanken des Langen, in die halb schläfrig träge, halb animierte Pausenstimmung hinein sagte Adam: „Gestern sind zwei Leute vom mittleren Schornstein abgestürzt."

Einen Moment lang hörte man jetzt überdeutlich den Regen, dumpfer Trommelwirbel, der einen langen, schweigenden Totenzug begleitet. Der schwere Atem der Männer schien im Raum hängenzubleiben, und sie vermieden es, unter einer Last von Unbehagen, sich in die Gesichter zu sehen.

Nach einer Weile sagte Nagel, und seine Stimme war fröstlich: „Arme Hunde."

„Der erste war gleich tot", sagte Adam. „Der andere ist auf einen Kieshaufen geprallt. Hat noch zwei Stunden gelebt." Er zuckte bedrückt die Schultern. „Aber was heißt leben."

Johann sagte: „Dann lieber gleich weg."

Der Brigadier hob seinen Bleistift in Johanns Richtung, als hätte er irgendwie Schuld. „Die Fangvorrichtung ist gerissen", sagte er. „Das zweite Netz hat den Druck nicht aufgehalten."

Bei mir hat das Netz gehalten, dachte der Lange schaudernd.

„Ich höre Fangvorrichtung", keifte Nagel. „Was hilft denn so 'ne Fangvorrichtung? Na bitte, was hilft sie? Einen prima Dreck hilft sie."

„Lieber gleich weg sein, und aus", sagte Johann mit einer abschneidenden Bewegung zum Hals.

Der Brigadier erklärte: „Man wird den Verantwortlichen zur Rechenschaft ziehen."

„Darauf könnt ihr euch verlassen", sagte Adam wütend. „Aber die Toten stehen davon nicht auf."

Martin sagte: „Tot ist tot. Mann, das waren mindestens achtzig Meter."

„Verdammt lange Höllenfahrt", knurrte Johann.

Sie redeten noch eine Zeit hin und her; einer von ihnen erzählte von anderen Unfällen, die einigermaßen glimpflich abgegangen waren, (verdammt ja, der Industriebau ist keine Spielwiese!), und der Lange war entsetzt, mit welcher scheinbar schnoddrigen Gleichmütigkeit sie darüber redeten, und zugleich war er froh, daß sie auf diese Art das allgemeine Unbehagen, das Erinnern an gewisse tragische Möglichkeiten loszuwerden versuchten.

Schließlich fiel die Unterhaltung zusammen, und Johann, der dösig auf seiner Kiste hockte, kramte seine alte Taschenuhr heraus und zog sie mit schwerfälligen, gemessenen Bewegungen auf. „Noch 'ne knappe Stunde bis Feierabend", sagte er, und er gähnte und murmelte: „Könnten langsam abhauen."

Der Brigadier klopfte mit dem Fingerknöchel auf sein aufgeklapptes Notizbuch, und die Männer starrten, mißtrauisch aus Tradition und Übung, auf das Buch.

Der Brigadier sagte: „Hört her, Leute: Plan."

„Na also", rief Nagel, „endlich kriecht die Katze aus dem Sack. Hab's gleich gerochen, wie du das Bier geschmissen hast."

Martin sagte kläglich: „Was denn, noch 'ne Nachtschicht?"

Otto hatte wieder sein undurchdringliches Dienstgesicht, es schien ihm Vergnügen zu machen, die Männer herumrätseln zu lassen, und dann sagte er: „Leute, wie wärs mit 'nem Wettbewerb?" Er musterte jeden der Reihe nach, und er sah auch den Langen an, und seine Finger trommelten auf dem Notizbuch.

Ich mach nicht den Anfang, dachte der Lange. Hier sind andere, die besser reden als ich. Natürlich bin ich für Wettbewerb, das ist keine Frage. Bist genau so'n komisches kleines Licht wie Zigarre, dachte er voll Wut auf seine Feigheit, die er gern für Vorsicht oder Bescheidenheit eines Grünhorns erklärt hätte.

„Na was ist?" sagte der Brigadier. „Sprache verlernt? Wir können bloß gewinnen. Verlieren können wir nichts."

Zigarre, (eine Maus, die aus ihrem Loch nach der Katze äugt), sagte vorsichtig: „Ich weiß nicht, Otto. Wenn das gut geht. Denk an den letzten Wettbewerb. 'n Vierteljahr lang sind wir nach der Prämie gerannt. Ist das 'ne Art?"

„Gleich mit dem Hammer aufs Büro", krächzte Johann. „Und auf den Tisch dreschen, daß die Akten fliegen. Ich werd den Bürohengsten schon Feuer machen, bis ihre feinen Luder von Sekretärweibern vor Angst quieken."

Die Vorstellung von Johanns Auftritt als Waldschrat in einem Büro voll aufgescheuchter, ängstlich herumquiekender Sachbearbeiterinnen löste Gelächter aus.

Sie löste das Überdruckventil für jenen tief eingewurzelten, aufgestauten Ärger, für die Verachtung des Produktioners gegenüber der bleichhäutigen, blutarmen Büroseele, und der Lange, da er ehrlich überlegte, gab zu, daß er bereits von dieser leisen Verachtung angesteckt war. Er benahm sich eben so grob und aufsässig wie alle anderen, wenn man ihn als dreckigen Bittsteller am Schalterfenster warten ließ: Diese Verwaltungsleute hatten alle wahnsinnig viel zu tun, ihre ostentative Geschäftigkeit war penetrant, und sie ließen es hochnäsig jeden wissen, daß sie wahnsinnig viel zu tun hatten.

Als kluger Regisseur, (der Lange durchschaute ihn), stimmte der Brigadier in das Gelächter ein, zurückhaltend zwar, leicht angesäuert, und damit hatte er die Männer an der Leine, und er konnte diese Leine beliebig kürzer fassen. „Gibt bloß was zu gewinnen für uns", sagte er.

„Ich ahne schon", orakelte Zigarre. „Höhere Norm."

Johann sagte schwärmerisch: „Gleich mit dem Hammer. Die sollen quieken."

„Unsere Norm ist reell", erklärte der Brigadier. „Sie bleibt auch reell, versteht ihr. Wir verpflichten uns, bis zum zehnten Oktober das Dach fertigzumachen, und die Zimmerleute verpflichten sich, rechtzeitig für die Simsverschalung zu sorgen. Für jeden Tag, den wir früher abschließen, gibt es Prämie, – und die klettert, je eher wir fertigwerden, klar?"

Johann sagte grinsend: „'ne hübsche dicke Kletterprämie."

„Und die Nachtschichten, und die Regenstunden?" fragte Zigarre.

Der Brigadier winkte beruhigend ab.

Nagel sagte: „Das stinkt." Er sagte gehässig: „Die Herren von der Bauleitung wollen wieder mal Sahne abschöpfen, wie? Winkt 'ne fette Quartalsprämie, wie? Uns schmeißen sie dann großzügig paar Groschen hin."

„Idiot", rief Martin, „wirst nie die Rolle der technischen Kader fressen", und er sah, Anerkennung heischend, zum Brigadier rüber, und der Brigadier nickte streng.

„Solche Behauptungen muß man beweisen."

„Scheiß auf deine Beweise", sagte Nagel und demonstrierte mit wütenden Gesten, daß er nun zu schweigen gedachte. (Der Hund hat genug gekläfft, der Hund kann in seine Hütte zurückkriechen.)

Zigarre wiegte bedenklich den Kopf. „Man muß alles überlegen, wenn die Rechnung aufgehen soll. Ich will nicht meckern, Otto, – man muß alles genau überlegen."

Der Lange dachte: So sind wir. (Und dies zeigt, wie weit er sich schon einbezog, welche Lektion er bereits gelernt hatte.)

Er sagte heiser: „Ich bin bloß euer zweiter Karrenschieber, aber wenn's nach mir ginge: ich würde sofort unterschreiben."

Er dachte: Wir fluchen und schimpfen; wir hausen ziemlich wild und primitiv, wenigstens vorläufig; wir krakeelen über die Norm und die Schinderei und die Plakate und Bürokraten, und wir sind sicher noch 'n ganzes Stück davon entfernt, Sozialisten zu sein, oder jedenfalls sind wir davon entfernt, was rosig an manchen Schreibtischen als Bewußtsein zurechtgedichtet wird.

Aber, zum Teufel, wir bauen den Sozialismus auf, wir können gar nicht anders, und wir wären unglücklich, wenn wir es nicht könnten. Nenn ruhig das Kind beim Namen: dieser Riesenklotz hier ist ein Stück Sozialismus, und diesen Riesenklotz stellen wir hin, und wir legen ganz schönes Tempo vor.

Sie stritten sich noch eine Weile und zerredeten sich gegenseitig ihre Einwände und Bedenken, und schließlich rief Martin, frech vor Ungeduld: „Was ist nun los, ihr Mummelgreise?" Er knallte seine blecherne Brotbüchse auf die Tischplatte, er sagte: „Stimmen wir ab. Wir haben doch Demokratie. Los, Otto, laß abstimmen."

Kurz vor Feierabend gingen sie, und Adam schloß als Letzter die Budentür ab. Es regnete immer noch stark, und an der Hallenecke trennten sie sich. Die einen nahmen die Abkürzung quer durchs Baugelände, einer langen, zerklüfteten Grube für den Fernheizungskanal ausweichend, in der klobig und gefräßig eine Baggerraupe hockte, und bei den halbmontierten Stahlgerippen von E-Lok- und Wagenbau, die grau und konturlos im Regen verschwammen, stiegen sie über die Dämme von Ringstraße und Industriebahn und verschwanden hinter dem Bahndamm.

Die anderen gingen den Fahrweg zur F 97 vor, am eingezäunten Barackenkomplex der Aufbauleitung vorbei. Der Fahrweg war schlammig und zerwühlt, und oft mußten sie den schweren Kettenschleppern und Planierraupen ausweichen, die sich saurierhaft und unheimlich mechanisch durch den Schlamm bewegten, und der Lange, der schon immer eine versteckte, kindliche Bewunderung für raffiniert erdachte und funktionierende Apparaturen hatte, ohne jemals, wie er glaubte, hinter ihr Geheimnis oder gar ihre Handhabung zu kommen, sah den schwerfällig dahinwalzenden Maschinen nach. Er beneidete die Fahrer, die oben in ihren Kabinen aus Glas und Eisen thronten, und sie hatten für ihn etwas von modernen Medizinmännern, geschmückt mit den Requisiten ihres Standes – ölverschmierte Montur und Lederhaube, und natürlich wußte er zugleich, daß diese überschwengliche, fast atavistische Bewunderung unwissenschaftlich und deshalb zu verwerfen war.

Er hätte, um pünktlich seinen Bus zu erreichen, wie die meisten Männer die Abkürzung nehmen müssen, aber als sie weggingen, fiel ihm ein, daß sie am nächsten Tag nur bis halb zwölf arbeiten würden. Er fragte sich, warum er diesen Abend nicht als Vorschuß auf das lange Wochenende nehmen sollte, unerwarteter Vorgeschmack, den man sich leisten konnte, und es würde ihm gut tun, diesen Vorschuß zu nehmen. Es reizte ihn plötzlich, mit seiner Zeit zu wuchern und die automatische Ordnung von Heimweg und Feierabend, diese ewig gleichmäßige, vorgeschriebene Einteilung eigenmächtig zu durchbrechen, und überdies trieb ihn das verrückte Verlangen, irgendwas Abenteuerliches, Unerhörtes anzustellen oder wenigstens zu erleben.

Zunächst trug er mit Martin den Bierkasten. Johann trottete neben ihnen her, und sie stießen bald auf die F 97. Sie gingen schnell unter dem Regen die Fernstraße lang, und es waren eine Menge Leute auf der Straße; sie kamen aus allen Seitenwegen von ihrer Baustelle, und umgekehrt gingen andere zu ihrer Baustelle raus, weil sie Spätschicht hatten, und sie waren leicht an ihren regenverdrossenen Gesichtern zu erkennen. Johann schimpfte unflätig, wenn die unaufhörlich vorbeifahrenden Dumper und Horch 6 sie mit klatschenden Reifen vollspritzten, und am schlimmsten waren die dreiachsigen, hydraulikzischenden G 5-Kipper, die in einer dicken Wolke von Dreck und Nässe daherrasten und alles eindeckten.

Nach ein paar hundert Metern überquerten sie die Straße; sie hatten die Kneipe erreicht.

Es war ziemlich voll, und Martin, der sich auszukennen schien, stieß eine Tür auf. Dies war ein kleiner Schankraum, und es gab nicht viel Gäste. Ein schlechtgelaunter Kellner mit schwitzender Glatze und fleckigen Rockaufschlägen brachte Bier, und für den Langen brachte er Kaffee.

Der Lange rührte umständlich in seiner Tasse, er dachte: Blödsinnige Idee. Blödsinniger Einfall, im Regen hierherzulatschen und Kaffee zu trinken.

Die Leute waren alle in Arbeitssachen, und nur in einer Ecke, wie verirrt, saßen zwei Männer, die wie mittlere Verwaltungsfunktionäre auf Dienstreise aussahen, mit dazugehörigem Fahrer und mit den stets gefurchten, humorlos diskutierbereiten Stirnen, und manchmal schielten sie zum Nebentisch rüber, wo ein paar Frauen oder Mädchen saßen.

In der anderen Ecke stand ein Klavier. Es war ein alter, stumpffleckig brauner Kasten mit zertretenem Pedal und geschwärzten Messingbeschlägen, eines dieser üblichen, schäbigen Gasthausklaviere, die man in allen Kneipen findet, und der Lange sah mit einer Art zärtlicher Verachtung und zugleich mit Heimweh auf den schäbigen, alten Kasten. Und plötzlich schien es ihm gar nicht blödsinnig, daß er im Regen hierhergelaufen war.

Martin, der lässig, mit ausgestreckten Beinen auf seinem Stuhl hing, fragte ihn irgendetwas, aber er hörte nicht zu, er dachte: Steinweg oder Bechstein wäre dir lieber, was?

Der Kellner kam, und Martin trank sein zweites Glas Bier leer, dann bestellte er Schnaps, und der Kellner stellte auch dem Langen einen Schnaps hin, aber Johann angelte sich sofort ohne ein Wort das Glas über den Tisch.

Sicher ist der Kasten verstimmt, dachte der Lange. Vielleicht klemmen paar Tasten, und das Pedal wird durchhängen und alle Töne verwaschen, sobald man sie anschlägt.

„Habt ihr Elefantenohr gesehen?" sagte Martin. „Möchte wetten, daß da drüben Elefantenohr sitzt."

Der Lange, indem er vorsichtig zum Frauentisch rübersah, dachte: Der Name paßt barbarisch genau.

Johann knurrte: „Na und? Von mir aus können zwanzig Elefantenohren dasitzen." Doch dann schob er seinen Hut zurück, er sagte mit Anerkennung: „Meine Fresse. Hände wie Klosettdeckel."

„Soll ich 'n Gang mit ihr machen?" fragte Martin großspurig.

„Immer ran", sagte Johann. „Möchte wetten, daß dich das Fräulein glatt vom Stuhl kippt, bevor du überhaupt ‚Mama' schreien kannst."

„Würde mich reizen", erklärte Martin, nach einem Schnaps bereits ohne Sinn für Proportionen.

„Immer ran, wenn es dich reizt", sagte Johann grinsend. „Laß dich vom Stuhl kippen."

Der Lange sagte: „Mach keinen Quatsch." Er sah nun interessiert hinüber, und er fand, daß Johann nicht übertrieben hatte.

Man konnte über das Alter der Mädchen oder Frauen kaum etwas sagen; sie trugen Gummizeug und unförmige Gummistiefel, und die Gesichter wirkten grau und unscheinbar, eingeklemmt zwischen den hochgeschlagenen Gummikragen und den grauen, lappigen Kopftüchern.

Das Mädchen Elefantenohr, eine gewaltige Pagodenfigur, überragte sie streng und mütterlich, und alle sahen zu ihr auf wie Jünger zum Mund ihres Meisters. (Später erfuhr der Lange, daß Elefantenohr Tiefbau-Brigadierin war, und die Brigademädchen liebten sie sehr: sie hätten sich, wie es hieß, für sie in Stücke reißen lassen.) Dieser Mund freilich, grob und wulstlippig, bewegte sich jetzt wie das klappende Mahlwerk eines Steinbrechers, und der Lange konnte nicht hören, was er für Sätze ausspie; die Mädchen lachten ab und zu, und einmal sah Elefantenohr zu ihm herüber, die breite Stirn in kriegerische Falten ziehend.

Sie macht sich großartig neben den Herren Reisenden, dachte der Lange, und er sah mit inständigem Entzücken, wie die beiden Männer zusammenfuhren, als Elefantenohr plötzlich mit ihren fürchterlichen Händen auf den Tisch schlug.

Martin sagte schwärmerisch: „Sie soll eimerweise Bier saufen können."

„Natürlich", krächzte Johann. „Gleich aus der Dachrinne, du Pachulke."

Der Kellner brachte noch einmal Schnaps, er verlangte mürrisch sofort das Geld, und Martin schob ihm nachlässig elegant, als hätte er es von erstklassigen Gästen in erstklassigen Bars gelernt, den Rest hin. Der Kellner watschelte dann zum Frauentisch, wo Elefantenohr heftig winkte, und der Lange beobachtete mitfühlend seinen plattfüßigen Gang. Elefantenohr bestellte eine Lage.

Es war sehr rauchig, und der säuerliche Bierdunst machte dem Langen Übelkeit. Er trank schnell seinen Kaffeerest, und durch den Qualm sah er wieder auf den alten Kasten in der Ecke.

Er stand auf und schlenderte gelassen zum Klavier rüber. (Früher, – liebe Zeit, wann früher? – bin ich meistens mit Widerwillen ans Klavier gegangen, und oft habe ich alle diese stinkfeinen, polierten Flügel, diese so infam auf gehobene Unterhaltung gestimmten, mondänen Instrumente gehaßt.) Der Deckel war verschlossen, und der Lange sagte sich ärgerlich, daß er natürlich einen verschlossenen Deckel erwartet hatte, und er ging zum Tisch zurück.

„Was ist los?" sagte Martin. „Verstehst du was von Drahtkommoden?" Er kniff ein Auge ein und stieß den Langen in die Seite. Dann rief er nach dem Kellner, und nach einer Weile kam der Kellner, und Martin sagte mit der gespreizten, mühsamen Höflichkeit Angeheiterter: „Dieser Herr hier wünscht Klavier zu spielen. Bitte einen Schlüssel für den hübschen Kasten."

„Das lange Luder will uns was vorklimpern", sagte Johann.

Der Lange sah auf seine Hände, er machte eine fahrige Bewegung, er sagte unsicher: „Macht keine Geschichten", (und wir können schwören, daß es keine Zieferei und kein Hochmut war), und der Kellner stand unschlüssig und mißmutig herum, aber schließlich, von Johann freundlich beschimpft, holte er den Schlüssel.

Die Tasten waren unappetitlich gelbbraun und rissig vom Alter, und sie gingen ein bißchen schwer. Das Pedal, obwohl ziemlich mitgenommen, funktionierte gut, und manche Töne waren verstimmt, jedoch gab es durch diese mäßige Verstimmung ein paar interessante Nuancen im Baß, die der Lange bald heraushatte.

Er saß leicht gekrümmt, wie ein befangener Schüler, vor dem Klavier, und er betrachtete mißtrauisch seine verwahrlosten Hände, während er die ersten Akkorde probierte, und er fühlte sich auf einmal sehr unbehaglich und wünschte sich an den sicheren Tisch zurück. Vielleicht hast du Lampenfieber, dachte er wütend. Mach dich nicht lächerlich. (Früher, – liebe Zeit, wann früher? – hat es mir nicht viel ausgemacht, ob zehn Leute oder hundert Leute zugehört haben, und oft war es mir völlig gleichgültig, ob sie zuhörten oder nicht zuhörten: ich hielt sie für so anonym wie mich selbst, und diese verdammte kalte Routine inmitten meiner selbstgezimmerten Anonymität beweist, was für ein saumäßig schlechter Musiker ich war.)

Er zog enttäuscht seine Hände zurück, und im Grunde hatte er diese Enttäuschung erwartet. Es ist zwecklos, dachte er. Die Hände sind gründlich verpfuscht, du hast sie in den paar Wochen fertiggemacht, und wahrscheinlich sind sie für immer fertig. Er dachte bitter: Du bist ein selten denkwürdiger Fall von Selbstverstümmelung.

„Na los", rief Martin vom Tisch her, „hau rein."

Der Lange war froh, daß die anderen kaum Notiz von ihm nahmen; er wünschte keine Schaustellung seiner Niederlage, und vielleicht glaubten sie, die ungehobelten, kläglichen Versuche eines Betrunkenen vor sich zu haben, den die alkoholisch animierte Lebenslust plagte. Der Kellner stand abwartend, scheeläugig blinzelnd an der Tür, und nur vom Frauentisch kam Elefantenohrs grobe Stimme, die ihn zum Spielen kommandierte.

Mit verzweifeltem Mut versuchte der Lange einige Arpeggien, er zwang seine Hände zur chromatischen Tonleiter, dann zu einfachen Tonleitern, die er rhythmisch staffelte, und schließlich, nachdem er erstaunt feststellte, wie seine Finger trotz aller Verunstaltung und Unzulänglichkeit diese primitive Art von Laufprüfung glimpflich bestanden, fühlte er sich ermuntert, und er fing ein einfaches Präludium an.

„Das ist 'ne saubere Oper", sagte Martin neben ihm. Er zog sich einen Stuhl heran und wiegte genießerisch den Kopf, als handelte es sich für ihn um einen erprobten Leckerbissen, und seine Haarbürste wippte heiter und unbekümmert im Takt.

Der Lange, in schwacher Erinnerung an überstandenen Konservatoriumsdrill, gab sich Mühe, so korrekt als möglich zu spielen, (soweit es der alte Kasten zuließ), und es machte ihm unerwartetes Vergnügen, da er Martins naive Reaktion sah, und er entschloß sich, die fatale Verwilderung seiner Hände ignorierend, zu einer komplizierten Fuge. Ach du unbeschreiblicher Kontrapunkt Johann Sebastians, dachte er mit verworrenem Überschwang, und für einen Augenblick vergaß er, daß er hier in einer bierdunstigen, verräucherten Kneipe saß, an einem alten, schäbigen und halbverstimmten Kasten von Klavier.

Er hatte, ohne es einzugestehen, den ganzen Nachmittag heftige Sehnsucht nach einem Klavier gehabt; der Regen auf dem Baubudendach hatte sein Gehör verführt, und er erinnerte sich an sein verrücktes Verlangen, irgendwas Abenteuerliches, Unerhörtes anzustellen oder wenigstens zu erleben; er war blind darauf zugesteuert, und nun hatte er sein Klavier, und dies war, so sagte er sich hochtrabend, sein unerhörtes Abenteuer.

„Mensch, mach weiter", sagte Martin. Er tippte aufgeregt auf ein paar Tasten im Diskant, er drehte sich zu Johann um und schrie: „Da schnallst du ab, – was, mein Alter?"

Der Lange rieb sich entmutigt die Handgelenke. Diese Gelenke waren ein jämmerlicher Versager, der Schmerz kroch in alle Fingerspitzen; es war ein heimtückisch schleichender, ziehender Schmerz, der die Finger lähmte, bis sie zäh über die Tasten krochen und schließlich klebenblieben, und so nahm das Abenteuer sein unrühmliches, schändliches Ende, und natürlich hätte er voraussehen müssen, daß es bald ein schändliches Ende nehmen würde.

„Hau rein", sagte Martin wieder.

Jawohl, hau rein, dachte der Lange wütend, hau mit der ganzen Faust rein, und dann knall den Deckel zu. Knall diesen verdammten Sargdeckel zu und verkriech dich.

„Wie wärs mit 'nem vernünftigen Walzer?" rief Johann. „Wirst du wohl können, was?"

Martin erklärte mit großer Geste: „Natürlich kann er", und er drückte dem Langen die Hände auf die Tasten.

Nun laß dich nicht auslachen, dachte der Lange, sich gewaltsam aufmunternd. Reiß dich gefälligst zusammen. Er spielte.

Dies war ein Walzer von Chopin, mit einem zärtlich melancholischen Thema in der linken Hand, und er spielte das Thema vorsichtig betont; er nahm das Tempo ziemlich langsam, um gut über den schwierigen Mittelteil zu kommen. Danach versuchte er eine Mazurka, (sein Notengedächtnis funktionierte fabelhaft, und er hätte es, einmal in Gang, stundenlang strapazieren können), und dann spielte er noch zwei Walzer, und er biß die Zähne zusammen und zwang sich zur Ruhe, als seine Hände schlappzumachen drohten: sein Ehrgeiz hatte Format.

Johann knurrte zufrieden, obwohl der Lange ihn verdächtigte, er habe sich seinen Walzer bißchen anders vorgestellt, vermutlich von der Art, wie ihn die laufende Konfektion täglich über hundert Lautsprecher wohlfeil und leichtverdaulich ausschied, und er fragte sich, von Hochmut gefährdet, ob Johann jemals etwas von Chopin gehört hatte.

Freilich rügte er sofort seinen Hochmut, und während er auf Schubert geriet, (wir kennen seinen läßlichen Hang zur Romantik), dachte er verächtlich: So ist es richtig, mein Freund. Kollege Künstler wird dem Kollegen Arbeiter schon zeigen, was 'ne Harke ist, er wird ihm schon beibringen, was Kunst heißt, nicht wahr? 'n kleiner Armleuchter von Kaffeehausmusiker macht Kulturrevolution in der Schwarzen Pumpe, was? Ach, ihr beschissenen Intellektuellen.

„Klingt verdammt klassisch", sagte Martin, und er wiegte wieder den Kopf und runzelte zum Zeichen seiner Andacht treuherzig die Stirn. Und dann sagte er streng: „So was stellt sich nun hin und schaufelt Beton und schleicht mit 'ner drekkigen Karre durch die Gegend, bis ihm die Zunge raushängt, – und kein Aas hat 'ne Ahnung. Mensch, Langer, was ist mit dir los?"

„Das lange Luder ist verrückt", krächzte Johann. „Wir werden dem verrückten langen Luder auf die Sprünge helfen."

Bei Gott ja, das tut ihr, dachte der Lange, von einer wilden, fast hilflosen Hochstimmung befallen, und er genoß diese wilde, hilflose Hochstimmung ohne Skepsis oder Verschämtheit, und es war das erstemal seit seinem Auszug in die neue Welt.

Er riskierte jetzt ein paar freie Improvisationen, und seine Hochstimmung mündete, waghalsig synkopisiert, in diese Improvisationen, aber plötzlich brachen Stimmung und Synkope mit einem erschreckten Akkord zusammen. Das Mädchen Elefantenohr klopfte ihm auf die Schulter.

Er knickte ächzend auf dem Stuhl ein, während sein Schulterknochen summend davonzuschweben schien, nur durch einen spiraligen Nervendraht mit dem Gehirn verbunden, und zugleich litt der Lange unter der wunderlichen, dumpfen Vorstellung, daß ihn diese monströse Hand beim nächsten Schlag mit seinem Stuhl in den Dielen verschwinden lassen würde.

„Los, Klimperfritze", sagte Elefantenohr mit heiser röhrender Stimme. „Mach Rock 'n Roll."

Der Lange drehte sich schüchtern um, er hatte stets eine versteckte, archaische Furcht vor großen, stämmigen und offensichtlich tüchtigen Frauen, und er sah erleichtert, wie sich Elefantenohrs breites Gesicht mit der grotesken Andeutung eines Lächelns verzog, und ihn faszinierte die grobschlächtige Gutmütigkeit dieses Gesichts. Martin grinste unverschämt, und Elefantenohr gab ihm noch einen freundlichen Stoß und stampfte mit schlappenden Gummistiefeln zum Tisch zurück.

Die Mädchen sahen neugierig herüber, und der Lange rieb sich die Schulter, er dachte: Rock 'n Roll ohne Saxophon und Gitarren ist witzlos. Zudem hatte er für alle diese perfektionierten, tödlich einfallsarmen Versionen nicht viel übrig, – Geräuschausschreitungen, die mit Hüfte und Becken (sorry, Mr. Presley), statt mit dem zuständigen Gehirnteil komponiert schienen, oder zumindest gab es nur wenige Nummern, die ihm gefielen, weil sie eine unverhohlene Protesthaltung andeuteten.

Er dachte: Ich werde dir einen guten alten Blues servieren, und ich hoffe, du wirst zufrieden sein.

Das Tempo war aufreizend langsam, und er spielte, die barbarisch bunte, sorglose Mixtur seines Programms flüchtig bedauernd, mit einer gewissen Kühle, und als er plötzlich den Rhythmus verdoppelte, begann Martin verklärt mit dem Oberkörper zu schaukeln, während sein Kiefer ekstatisch und zitternd nach unten klappte, und er wußte, daß er Martin endgültig gewonnen hatte.

Nobody knows, dachte der Lange, selbst in eine Art feierlicher Ekstase geratend, und für einen Augenblick hatte er die kehlige Stimme des großen alten Trompeters im Ohr, die wie Samt war und wie die Rückseite von Samt, – nobody knows, schwarzer Bruder vom Mississippi, die Heiligen marschieren ein, nobody knows, und dies ist der endlose, traurig dahinschwankende Zug der Verkauften nach Süden, Brüder, ins gelobte Land unseres lieben Mister Dixie, – wo sind die melodisch klagenden Spirituals unter der weißflockig glühenden Baumwollsonne, diese unerhörten Lieder, Songs, Blues, schwer schwer von Heimweh und Zorn …

Er sah hoch. Seine Hände schmerzten, und der Schmerz machte ihn nüchtern.

Sie mußte schon eine ganze Zeit an der Wand gestanden haben, mit einem Ellenbogen auf das Klavier gestützt, und der Lange hatte sie nicht gesehen, aber nun sah er sie, und seine linke Hand stoppte die kurzen, wie bei Erroll Garner schwingend gestoßenen Akkordfolgen, und er variierte eigenmächtig das angefangene Thema. Es gelang ihm schlecht, er fand es hölzern und dumm, und er verfiel ärgerlich in einen gehetzten Boogie.

Sie stand da, mit ihrem Ellenbogen auf dem Klavierrand, und sah ihn an. Sie sah seine Hände an. Sie trug Gummizeug und unförmige Gummistiefel, und ihr Gesicht, eingeklemmt zwischen dem hochgeklappten Kragen und dem grauen, lappigen Kopftuch, wirkte jetzt aus der Nähe gar nicht grau und unscheinbar.

Geh schon, dachte der Lange. Hau ab, hier ist nichts zu sehen. Er wiederholte den Boogie, diesmal in einem gemessenen Tempo. Er dachte: Starr doch die Wand an, oder den Fußboden, oder starr die Decke an, das ist mir egal.

Sie bewegte sich nicht. Unter dem Kopftuch sah er, mit einem schnellen, schrägen Blick, ein paar Haarsträhnen. Sie waren bläulich schwarz und hingen bis auf die Brauen herunter, oder vielleicht waren sie auch von violett rötlichem Schwarz; man konnte es im unsicheren Licht dieser verqualmten Schänke nicht erkennen, und auf jeden Fall war es die unsinnigste und verrückteste Farbe, die er jemals gesehen hatte. Die Brauen standen flach und schwarz in dicken, verkürzten Bogen.

Er dachte: Meinetwegen bleib stehen und starr mich an. Wenn es dir Spaß macht, bleib hier mit deinen verrückten Haaren und starr mich an. Er spielte irgendwas von Gershwin, wenigstens klang es wie Gershwin, und er erging sich in langen, harmonisch gewagten Abschweifungen.

Nein, dachte er, sieh mich nicht an. Oder sieh bloß die Hände an. Den Händen macht es nichts aus. Grobe, unbehauene Klötze, nicht wahr?

Auf einmal hatte er Lust, das Klavier zuzuschlagen und zu gehen, und wahrscheinlich mußte er wirklich bald gehen, um noch einen Bus zu bekommen. Natürlich hält sie mich für einen Angeber, dachte er, – für einen, der sich produzieren will, und ich bin verdammt auf dem Wege, mich vor ihr zu produzieren.

„Mensch", sagte Martin. „Mensch, Langer." Er hockte verkrümmt auf seinem Stuhl, einen Bierdeckel in der Hand, und mit der anderen Hand scheuerte er verzückt über den Dekkelrand, und seine erhitzte, angekurbelte Phantasie machte unbekümmert aus diesem abgeschabten, halb durchgeweichten und brüchigen Stück Pappe eine echte Jazz-Gitarre.

Der Lange dachte: Sei nicht kindisch. Laß sie denken, was sie will. Er spielte weiter, und er spielte so, als wäre es für lange Zeit oder für alle Zeiten seine letzte kostbare, unwiederholbare Gelegenheit: hundert Themen und Titel fielen ihm ein, und er vergaß bald den Bus, und er vergaß auch seinen Argwohn. (Früher, – liebe Zeit, wann früher? – habe ich nie so frei gespielt, obwohl die Hände damals noch fabelhaft intakt waren, ich war nie ganz bei der Sache, und ich kann mich nicht erinnern, daß es mir jemals richtig Spaß gemacht hat.)

Sie stand immer noch da. Wenn er hochblickte, konnte er sie sehen, sie hatte jetzt den Arm heruntergenommen und stand halb an die Wand gelehnt, und er sah manchmal auf ihr Gesicht, während er spielte.

Dieses Gesicht, breitknochig, mit sehr breiter Stirn und mit den leicht aufgeworfenen Nasenflügeln, schien um einen Grad ins anrüchig Verwilderte geraten, und er fühlte sich durch dunkle Erinnerung beunruhigt, als wäre es ihm (wann? – vor tausend Jahren?) schon begegnet, und schließlich kam er darauf, daß es mit gewissen Bildnissen von Gauguin zu vergleichen war. Ich würde dich Barbarenmädchen nennen, dachte er. Falls du erlaubst, und falls wir miteinander sprechen würden. Aber wir sprechen nicht miteinander, und vermutlich werden wir nie im Leben miteinander sprechen.

Old Jonas lebte in einem Wal. Hör zu, Barbarenmädchen, dachte der Lange, ein Spiritual anschlagend, hier ist die verrückte Geschichte vom alten Jonas im Bauch des Walfischs. Du mußt dir vorstellen, wie ein Negerchor mit den schönsten Stimmen, die man sich denken kann, diese verrückte Geschichte singt; du mußt die großartige, freche Stimme des Vorsängers hören, und ich wünschte sehr, du könntest sie hören.

Der Schmerz in den Händen ging nicht weg, aber er störte ihn kaum noch, und der Lange hätte, wie er glaubte, ein unermüdliches Marathonspiel auf dem schäbigen, alten Kasten veranstalten können.

Also spielte er, und das Mädchen sah ihm zu; er spürte ihren Blick wie eine anhaltende, freundliche Ermunterung auf seinen Händen, und während er sich die zärtlichsten Triller und die gewagtesten Kadenzen für sie ausdachte, gestand er sich ein, daß er die ganze Zeit nur für sie gespielt hatte.

Da sitzt er nun an seinem Klavier, ein bißchen benommen, ein bißchen überrascht von seinen eigenen Möglichkeiten, dabei ziemlich glücklich, (aber das wird er erst später einsehen), und wer Lust hat, kann ihm noch eine Weile über die Schulter sehen und ihm zuhören, unserem Langen, unserem Helden, oder vielmehr dem, was einmal ein Held [...][1]

---
[1] Hier fehlt die Manuskriptseite 96 mit dem Ende des Satzes.

VI Tagebuch von Ruth P., Blatt 128

… Müde. Neun Stunden geschachtet. Versuche mir vorzustellen, wie dort nach vier Monaten die Brücke steht. Eine stämmige, einbögige Brücke mit schweren Trägern auf den dicken Betonsockeln. Vorläufig nur Sand, Sand. Sand, in den wir riesige Löcher für die Sockel graben, moderne Maulwürfe. Nein, ich kann es mir kaum vorstellen. Ich bin müde.

Mit Thekla wieder ‚dort' gewesen, was getrunken. Nichts. Thekla sagt, sie wird ihn schon auftreiben, irgendwann. Was Thekla sagt, tut sie auch. Ich wünschte, sie würde es nicht tun. Doch, ich wünsche es. Ich bin ja verrückt.

Eben habe ich die ersten Seiten durchgeblättert. So viele weitschweifig angefangene Unternehmen versickern kläglich im Sand. Meinem Tagebuch geht es ähnlich; ganze Wochen fehlen. Wo ist der Strom wichtiger Eintragungen, den ich erwartet habe? Und was ist wichtig?

Es versickert müde: Sporadische Mitteilungen, Stichworte, und dann die vielen Analyseversuche, peinlich in ihrer Exaktheit, diese Fieberkurven der Seele. Es liest sich wie ein Krankenbericht, manchmal. Ist der Patient gebessert?

Eine hübsche Stelle: Schmeiß endlich Krise und Stagnation in irgendeinen Eimer. Das war vor einem halben Jahr, als ich den Botengängerdienst satt hatte. Dann kam ich zu Thekla, meinem herrlichen, einzigen Trampeltier. Ich bin jetzt fast ein Jahr hier, und ich habe es nicht bereut. Heute bereue ich es nicht mehr. Also? Der Patient ist gebessert?

Thekla sagt, sie wird ihn schon auftreiben. Liebste Thekla, wie willst du das machen? Es gibt Tausende hier, aber täglich verlaufen sie sich, jeder kriecht in seine Höhle. Ich würde ihn unter Tausend herausfinden, wenn man sie alle zusammenhätte. Sie müßten ihre Hände zeigen, und ich würde ihn an seinen Händen herausfinden. Thekla sagt, er arbeitet bei IBC. Der Alte mit dem Hut, der bei ihm war, arbeitet auch bei IBC, sagt Thekla.

Müde. Eigentlich müßte ich noch waschen. Werde morgen waschen.

Ich würde ihn auch ohne die Hände herausfinden. Liebe Zeit, wie schmal er ist. Ein schmales, langes Handtuch, sagt Thekla, man müßte ihn tüchtig rausfüttern. Was ist los mit mir? Dumme Faselei. Ich muß morgen unbedingt waschen. Aber an seinen Händen würde ich ihn am schnellsten herausfinden, ganz sicher.

Halb zehn. Christas Würmchen schreit. Christa hat Besuch; ich habe ihn vorhin durch den Korridor schleichen sehen. Soll sie Besuch haben, aber warum schreit das Würmchen? Sie soll es nicht schreien lassen, ich kann nicht hören, wenn ein Kind schreit, ich kann nicht.

Also noch nicht vorbei. Es wird nie vorbei sein. Ein Kind schreit, und ich bin wieder am Anfang, hoffnungslos am Anfang.

Die Augen waren das Schlimmste, entsetzlich groß und verängstigt, sie sahen mich an. Sie waren schlimmer als das armselige Skelettchen. Wir brachten es ins Krankenhaus, aber es war zu spät. Ich hätte mich früher kümmern müssen; es war mein Bezirk.

Ich schwöre, ich glaubte einfach nicht, daß so etwas noch möglich war. Wir alle im Amt für Jugendpflege haben nicht daran geglaubt. Aber wir saßen im Amt. Diese Mutter ist dann verurteilt worden. Ein Vater war nicht festzustellen.

Ich habe gekündigt. Ich war nicht würdig. Ich war unreif. Drei Jahre nach dem Abitur, und ich war unreif und unwürdig. Ich habe meine Verantwortung zu leicht genommen, habe mich täuschen lassen. Ich habe leichtfertig angenommen, alles sei in Ordnung. Es war nicht alles in Ordnung. Diese Mutter, die in meinen Bezirk gehörte, hat mich getäuscht, und ich habe mich täuschen lassen. Ich habe mich nicht genug gekümmert, obwohl es mein Beruf war.

Drei viertel Zehn. Es hört sich an, als ginge Christa mit ihrem Würmchen auf und ab. Die Wände sind dünn in diesen Neubauten. Jetzt hört es auf. Es hört auf.

Nun habe ich wieder die Geschichte geschrieben, meine Geschichte. Entsetzlicher roter Faden durch dieses Buch. Thekla sagt, ich soll endlich vergessen, ich muß vergessen. Manchmal habe ich es vergessen. Ich bin froh, daß ich hierher gegangen bin.

Gleich zehn, und ich habe noch nicht gesagt, wie es ‚dort‘ war. Wie war es? Ich weiß nicht. Ich habe nur seine Hände gesehen. Manchmal sein Gesicht, dann wieder die Hände. Es ist albern, ich weiß kaum, wie er aussieht. (Doch, ich weiß es.) Ich kenne seinen Namen nicht, aber seine Hände haben mich verrückt gemacht. Und ich weiß, daß das albern von mir ist.

Er saß da, ohne mich zu sehen. Später sah er mich an. Sein Gesicht war verschlossen, konzentriert und abweisend. Ich hatte Angst vor seinem Gesicht.

Die Hände sind eigentlich breit, dabei sehr lang, mit langen, schmalen, biegsamen Fingern.

Das ist alles Unsinn. Ich bin verrückt. Vielleicht sollte ich das Tagebuch aufgeben. Ich werde oft den Verdacht nicht los, es sei nur eine Art geistiger Selbstbefriedigung. Das ist scheußlich. Vielleicht sollte ich es wegwerfen, verbrennen. Nein, nicht verbrennen. Ich muß von ihm erzählen.

Thekla sagt, sie wird ihn schon auftreiben. Er hat ihr gefallen, und das ist viel. Die herrliche Thekla mit ihrer martialischen Männerfeindlichkeit … Ich glaube, sie haßt sie nicht mal, – sie verachtet sie einfach. Unbedeutende Waschlappen, oder unverschämte Stiere, sagt Thekla.

Aber er hat ihr gefallen, als er Klavier spielte. Ich glaube, er würde nicht ‚Elefantenohr‘ zu ihr sagen. Was für ein abscheulich niederträchtiger, abschätziger Name. Wer ihn gebraucht, ist für uns nicht diskutabel. Ich glaube, er würde ihn nicht gebrauchen.

Ich werde nichts mehr von ihm schreiben. Schwärmerisches Gestammel einer verspäteten Primanerin. Unter Theklas Fittichen fühlte ich mich sicher, ihre robuste, erbitterte Männerfeindlichkeit hatte auf mich abgefärbt, glaubte ich. Die Zeit vorher hatte ich genug mit mir zu tun, bemüht, mich einigermaßen einzurichten, einzugewöhnen.

Zehn durch. Ich muß Schluß machen. Ich bin müde, ich müßte schlafen, aber ich schreibe dummes Zeug. Ich denke an seine Hände. Es ist verrückt und aufregend, an seine Hände zu denken.

Ich glaube, ich habe ziemlich töricht ausgesehen, als ich da stand und auf seine Hände starrte. Sie bewegten sich unheimlich schnell, wie im Flug, über die Tasten. Das hört sich nichtssagend, seicht und albern an, – ich kann nicht beschreiben, wie sie sich bewegten. Ich sah ihnen zu, völlig verhext, und ich hatte das Gefühl, sie streichelten mich. Diese schmalen, unglaublich biegsamen Finger über den Tasten waren wie hundert streichelnde Berührungen auf meiner Haut. Es war verrückt und aufregend, es war schön, und ich habe mich nicht mal geschämt.

Irgendwann werde ich ihn treffen, sagt Thekla. Sie sagt, so einer ist nicht auf dem Bau gewachsen. Mag sein, mir ist es gleich. Ich weiß nur, daß er jetzt auf dem Bau ist, mit diesen Händen, und ich bin schamlos verrückt nach seinen Händen.

Ich mache das Buch zu. Morgen früh Förderband umsetzen. Hoffentlich rutscht es nicht weg im Sand. Der Sand ist tückisch. Neun Stunden schachten, Sand, Sand. Aber wenn ich mir Mühe gebe, kann ich die Brücke sehen. Eine stämmige, einbögige Brücke mit schweren Trägern auf den dicken Betonsockeln.

Wirklich, ich bin froh, daß ich hierher gegangen bin …

VII King Klaviers Etüde in Beton

SEIT VIER STUNDEN BRÜLLTE DER SCHWERE DIESELKOMPRESSOR. Tiefstrahler schnitten weiße Lichtbahnen in die Dunkelheit und holten wie auf einer Theaterbühne Teile der Szenerie ins Helle, und diese grell und kalt ausgeleuchtete Szenerie lag auf der ersten Etage des Stockwerkmagazins. Das übrige verlor sich in der Dunkelheit; Rüststangen stiegen in den schwärzlich verhangenen Himmel, als hätten sie kein Ende, und nur an einigen Stellen, wo vielkerzige Lampen an provisorischen Masten schaukelten, gab es Licht genug, um Einzelheiten zu erkennen, eine halb hochgeführte Mauer, Fundamentverschalungen, ein Stück von einem Aufzugsgerüst und, weiter entfernt, die flachen, hölzernen Vorratsbunker für Zement, Splitt und Kalk.

Die Menschen, mit ihren eiligen, exakten Bewegungen vor der riesigen Bauplatzkulisse, sahen in diesem kalten Licht unscheinbar und klein aus, und sie wirkten, hielt man sich nur in gebührend unbeteiligtem Abstand, wie programmgesteuerte Automaten.

Kurz nach zehn kam der Bauführer aus seiner Baracke. Er horchte auf den hochtourig orgelnden Kompressorton, der sich an der Hallenwand der benachbarten Schlepperwerkstatt brach, und er konnte, geübt, heraushören, wann der Mann am Betondruckgerät die Preßluft staute: Das Motorengebrüll schwoll bis zum Zerreißen an und fiel dann plötzlich ab, um sich im mittleren Drehzahlbereich zu beruhigen und Kräfte für die nächste Belastungsspitze zu sammeln.

Der Kompressor stand etwas abseits, vor dem Tor der Schlepperwerkstatt, und der Bauführer kletterte vorsichtig über Balken, Kieshaufen, Schlammlöcher und herumhängende Lichtkabel, und schließlich erreichte er die Maschine. Die vier Dieselkolben, in ihren mächtigen Zylindern von unaufhörlichen

Explosionen getrieben und über Kurbelwelle und Kupplung vier schwere Kompressorkolben mitreißend, machten rasenden Lärm, und der Bauführer blieb eine Weile in dem Lärm stehen. Er hörte das zischende und schmatzende Ansauggeräusch der großen Luftfilter, und das Toben des Überdruckventils schnitt ihm jedes Wort ab, und er klopfte dem Maschinisten auf die Schulter und nickte.

Der Maschinist nickte zurück und schob seine schwarze Mütze hoch. Er lehnte an der geöffneten Kühlerjalousie, einen Zigarettenstummel im Mundwinkel, seine Schulter vibrierte im Takt des dröhnenden Apparats, und seine ruhige, fast lässige Haltung zeigte, daß er sich ohne Einschränkung als Meister und Beherrscher dieser brüllenden, kraftstrotzenden Maschine fühlte. Manchmal kletterte er auf einen Kotflügel des Fahrgestells, um oben in den Tanks Wasserstand und Kraftstoffstand zu prüfen, oder er füllte mit der Kanne ein paar Schmierstellen nach, betastete ein Ventil, kontrollierte die Öltemperatur, und sein Gehör, seit Jahren dressiert und geschärft, überwachte beständig alle die vertrauten, überlaut gemischten Geräusche, und er hätte noch im Schlaf herausgehört, wenn irgendwas nicht in Ordnung gewesen wäre: Man konnte sich auf ihn verlassen.

Der Bauführer ging dann weiter. Er hatte noch die Wärme vom Kühlerwind im Rücken, und er ging schnell zur Mischerbühne rüber, die in der Nähe der Bunker aufragte. Der rasselnde, kollernde Gang des Betonmischers war von dieser Seite kaum zu hören, oder wenigstens schien er behäbig und harmlos, verglichen mit dem Kompressorlärm, und nur, wenn die Mischerfahrerin den Rucksack der Maschine zu spät abbremste und auf den Boden prallen ließ, überstieg der dumpf blecherne Knall das allgemeine Getöse, und eine Wolke von Zementstaub wirbelte auf und verdunkelte flüchtig die Lampe.

Es war zugig und kalt auf der Bühne, überall setzte sich Staub fest, und der Bauführer blieb nicht lange oben. Er sah zu, wie der Rucksack schwerfällig hochkam und rüttelnd und schlagend seine Ladung in die Mischtrommel kippte, und er beobachtete, wie die Maschinistin den Wasserhebel herumdrückte und mit der anderen Hand, während der Rucksack wieder nach unten verschwand, die Bremse zog, und dann sah er einen Augenblick auf die sechs Männer der Brigade runter, die die Maschine mit Rohstoff beschickten. Er wartete, bis die Mischung fertig war, und als sie aus der Trommel kam und zähflüssig in den Behälter des Druckgeräts rutschte, nahm er eine Probe, und er fand, daß sie in Ordnung war.

Die Maschinistin, konzentriert und sicher hantierend, beachtete ihn nicht; hier oben hatte sie die Verantwortung, und man konnte überzeugt sein, daß sie diese Verantwortung ernst nahm, (Frauen waren die besten Mischerfahrer: sie behandelten und pflegten ihre Maschinen wie ein ganz persönliches, kostbares Eigentum), und der Bauführer stieg beruhigt von der Bühne runter.

Unterhalb der Bühne, durch eine Rutsche mit der Mischtrommel verbunden, stand das Druckgerät, und hier arbeitete der dritte Mann von der Schwarzen Brigade. Er öffnete mit zwei Hebelgriffen die Ventile, und die hochgespannte Preßluft, die in langen Schläuchen aus dem Kompressorkessel kam, raste auf die Betonladung in der Sammelglocke los und trieb sie fauchend und prasselnd durch die schräg ansteigende dicke Rohrleitung zur Zapfstelle auf der ersten Etage.

Das Gerät schwankte leicht unter dem Druck der sechs Atmosphären, die in seinem Stahlbauch tobten, und der Bauführer starrte neben dem Maschinisten auf das Manometer, und er sah, wie der Zeiger über die Skala zitterte und auf der Zahl 8 stehenblieb. Es dauerte eine ganze Zeit, und der Maschinist trat von einem Bein aufs andere, er klopfte aufmunternd gegen das Manometerglas, und der Bauführer wiegte bedenklich den Kopf. Bisher hatten sie noch keinen Rohrverstopfer, und er wußte, daß es unter den Druckgerätfahrern einen privaten

Wettkampf um die wenigsten Verstopfer gab, und er starrte argwöhnisch, fast feindselig auf den Zeiger. Der Maschinist schrie irgendwas, er schloß das untere Ventil, dann das obere, und dann fing er zu grinsen an, und er öffnete schnell beide Ventile. Der Zeiger ruckte, stieg über die 8 raus, er zappelte, und endlich kroch er gehorsam zurück; das Fauchen in der Stahlglocke bekam einen hohen, hohlen Ton, und der Maschinist pfiff salutierend durch die Zähne: Die Ladung hatte glücklich die fünfzig Meter Rohr geschafft, und das Rohr war frei für den nächsten Schuß.

Der Betondrücker rangierte als dritte Maschine im lärmenden Aggregat, und alle drei Maschinen, von gleicher Wichtigkeit, abhängig voneinander und fabelhaft eingespielt, bildeten eine sinnvolle, nützliche Kombination, die zu dem Zweck erdacht und aufgestellt worden war, so viel Beton wie möglich in kürzester Zeit auf den Verfüllungsort zu werfen, und man konnte ganz sicher dieses Verfahren als phantastisches Symptom einer künftigen Vollmechanisierung deuten.

Freilich begreifen wir, daß die raffinierteste Technik ohne den Menschen zur Wertlosigkeit degradiert wird, und zudem gab es immer noch viele Arbeiten, die die heitere Koexistenz zwischen Gehirnzelle und Muskel störten und eindeutig den favorisierten, qualifizierten Bizeps verlangten: Schließlich mußte der Beton verfüllt werden, er mußte gestampft oder gerüttelt werden, und dies war nur ein Teil aus dem Arbeitsprogramm unserer Brigade.

Der Bauführer kletterte nun über die Rohrbrücke zur ersten Etage, er balancierte im Halbdunkel auf den wackligen Laufplanken zur Arbeitsstelle vor, und damit war er am Schauplatz für die neuen Abenteuer unseres Helden.

Es war eine Art friedlicher Kriegsschauplatz, und unser Freund, King Klavier, der Blues-Spieler, stand in der vordersten Linie, heftigem Feuer ausgesetzt. (Er wußte, daß sie ihm eines Tages einen Namen anhängen würden, und nun hatte er ihn. Seit dem Abend in der Kneipe, an den er sich, halb unbehaglich, halb vergnügt, wie an eine heimliche Ausschweifung erinnerte, hatte er seinen Namen, von Martin in einem Anfall von Bewunderung in die Welt gesetzt, und es war ihm recht, wenn sie ihn so nannten.) Sein Stahlhelm war die blaue, verbogene Mütze aus Cord; er hatte sie tief in die Stirn gedrückt, so daß sie ihn halbwegs vor den schlimmsten Brocken schützte, und sie schien ihm endgültig eingeweiht, übergossen von Beton, und auf jeden Fall war sie seiner Zunft würdig.

Jedoch fand sich jetzt kaum Zeit für ehrbare Zunftgefühle. Irgendjemand schrie: „Volle Deckung", und der King zog den Kopf zwischen die Schultern. Er fühlte den halbnassen Beton im Kragen, der rauh und eklig auf seiner Haut scheuerte, und wenn es möglich gewesen wäre, hätte er sich irgendwo hingeworfen. Aber er konnte sich nirgends hinwerfen; es gab nur die paar Planken über der grauen, breiigen Deckenmasse, aus der die Armierungsstäbe ragten, und so stand er da mit eingezogenem Kopf und wartete, bis der prasselnde, klatschende Betonregen vorbei war.

Er hätte auch ohne Warnungsschrei den Kopf eingezogen; denn er spürte es, wenn unten der Maschinist Druck gab. Das Gerüst mit dem trichterförmigen Blechkasten am Ende der Leitung begann zu schwanken, während die Mischung hochgejagt kam, es polterte in den Rohren, und dann schoß fauchend eine dünne Betonfontäne aus dem Kasten. Der Deckel war nicht dicht, und die Fontäne zerplatzte wie ein Schrapnell, und die Männer in der Nähe des Kastens bekamen einen Teil der Ladung ab.

Sie sahen gleich beim Schichtanfang, daß der Deckel nicht in Ordnung war, und sie stritten sich wütend mit dem Maschinisten herum. Der Maschinist schob die Schuld auf den Schlosser, und natürlich war der Schlosser nicht mehr da. Er war nie da, wenn man ihn brauchte. Sie schimpften und maulten, und sie wünschten den Maschinisten mit seinem Idioten von Schlosser zur Hölle, oder wenigstens wünschten sie ihm alle dreckigen Ladungen auf einmal in den Hals, aber es war nichts zu machen, und schließlich gewöhnten sie sich an den lästigen Beschuß. Man konnte ohnehin den Betrieb nicht mit Reparaturen aufhalten; sie waren jetzt großartig im Tempo, und dieses Tempo wollten sie durchhalten.

Der King, sich gewaltsam aufrichtend, wischte sich die Betonspritzer vom Gesicht, dann schob und zerrte er den leeren Japaner unter das Gerüst mit dem Behälter. Der Japaner war das Transportgerät für die Mischung, ein schwerer Eisenbottich zwischen zwei meterhohen, lächerlich dünnen Speichenrädern. Er sah aus wie der plumpe, fette Bauch einer Riesenspinne, der zwischen einem lächerlich dünnen Gestell von Beinen einherschaukelt, und der King verwünschte wütend dieses groteske, unförmige Gerät, an das er für zwölf Stunden ausgeliefert war, und er verwünschte wütend den Erfinder des Geräts; er hätte ihn bedenkenlos für schwachsinnig erklärt, und zudem verdächtigte er ihn, seine monströse Erfindung niemals selbst ausprobiert zu haben, im Scheinwerferlicht herumkurvend auf schmalen, schwankenden Brettern.

Er versuchte, den Schieber hochzuziehen, aber der Schieber war verklemmt, blockiert von Splittbrocken, die dazwischengerutscht waren, und der King nahm den Hammer; es war immer wieder dieselbe Schinderei. Er hörte vorn die Männer nach Beton schreien, und er schlug ärgerlich auf den Öffnungshebel los.

Er spürte kaum noch seine Hände, obwohl sie in Handschuhen steckten. Es waren steife, unbequeme Arbeitshandschuhe, aus Leinwand und Leder, offenbar für überdimensionierte Boxerfäuste zugeschnitten, und durch die weiten Stulpen drang das breiige Betonzeug und rieb die Haut kaputt. An ein paar Stellen zeigten sich neue Blasen, sie platzten schnell auf, und der Beton fraß sich wie ein Krebsgeschwür ins Fleisch und bildete kleine, grau und hart geränderte Krater, und der King wußte nicht, wie er das Zeug jemals rauskriegen sollte. Manchmal riß er die Handschuhe herunter, jedoch hielt er es nicht lange aus, (mißliche Wahl zwischen zwei gleich mißlichen Übeln); seine Finger versagten jämmerlich, sie schienen an den eisigen, verdreckten Karrengriffen oder am Bottich festzufrieren, während die Handgelenke erstarrten und sich kraftlos verkrampften, und er kroch reumütig in die steifen, feuchten Handschuhe zurück.

Die Männer schrien ungeduldig nach Beton, und er rüttelte am Schieber und schlug verzweifelt den Hammer gegen das Blech, und einen Augenblick lang plagte ihn die unselige Vorstellung, er sei ganz allein für den Transport verantwortlich, aber natürlich würde er damit nicht fertig, er hielt nur dilettantisch und blöde den Laden auf, und gleich würden sie ihn wegen seiner absoluten Unfähigkeit rausschmeißen und für immer vom Bau jagen.

Jedoch war er nicht allein.

Der Japaner war für zwei Leute eingeplant, und der zweite Mann nahm ihm nun den Hammer aus der Hand, und der King sah zu, wie er mit kurzen, gezielten Schlägen den Schieber bearbeitete.

Er wußte, daß hinter ihnen der Bauführer stand, er stand schon eine Weile da und beobachtete sie, und der King dachte: So einer muß immer dann aufkreuzen, wenn irgendwas nicht klappt.

„Was ist los, Männer?" rief der Bauführer. „Haut nicht hin, was?" Er kam endlich heran, er betrachtete kopfschüttelnd den Schieber, dann ließ er sich den Hammer geben. Er klopfte das Blech rundherum ab, und der zweite Karrenmann sah ihm freundlich über die Schulter.

„Haut nicht hin", sagte der zweite Karrenmann.

Na los, Herr Bauführer, dachte der King, mit einem unziemlichen Anflug von sanfter Schadenfreude. Zeig, was du kannst, dachte er, zeig uns Trotteln, was 'n richtiger Bauführer ist.

Der Schieber, festgefressen, rührte sich nicht. Der King nahm die Eisenstange, die am Kasten hing, er ließ sie ein paarmal auf den Öffnungshebel krachen, und dann rammte er sie hastig in den Spalt, der sich zeigte, während der Bauführer am Hebel rüttelte. Der zweite Karrenmann schob den Japaner zurecht, der Bauführer sprang erschrocken zurück, und die Betonmasse schoß quirlend und brodelnd in den Bottich.

Es war höchste Zeit. In der Rohrleitung begann es zu dröhnen und zu poltern, und das Gerüst schwankte. Der zweite Karrenmann verschloß den Schieber mit einem einzigen Hammerschlag, und dann zerrten sie den Japaner vom Kasten weg. Der dicke Betonbrei schwappte im Bottich, die hohen, halb verbeulten Räder drehten sich schwerfällig, sie kamen kaum von der Stelle, und die Männer stemmten sich ächzend in die rostigen Speichen. Sie hatten mindestens zehn Zentner im Bottich, und der King starrte, mit gespannten Muskeln und Sehnen gegen die zehn Zentner ankämpfend, verdrossen auf den dicken, schwappenden Brei. Er roch den Beton, sein Mund war angefüllt mit diesem grauen, dumpfen Geschmack, und er hatte keine Hoffnung, ihn irgendwann wieder loszuwerden.

Er warf sich mit seinem ganzen Gewicht gegen den Karrenbauch, während der zweite Mann das wacklige Fahrgestell herumschwenkte und Kurs auf den Verfüllungsort nahm. Der Ort lag nur sechs Meter vor ihnen, aber es war jedesmal eine vertrackte, gefährliche Reise über viele Meilen, auf der sie dauernd den Kurs korrigieren mußten, um nicht über den schmalen Plankenrand rauszufahren und mit ihrer Karre rettungslos in der zähen Betonbrühe zu landen.

Der King spürte, wie er unter dem kalten, glatten Gummizeug naß von Schweiß war, und er spürte, wie herumfliegende Spritzer von der neuen Ladung auf seine Mütze und sein Gummizeug klatschten. Er dachte: Ich komme nie von diesen verdammten Zweiradfahrzeugen los. Ich werde sie nicht los, ich bin auserwählt, ein Leben lang mit Zweiradkarren herumzugondeln. Er spuckte Zementkrümel aus, die zwischen seinen Zähnen knirschten. Er spuckte sie auf den schwappenden Brei im Bottich, er dachte: Ruhm und Ehre allen Erfindern und Erbauern von Zweiradkarren. Ruhm und Ehre allen Leuten, die in aller Welt mit solchen Karren herumfahren.

Sie jonglierten über den letzten Meter der Strecke, schwer atmend und ziemlich erschöpft. (Ich bin nach jeder Fahrt erschöpft und fertig, aber ich fahre immer wieder los, und die Erschöpfung nimmt kein Ende. Die Nacht nimmt kein Ende, und der Beton nimmt kein Ende, und ich wundere mich, warum ich nicht längst zusammengebrochen bin.) Der King dachte: Es ist der blanke Hohn; wie kann man so ein unflätiges Ding Japaner nennen. Bildet sich der Erfinder ein, wir bequemen uns zu einem Vergleich mit 'ner richtigen Rikscha? Dann hab ich bis heute nicht gewußt, was 'ne richtige Rikscha ist. Tatsache, ich hab es nicht gewußt.

Hör zu, Rikscha, keuchte der King, wütend und stumm und völlig sinnlos auf das schaukelnde, unbeteiligt kalte, zentnerschwere Gestell einredend, du bist die dreckigste, blödsinnigste Jauchekarre von einer Rikscha, die mir begegnet ist, und ich bin hocherfreut, deine Bekanntschaft machen zu dürfen.

Und zugleich, während sie endlich den Verfüllungsort erreichten, sagte er sich in einem Überschwang von Einsicht, daß diese verwünschte, dreckige Jauche wahrscheinlich die ungewöhnlichste Fracht war, die man jemals einer Rikscha und ihrem Fahrer anvertraut hatte, und auf jeden Fall war sie, obwohl auf dem Bau gar nicht ungewöhnlich, sondern ganz ordinär, die wertvollste und wichtigste Fracht, die man hier transportieren konnte.

Sie packten den Kessel an den Griffen und hievten ihn hoch, bis er auf seiner Achse vornüber kippte, und die Mischung ergoß sich zähflüssig in das Armierungsgeflecht.

Johann stand mit seinen langen Gummistiefeln im Beton, und der graue Brei reichte ihm bis an die Knie. Auch der Brigadier steckte bis an die Knie im Brei. Er hatte sich einen alten Südwester übergestülpt, und er sah aus wie ein Hochseefischer, der mit voller Ausrüstung in den Sumpf geraten war.

Johann kratzte flüchtig die Reste aus dem Bottich, und der King sah sein mürrisch verkniffenes Gesicht. Er roch seinen Schnapsatem. Jedesmal, wenn sie ihre Ladung auskippten, wehte ihn der scharf säuerliche Schnapsatem an, und er suchte, in Gedanken die Leistungskurve bei Alkoholgenuß nachzeichnend, argwöhnisch nach gewissen Veränderungen oder Unsicherheiten in Johanns Haltung.

Es gab keine Veränderungen in Johanns Haltung, obwohl er eine Menge getrunken hatte; die Flasche in seiner Gummijacke war leer, und er stand fest auf seinen Beinen im Beton und arbeitete gleichmäßig und sicher wie immer, und manchmal verzog er sein Gesicht, wenn er nach der Flasche griff und sah, daß sie leer war. Er verteilte jetzt den Beton mit der Schaufel, und man konnte bald nicht mehr erkennen, wo das neue Zeug hingekommen war: Der allgemeine Brei hatte es verschluckt.

Der King verlor die Hoffnung, jemals einen Fortschritt, jemals das Wachsen der fertigen Deckenquadrate beobachten zu können. Zwei Männer schaufelten Beton in die Schalung einer Säule, die metertief nach unten ging, und der King wußte, daß sie mindestens zehn Karren hinschleppen mußten, ehe sich dieser unersättliche Säulenschacht einigermaßen füllte, und dies war nur eine von den vielen Klippen, die immer wieder auftauchten, ehe endlich ein Quadrat fertig wurde.

Sie hatten bereits neue Ladung im Japaner, (gib es auf, die Ladungen zu zählen!), und sie karrten ihn über den dreimal verdammten kurzen, endlos langen Weg zum Verfüllungsort. Der King wußte nicht, wie spät es war, sein Zeitsinn hakte aus, und es war ihm gleichgültig, ob er aushakte oder nicht. Alles war ihm gleichgültig. Er wußte nur, daß es ohne Ende so weitergehen würde, und er haßte den Beton, der unaufhörlich durch die schwankende Leitung nach oben kam, – seinen dumpfen, grauen Geruch und seinen Geschmack, und er haßte den Japaner, an den er sich mit dem zweiten Karrenmann wie ein Sträfling gekettet fühlte, und er verwünschte sich selbst, weil er sich auf dieses ganze verrückte Abenteuer eingelassen hatte.

Er dachte: Du bist in die Mühle geraten, und du wirst erbarmungslos durchgedreht, ob du willst oder nicht. Jetzt erst fängst du an zu begreifen, was Arbeit heißt, mein Lieber, jedenfalls wirst du es dann begriffen haben, wenn du irgendwie heil aus dieser Mühle rauskommst. Ach die harmlosen, kleinen Betonplatten drüben an der Halle, dachte er, und er vergaß, daß die Erinnerung alles Zurückliegende mit freundlich gaukelnden Nebeln zudeckt oder verklärt. Er dachte; mit einer lächerlichen Anwandlung von Heimweh: Was für ein Kinderspiel, was für ein Spielchen von einem Spiel gegen das, was hier verlangt wird.

Ein Stück entfernt stand Nagel. Er stampfte mit dem Elektrorüttler die Mischung fest. Der Rüttler jaulte und knurrte angestrengt, und manchmal blieb er stehen, und Nagel fluchte. Der King sah, während er schwitzend und ächzend weiterkarrte, wie Nagel den Rüttler rauszerrte und neu ansetzte.

Auch Nagel stand tief im Betonbrei, und der King, ihn für einen Augenblick tumb und laienhaft beneidend, dachte: Du kannst es ja probieren. Du kannst den Brigadier um andere Arbeit bitten, und er wird sie dir geben. Du kannst ja an Nagels Stelle bis an die Knie im Dreck stehen und den Rüttler bedienen. (Die ganze lange Nacht darfst du im Dreck stehen.) Probier es doch: Der Rüttler läßt sich nicht schwerer dirigieren als ein Preßlufthammer, falls du dir vorstellen kannst, wie sich so 'n hübscher kleiner Preßlufthammer in deinen Pfoten machen würde.

Sei kein Idiot, dachte er sofort ärgerlich. Dich möchte ich mit einem Preßlufthammer oder mit 'nem Rüttler sehen. Du fällst beim ersten Stoß um, den so 'n Ding macht. Du bist grade noch fähig, diesen herrlichen Japaner zu fahren, zu mehr bist du nicht fähig, und damit Schluß.

Sie kippten die Ladung aus, fuhren zurück, quälten sich mit dem verklemmten Schieber am Vorratskasten herum, faßten neue Ladung und zogen die Köpfe ein, wenn eine Betoneruption hochschoß.

Sie wendeten, jonglierten den Japaner stoßend, schiebend, stolpernd, auf verschmierten Planken ausrutschend zum Verfüllungsort, kippten die Ladung aus, wendeten, fuhren zurück und faßten neue Ladung.

Sie karrten los, kippten aus, fuhren zurück. Sie schoben, karrten, kippten, fuhren und fuhren.

Sie schimpften. Sie fluchten. Sie schwiegen. Sie schwitzten. Sie fuhren.

Der Bauführer war längst verschwunden. Er gab dem Brigadier ein paar Anweisungen, und dann schlich er in seine sichere Baracke zurück.

Bißchen ungemütlich hier oben, Herr Bauführer, dachte der King, angekränkelt vom billig selbstgerechten Hochmut des Produktioners, bißchen dreckig, bißchen gefährlich für dein feines Manchesterzeug, was? Er ignorierte freilich, daß der Bauführer jederzeit sein Manchesterzeug mit der Gummikombination vertauscht hätte, um zuzupacken, wenn es nötig gewesen wäre. Aber es war nicht nötig. Bisher war es jedenfalls nicht nötig.

Der Brigadier stemmte sich aus der zähen Masse hoch und stapfte schwerfällig zu Martin rüber. Der Südwester beschattete sein betongraues, unbewegtes Gesicht und gab ihm einen Zug ins Verwegene und zugleich ins Versteinerte. Martin zog mit einer Latte die fertiggewordenen Gußquadrate ab und planierte sie säuberlich, so gut er konnte, und der Brigadier zeigte ihm einige Stellen, die nicht glatt genug waren.

Martin korrigierte mißmutig die Stellen, während der Brigadier zusah und dann mit dem Schaufelblatt die Ecken nachglättete.

Es war noch nicht viel Fläche fertig, und es würde eine Zeit dauern, ehe man mehr sehen konnte. Vor ihrem Stück war eine größere Fläche, dort hatte die andere Brigade gearbeitet, die in der Schicht vor ihnen dran war und die ab sechs für die nächsten zwölf Stunden weitermachen würde, und an der Fläche konnte man ablesen, daß sie ebenfalls langsam vorangekommen waren; die tiefen Säulenschächte bis zum Erdgeschoß runter fraßen den meisten Beton weg.

Dort, wo die Ablösebrigade angefangen hatte, begann der Beton an der Oberfläche abzubinden, und es sah sehr sauber und glatt aus, und der King, mutlos und müde die beiden Flächen vergleichend, fragte sich, wieviele Leute später über diesen Betonboden laufen würden, wenn das Magazin fertig war. Natürlich waren die einzelnen Stücke dann nicht mehr zu unterscheiden nach Brigaden und nach ihren Flüchen und nach ihrem Schweiß, aber es bereitete ihm eine Art wütender Genugtuung, daß seine Flüche, seine Mühe und sein Schweiß für immer mittendrin stecken sollten.

Dieser verdammte Bau ist ein Faß ohne Boden, dachte der King, und er spuckte wieder Zementkrümel aus, und wieder starrte er auf den schwappenden Brei im Bottich vor sich. Wenn er die Augen zumachte, erschienen, grell beleuchtet von Tiefstrahlern, Hunderte von Riesenbottichen, und in allen schwappte dieser verhaßte, graue Brei, und manchmal hatte er das erstickende, dumpfe Gefühl, als watete er bis zum Hals darin herum oder als schwappte und brodelte das Zeug sogar in seinem eigenen Schädel.

Er hatte, wie er sich spitzfindig und fromm einredete, noch kein Verhältnis zu diesem banalen Material, und er fürchtete, daß er vielleicht nie das richtige Verhältnis zu ihm bekommen würde: Er fand den Stoff kalt und völlig tot, verglichen mit

Holz oder mit Metall, und er wünschte heftig, (er gestand es selbstkritisch ein), seine Beziehungen zu ihm zu mildern oder gar zu romantisieren und irgendein Zeichen von Leben oder wenigstens von Schönheit an ihm zu entdecken.

Zugleich verdächtigte er sich, seine Hoffnung sei absurd und unmaterialistisch, und er vergaß, daß ein fertiger, kühn und zweckmäßig konstruierter Bau aus Spannbeton tatsächlich großartig schön und erregend sein konnte, glücklich gewagte Komposition auf ein neues Zeitalter, das heiter und frei heraufstieg.

Martin füllte unter Ottos unerbittlichen Augen die letzten unebenen Stellen auf, er operierte finster mit Schaufel und Latte und Stampfer herum, und wahrscheinlich wünschte er den Brigadier zum Teufel. Einmal sah der Brigadier herüber, und er beobachtete eine Weile, wie der King mit dem zweiten Karrenmann den schweren Japaner über die Strecke bugsierte, er betrachtete nachdenklich und kritisch, mit Andeutung eines Grinsens, die langbeinig staksigen und angestrengten Bewegungen des Kings, und er nickte halb skeptisch, halb anerkennend, und der King machte sich nichts draus, daß Otto ihn beobachtete.

Der Brigadier ging dann weg, und Martin sah ihm nach, wie er zu Nagel rüberstapfte, der mit seinem Rüttler Ärger hatte. Martin wartete, auf die Schaufel gestützt, bis der Brigadier in einem halb verfüllten Säulenschacht verschwand, und als er sicher war, nicht mehr gesehen zu werden, zog er sich ein Brett ran.

Er setzte sich aufreizend bequem auf dem Brett zurecht, und seine Beine baumelten über der glatten und matt glänzenden, feuchten Betonfläche. Er fischte eine Zigarette aus seiner Gummijacke, und er saß da, als wäre er nicht auf dem Bau, mitten im heftigen Getriebe einer Nachtschicht, sondern in seiner Bude oder in der Kneipe, und der King beneidete ihn um die freche Ruhe, mit der er seine Zigarettenpause absolvierte, er empfand sie, während er sich mit dem Japaner abquälte, als unsolidarische Herausforderung, und er dachte; ergrimmt sein unschuldiges Vokabular bereichernd: Deine Arschruhe möchte ich haben, Mensch.

Martin winkte träge mit seiner Zigarette, er rief: „He, King Klavier, alter Klimperfritze, wie wärs mit ‚Sommertime'?" Er betonte, mit komisch verrenktem Mund, den fremden Titel wie ein versierter Jazzfanatiker, und er drehte sich vorsichtig nach dem Verfüllungsort um und stützte den Fuß lässig auf ein dickes Armierungseisen, das aus der sauberen Fläche herausstach.

„Scheiß auf dein Sommertime", schrie der King gereizt, und er merkte gar nicht, daß er schrie, und der zweite Karrenmann sah ihn besorgt von der Seite an und knurrte irgendwas Beruhigendes. Der King rannte wütend gegen die Karre an; er fühlte sich erbärmlich wie nach einem Verrat.

„Verstehe", sagte Martin und grinste. „Betonklaps. Keine Aufregung, – vergeht wieder." Er rauchte genußvoll, und der Rauch stieg friedlich und wolkig und langsam kreisend von seinem Gesicht weg.

Noch nicht Mitternacht, dachte der King, und es hat mich schon erwischt. Na schön, dachte der King, ich hab 'n Betonklaps, und es ist kein Wunder. Ich bin müde wie ein Hund, und bis morgen früh werde ich in diesem Dreckzeug ersaufen und ersticken, und ich möchte bloß wissen, wie die anderen das aushalten. Johann hat sich einen angedudelt, und Nagel ist auch nicht nüchtern, aber nach 'n paar Stunden ist der hübsche Rausch verflogen, und die beiden werden jämmerlich nüchtern und kaputt sein.

Er dachte: Quatsch. Besoffen oder nicht besoffen, das ist hier keine Frage. Ich weiß nur, daß diese ganze Betongießerei eine verfluchte, gemeine Schinderei ist, und mehr weiß ich nicht. Das genügt.

Es erleichterte ihn großartig, stumm und verbissen vor sich hin zu krakeelen, und schließlich, als sein köstlicher schmaler Vorrat an Lästerungen versiegte und als ihm keine originellen Wendungen mehr einfallen wollten, beruhigte er sich.

Er hörte jetzt, wie Martin den Anfang von ‚Sommertime' pfiff, er pfiff schrill und etwas unsauber, (wenigstens funktioniert mein Gehör noch), und es war deutlich im Kompressorgeräusch rauszuhören, das wie ein obligater Orgelpunkt über dem konfusen Lärm der Baustelle hing, und der King hatte Lust, mitzupfeifen. Aber er brachte nicht genug Luft zusammen, seine Lippen waren verklebt und trocken, und er karrte unlustig und ergeben weiter.

Die Melodie jedoch, einmal angedeutet, summte im Gehör nach, sie verleitete zu phantastischen Abschweifungen, und der King fand es nun sehr angenehm, sich verleiten zu lassen: In so einer Nacht war jedes Mittel recht, um gut über die Runden zu kommen, und er mußte auf jeden Fall drüberweg kommen. Er karrte, – aber mit diesen völlig mechanischen, hundertmal geübten Aktionen von Muskeln und Sehnen hatte sein Kopf, wie er glaubte, nichts zu tun; der Kopf, müde, verwirrt und schwer, konnte träumen, und vielleicht war dies sein Mittel, sein Trick, um über die Runden zu kommen.

Ein dunkelblaues Lied, am Flußufer zu singen. Ein Fluß, der langsam durch die Ebene zieht. Das Land dämmert rostfarben und grün, und der Himmel über der endlosen Ebene, gläsern klar und heiß und ungeheuer still, hat einen rostfarbenen und grünen Saum. Im hohen Gras, wo es Grillen gibt, schwankt die Luft von der trockenen, duftenden Hitze des Tages. Die Sonne fällt vom Akazienbaum, ganz hinten, am Rande der Ebene, und der Fluß schlägt lautlos an seine Ufer.

Hör zu, Barbarenmädchen, dachte der King, dies ist Sommertime, dies ist das dunkelblaue Lied, am Flußufer zu singen. Bitte, hör zu, dachte er, und er redete mit ihr, als wäre sie neben ihm. Und nun ging er mit ihr langsam durch die lautlose, rostfarbene und grüne Ebene, am Flußufer lang, und es war Abend, Abend im Spätsommer, und im trockenen Gras hörten sie die Grillen, und es war sehr heiß und unbändig schön.

Dies ist das herrlichste Lullaby, das du dir denken kannst, sagte er zu dem Mädchen, und ich möchte, daß du dir vorstellst, wie es von der herrlichsten und zärtlichsten Stimme gesungen wird, die du jemals gehört hast, und vielleicht wirst du finden, daß sie nur mit der zärtlichen, duftenden Abendhitze über dieser weiten Ebene zu vergleichen ist. (Dabei kenne ich diese Ebene nicht, jedenfalls kann ich mich nicht erinnern, sie bisher gesehen zu haben, aber ich weiß todsicher, daß es sie gibt.)

Nun, sagte er zu ihr, findest du? Eigentlich, sagte er, ist es ein Wiegenlied für Negro-Babys, aber ich glaube, es ist auch ein Lied für alle Leute, die müde sind und die nicht schlafen dürfen.

Ich darf nicht schlafen, mußt du wissen, obwohl ich verdammt müde bin. Es gibt da gewisse Schwierigkeiten. Aber mach dir keine Sorgen, es sind 'ne Art betriebsinterner Schwierigkeiten, strukturbedingt, verstehst du. Aber wenn du willst, spiele ich dir dieses Lullaby. Hübsches Wort, – ich würde sagen, man spürt beinah so 'n rundliches, schläfriges und furchtbar komisches Baby im Arm, das eingewiegt werden will. Freilich hab ich keine Ahnung, ich stelle es mir nur so vor, oder wenigstens stelle ich es mir so ähnlich vor. (Übrigens könnte ich schwören, daß ich dir das Lied schon mal vorgespielt habe.) Na, das ist egal.

Bitte, bleib stehen, Barbarenmädchen, sagte er zu ihr. Bleib da am Klavier stehen. Du mußt entschuldigen, wenn es nur ein alter, klappriger und halb verstimmter Kasten von Gasthausklavier ist, wir haben nichts besseres zur Hand. Ich spiele dir das Lied mit meinen dreckigen Betonhänden (Beton, Beton) auf dem alten, verstimmten Kasten, und du stehst da und hörst zu.

Ich sehe dich stehen, sagte er, und ich sehe deine verrückten, bläulich schwarzen Haare, oder – das kann kein Mensch rausfinden – deine violett und rötlich schwarzen Haare, oder was für ein verrücktes und unsinniges Schwarz es auch immer sei, und sie hängen in losen Strähnen unter dem grauen, lappigen Kopftuch bis auf die Brauen runter, die noch schwärzer als die Haare sind.

Ich sehe dein Gesicht, sagte er. Ich kenne dich nicht, und ich weiß trotzdem eine Menge von dir, und es ist gut so. Weißt du, daß du einem gewissen Bildnis von Gauguin ähnlich bist? Ich sehe deine Augen. Ich hab erst jetzt gemerkt, was mit deinen Augen los ist, und ich nehme an, es liegt am unglaublich schrägen Zuschnitt der bräunlichen Lidfalte. Von der Farbe will ich nicht reden, wenn du erlaubst; niemand kann dieses Pyrotechnische Wunder beschreiben, und ich bin nicht sicher, ob du selbst es beschreiben könntest. Ich hätte jetzt Lust, dir mit einem Finger über die Braue zu fahren. Na, das ist Quatsch.

Bleib stehen, sagte er. Ich sehe dein Gesicht, während ich spiele, und dies ist das dunkelblaue Lied, am Flußufer zu singen. Ich sehe dich, und zugleich sehe ich durch dich durch auf die rostfarbene und grüne Ebene und den Fluß, der lautlos an sein Ufer schlägt, und auf die Sonne, die vom Akazienbaum fällt, und das alles ist zum Heulen schön, oder zum Frommwerden, wenn du verstehst, was ich meine, oder es ist ganz einfach zum Verrücktwerden.

Der King riß die Augen auf. Er fuhr noch. Natürlich fuhr und schob und stolperte er noch, und vor ihm schwappte der Betonbrei im schaukelnden Japaner, und die Tiefstrahler leuchteten die Baustelle mit Verfüllungsort und Vorratskasten aus, und der Kompressor orgelte.

Beton im schaukelnden Japaner, schaukeln und wiegen ...

Ein Wiegenlied für einen müden Mann, an einer schaukelnden, auf hohen Rädern dahinzockelnden Betonwiege zu singen, dachte der King. Das ist unübertroffen lächerlich. Na los, dachte er, und er merkte plötzlich, als wären seine Ohren bis zu diesem Augenblick verschlossen gewesen, wie der Maschinenlärm über ihn herfiel, na los, du warst doch schon immer scharf auf Töne und Geräusche und auf ihre Auslegung und Umdeutung. Also bitte, mach 'ne Ballade draus, oder eine Rhapsodie, wenn du willst. Wie wärs mit einer Rhapsodie in Beton?

Er dachte beunruhigt: Warum sollte nicht eines Tages irgendjemand eine Musik schreiben, (freilich müßte er das Zeug dazu haben), die das Loblied auf den Bau dieses Riesenprojekts singt? Ein Loblied auf alle Leute, die dieses Projekt hochtreiben. Ein Loblied auf ihre Arbeit und auf ihr Heldentum. Was für ein Programm …

Martin hockte noch auf seinem Brett und rauchte, und der King sagte sich, halb schläfrig und zugleich überwach und gereizt vor Müdigkeit, es wäre besser gewesen, er hätte am Nachmittag in der Bereitschaftsbaracke geschlafen, obwohl er sicher war, daß die anderen auch nicht geschlafen hatten. Allenfalls hatten sie im Lager in ihren Buden auf den Betten herumgelegen und gedöst und geraucht oder vielleicht irgendwas gelesen, und der Gedanke an die bevorstehende Nachtschicht konnte sie kaum aus dem Gleichgewicht bringen: Sie waren alte Routiniers.

Du bist kein Routinier, dachte der King, und vermutlich wirst du nie einer werden. Für dich ist alles neu und aufregend, auch wenn du dreist und unverblümt den alten Hasen vom Bau spielst, den nichts mehr erschüttern kann.

Die Augen drohten ihm zuzufallen, sobald er nicht in Bewegung war, und er wehrte sich, auf einem trügerischen Grat zwischen Halbschlaf und Wachtraum balancierend, verbissen gegen die Müdigkeit, und er wehrte sich verbissen gegen die immer wiederkehrende Vorstellung von dem einfachen, harten Feldbett in der Bereitschaftsbaracke, das ihm jetzt als unglaublich kostbares Luxuspolster erschien, Inbegriff aller erlauchten

Liegekultur. Schließlich gab er es auf, und gleichzeitig, froh über einen neuen Trick, half er sich heraus, indem er sich den Nachmittag umständlich und genüßlich ausmalte, und er legte Wert darauf, den Weg bis zu seinem Ideal von einem Bett besonders umständlich und raffiniert zögernd auszumalen.

Zuerst war ich ganz allein, dachte er.

Vorn in der Baracke waren Zeichenbüros, und ich ging durch den langen, knarrenden Gang an den vielen Bürotüren vorbei nach hinten. Die Türen hatten große, mattgläserne Scheiben, und hinter ihnen sah man die Schatten der Techniker und Zeichner sich an den Reißbrettern und Zeichenmaschinen bewegen, und manchmal kam einer von den Leuten raus und wedelte mit seinem weißen Kittel durch den dämmrigen Gang. Es war kurz nach Mittag, (um zwölf hatten wir am Hallendach aufgehört), und es war sehr ruhig in der Baracke, eine sachlich kühle Konstruktionsbüro-Ruhe, die von statischen Berechnungen und Gleichungen zu knistern schien, und man war versucht, auf Zehenspitzen zu gehen.

Der Pförtner hatte mir den Schlüssel und zwei Decken mitgegeben, und ich kam ans Ende des Korridors und schloß die Tür auf, die mir der Pförtner genannt hatte. Es war ein breiter Raum mit kahlen, grauen Holzwänden und mit vier Fenstern, und an der Fensterwand standen acht Feldbetten. In der Ecke neben der Tür war ein runder, eiserner Ofen, und ich hätte gewünscht, es wäre Feuer drin gewesen.

Es war sehr kühl in der Bude, die Fenster waren zu, und es roch muffig nach alten Matratzen und nach imprägniertem Holz und nach einer Menge anderer, unbestimmbarer Sachen, und jedenfalls roch es so wie in allen ungelüfteten Räumen. Ein paar schäbige Stühle standen herum, und auf dem Ofen lagen die kläglichen Reste eines zersplitterten Stuhls. (Vielleicht hatte hier ein randalierender Individualist sein Gesellenstück geliefert: diese unbekümmert ordinäre Zunft war noch nicht ausgestorben, und man fand immer wieder Proben ihres heillosen Destruktionstriebes.)

Ich machte zwei Fenster auf, ich lehnte mich gegen die Fensterbrüstung, und die Luft wurde langsam besser. Ich fror, und ich sah mißmutig nach dem Himmel. Der Himmel hing tief runter mit träge schleifenden, dicken Wolken, und ich fürchtete, daß es zu regnen anfangen würde und sich einregnen könnte, und ich hatte eine ziemliche Wut auf die Wolken und auf diese erbärmliche Bude und auf die Nachtschicht, die wir fahren sollten. Ich hatte auf alles eine ungereimte, verrückte Wut.

Ich suchte mir dann die beste Bettstelle aus, und die Matratze darauf sah einigermaßen sauber aus und besänftigte meinen aufsässigen Hygiene-Tick, und ich breitete die eine Decke über die Matratze, zog die Schuhe aus und legte mich hin, und mit der anderen Decke wickelte ich mich ein. Die Fenster hatte ich angelehnt, und von draußen, weit entfernt, wehten alle möglichen Baustellengeräusche herein, und manchmal hörte ich ein paar gedämpfte Stimmen von nebenan durch die Holzwand, und dann versuchte ich sie nicht mehr zu hören und versuchte zu schlafen.

Natürlich konnte ich nicht schlafen. (Dies erscheint jetzt unglaublich, ja sträflich.) Ich fand es lächerlich, am hellen Tage in eine Bude zu kriechen und sich hinzulegen wie auf Befehl, und tatsächlich war es eine Art Befehl vom Brigadier. Freilich wußte er, weshalb er ihn gegeben hatte, und ich weiß es nun auch.

Da lag ich also auf meinem Feldbett, und wenn ich mich bewegte, knarrte das Gestell mit seinen rostigen Sprungfedern, und eine Zeitlang schaukelte ich ein bißchen und horchte auf den metallisch vieldrähtigen Ton, den das Schaukeln machte. Einmal wurde die Tür aufgerissen, und eine Person mit weißem Mantel glotzte herein. Ich schrie sie an, und sie knallte die Tür zu, und ich hörte, wie sie draußen am Schloß herumprobierte;

vielleicht wollte sie mich einschließen, aber ich rührte mich nicht, es war mir völlig egal.

Verflucht, ich schlafe ein, dachte der King. Er zog den Kopf ein, und dicke Betonspritzer klatschten auf seine Schulter und auf die Mütze. Der Schieber am Kasten klemmte wieder, und der King nahm den Hammer. Seine Hand, taub und steifgefroren im groben Handschuh, umklammerte mühsam den dicken Hammerstiel, und er schlug matt gegen den Schieber. Ich schlafe ein, dachte er, und wir haben noch nicht die Hälfte der Schicht geschafft. In der Baracke habe ich blöde herumgelegen und an alles andere gedacht, nur an Schlaf hab ich nicht gedacht. Aber jetzt schlafe ich ein.

Gleich hinter der Baracke waren Gleise von der Industriebahn. Ich hörte eine Lokomotive pfeifen, und dann rollten Waggons, die Erde zitterte leicht, und die Baracke zitterte, und am Ofen klirrte ein lockeres Blech. Die Maschine kroch langsam durch die Kurve, und man hörte die Speisepumpe ächzen. Ich richtete mich auf, ich sah die Lokomotive sechs lange Tieflader am Fenster vorbeischieben, und der Rauch zog herein und erinnerte an sonnenheiße Bahndämme im Hochsommer und an flimmernde Luft über den blanken Gleisen. Die Waggons hatten riesige Doppel-T-Träger geladen, das Metall glänzte stumpf mennigrot und grau. Am Ende fuhr ein schwerer Eisenbahnkran, und sein klobiger Ausleger ruhte auf dem Dach der Maschinenkabine. Ich sah dem Zug nach, wie er durch die Kurve kroch, und hinten auf dem letzten Trittbrett hing der Rangierer, weit rausgelehnt, er machte rudernde Bewegungen mit dem freien Arm, und dann verschwand das Ganze hinter Lagergebäuden.

Eine Weile war noch die Lokomotive zu hören mit ihrem hastig bimmelnden Läutwerk, sie pfiff heiser und langgezogen an einem Übergang, und dieser langgezogene Lokomotivenschrei weckte ein unsinniges und verworrenes Heimweh nach fernen Strecken und nach Gegenden, die man nie erreicht.

Dann war alles still, und ich verwarf ärgerlich mein ungenaues, törichtes Heimwehgefühl. Hier hatte ich die aufregendste Gegend, die man sich denken konnte, und es war weiß Gott aufregend und romantisch genug, wenn man sich klarmachte, daß wir selbst die ingeniösen Erbauer dieser unvergleichlichen Landschaft waren.

Es regnete jetzt, und ich starrte durchs Fenster und hörte dem Regen zu, und es war großartig, faul dazuliegen und ein Dach über dem Kopf zu haben, und ich fühlte mich auf einmal sehr behaglich. Wenn ich mich halb herumdrehte, konnte ich vor den Fenstern, ein paar Meter entfernt, zwei schlanke, hochgewachsene Kiefern sehen. Sie standen dicht beieinander, und ihre Kronen berührten sich im Wind.

An vielen Stellen des Baugeländes fand man solche Kiefern, einsame Erinnerungsstücke an den Wald, der vordem über viele Meilen die sandige Fläche beherrscht hatte, und ich hielt sie überschwenglich für Manifestationen irgend einer rührenden Pietät. Sie standen sehr gerade, dunkel vor der dunklen Wolkenkulisse, und der Regen bewegte sanft ihre schweren Zweige, und die Rinde schimmerte von Nässe.

Schlaf nicht, Mensch, dachte der King, auffahrend. Dies ist keine Märchenstunde, zum Teufel. Er stemmte sich erbittert gegen den schwerfällig dahinrumpelnden Japaner, und er verwünschte ihn zum hundertstenmal, seit sie angefangen hatten. Es tat ihm gut, sich selbst anzuschreien, um endlich die fürchterliche Müdigkeit loszuwerden, und er beschimpfte sich hochmütig und zugleich mit verächtlichem Mitleid, weil er als Einziger in der ganzen Brigade dieser nächtlichen Kraftprobe nicht gewachsen schien.

Nun mach keine Panik, sagte er sich dann, reiß deine klapprigen Knochen zusammen. Du hast vermutlich deinen toten Punkt, jeder hat mal so einen fatalen toten Punkt, und nachher ist alles in Ordnung. Du kommst auf jeden Fall über die Runden, du mußt drüberweg kommen.

Zwei Kiefern vor dem Fenster, dachte er wieder, in schläfrige Erinnerung zurückfallend. Was war mit den Kiefern los, was war denn los?

Sie standen bloß da, nichts weiter. Standen da, sehr gerade, hochgewachsen und dunkel vor der dunklen Wolkenkulisse, und der Regen bewegte die Zweige, und die Rinde schimmerte von Nässe. Ich glaube, ich bildete mir ein, den strengen Harzduft zu riechen, der von der gelben Rinde und von den dicken, schwarzgrünen Nadeln kam.

Er dachte ernüchtert: Unsinn, du hast geträumt. Du hast nie in der Baracke gelegen, du hast dich nie auf dieser luxuriösen Matratze geräkelt, und es gab keine Kiefern vor dem Fenster und keinen Regen, und es gibt überhaupt nichts, an das du jetzt denken könntest.

Sieh dich um. Na bitte, sieh dich doch um: Beton, mein Freund. Dies ist eine Welt von Beton, soweit die Tiefstrahler mit ihrer verdammten kalten Flut reichen, und hinter den Tiefstrahlern ist die Welt zu Ende, und wenn du jemals Kiefern im Regen gesehen hast, so muß das vor tausend Lichtjahren gewesen sein.

Und plötzlich dachte er: Vielleicht geht irgendwas an den Maschinen kaputt, und dann haben wir endlich 'ne Weile Ruhe. So 'n harmloser kleiner Maschinendefekt mit Pause wär dir gerade recht, wie?

Er erschrak, er dachte: Diese Hoffnung ist dreckig, mein Lieber, – sie ist der gemeinste und dreckigste Frevel, und man müßte dir dafür sofort fünf Nachtschichten aufbrummen, oder vielleicht sollte man dir ganz einfach kurz und exemplarisch in den Hintern treten.

Er schob weiter, er schob und karrte und stolperte immer weiter, und die Meter und die Minuten krochen träge und zäh über imaginäre Skalen ins Uferlose; es war kein Ende abzusehen, und der King fragte sich mit einem Gemisch von Neid und Bewunderung, wie der zweite Karrenmann es fertigbrachte, ohne Pause und ohne jede Ermüdung, wie es schien, durchzuhalten, und natürlich beruhigte es ihn, daß er durchhielt. Er war ein unglaublich glückliches Muster an Ruhe und Kraft und Verläßlichkeit, und man konnte sich keinen besseren Weggenossen auf dieser abenteuerlichen und zugleich tödlich eintönigen Betonreise vorstellen: Er war beneidetes und bewundertes Vorbild für alle heroischen Versuche des King, die nächtliche Kraftprobe zu bestehen.

Er hieß Albrecht, und er kam vom zweiten Baubereich, wo eine ganze Kolonne spontan auseinandergelaufen war. (Trauriger Einzelfall, wie wir versichern.) Man sagte, es habe gewisse Verlegenheiten mit dem stets besoffenen Brigadier gegeben, die sich trotz vorsichtiger Hinweise auf Schaufelstiel und Brechstange nicht liquidieren ließen, und leider kam niemand auf die Idee, diesen hoffnungslosen Alkoholfanatiker ungeniert und demokratisch abzusägen. Seit drei Tagen arbeitete nun Albrecht in Ottos Betonbrigade, er hatte sich ohne Aufsehen und ohne großes Gerede eingefügt, und es schien dem King, als wäre er ihm schon lange bekannt und als arbeiteten sie bereits wochenlang zusammen, und jedenfalls war er eine wertvolle Bereicherung ihres Potentials.

Martin hatte für ihn sofort einen Namen entdeckt, (er liebte es, die Leute ohne Rücksicht auf Alter oder Konvenienz erbarmungslos umzutaufen), und so hieß er jetzt Albrecht der Bär, und dies war keine ungeschickte Version. Tatsächlich forderten seine tapsigen, unerhört kraftvollen und geschmeidigen Bewegungen ehrfürchtige Vergleiche mit einem Bären heraus. Man dachte, leicht beklommen, an einen gemütlichen, alten Grizzly, der, aller Wildbahn und aller Jagdstrapazen und all des ordinären rohen Fleisches überdrüssig, die erholsame und beruhigende Gesellschaft friedfertiger Menschen suchte.

Er hatte einen riesigen, pelzig und grau behaarten Brustkasten und einen muskulös ausladenden Rücken, (der King sah es, als Albrecht tagsüber in der Sonne Jacke und Hemd auszog), und seine Arme, in mächtigen Schultergelenken spielend, besaßen Kraft genug, eine eiserne Schubkarre an den Griffen zu strecken, ohne daß ihm der Schweiß ausbrach. Dieses athletisch organisierte Körpergebäude wurde von einem vergnügt gerundeten, kahlen Schädel gekrönt, mit grauem Flaum im Nacken, und der Nacken war wohltuend beweglich, fast schlank, und negierte alles unflätig und hirnlos Brutale, das gewisse Kraftnaturen peinlich verunstaltet.

Freilich waren heute seine ausgewogenen Proportionen durch uniformes Gummizeug vermummt, und der rührend groteske Unterschied zu den kläglichen Maßen des King deutete sich nur an, während sie den Japaner über die Strecke bugsierten.

Sie hatten seit Schichtbeginn kaum ein paar Sätze miteinander geredet, und der King war froh, daß sie nichts redeten. Einmal sagte Albrecht der Bär, freundliche Mitleidsfalten zeigend: „Schön müde, was?" Er blinzelte unsicher über den Rand seiner Brille, die er ständig tragen mußte. Es war ein merkwürdiges Modell mit Nickelgestell und halben Gläsern, und die Gläser waren mit Beton bespritzt. „Mach nicht so wild", sagte er, „das ist nicht der Sinn."

„Na ja", sagte der King, indem er sich verzweifelt in die Speichen legte, „es reicht."

„'ne Plage", sagte Albrecht. Und dann sagte er noch einmal: „Das ist nicht der Sinn, verstehst du", und dann schwiegen sie wieder, und es war beiden recht. Ihr konzentrierter Muskelangriff trieb die Karre vorwärts. Zwar lag die Hauptstoßkraft eindeutig beim zweiten Karrenmann, (King Klavier machte sich nichts vor), aber ohne die heftigen Attacken aus der Flanke, die der King lieferte, wäre er nicht vorwärtsgekommen, und dieses bescheidene, anhaltende Gefühl von Nützlichkeit ermutigte ihn maßvoll.

Um Mitternacht machten sie Pause. Eine halbe Stunde lang saßen sie im Frühstücksraum der fremden Baracke. Es war geheizt, und sie hockten angeschlagen auf den roh gezimmerten Holzbänken und Stühlen herum, sie aßen, rauchten und tranken kalten Kantinentee, sie hatten ihre schweren Gummijacken aufgeknöpft, und die hochgestellten, betongrauen Kragen klappten träge wie die großen Flügel fremder und flugmüder Vögel.

Dann war die halbe Stunde vorbei, und sie verließen die Baracke; sie krochen, gefährlich ermattet von der Wärme in der Bude, von der Ruhe und vom Essen, an ihre Plätze zurück, und nach kurzer Zeit konnte sich der King kaum noch erinnern, daß sie Pause gemacht hatten. Er spürte den erbärmlichen, beißenden Geschmack von der halbaufgeweichten Zigarette, die er aus seiner Jackentasche gefischt hatte, und nur dieser Geschmack im Mund erinnerte ihn blaß daran, daß er wirklich einmal in der Bude gesessen haben mußte, müde und halb betäubt und ziemlich wunschlos und zufrieden oder gleichgültig, und dann verlor er auch den Geschmack, und schließlich vergaß er einfach, daß er irgendwo unbeschäftigt und faul herumgesessen hatte und geraucht hatte.

Es fing alles von vorn an, obwohl es gar nicht neu war. Die Arbeit ging weiter, die Schlepperei und die Schinderei und das mühsame Sammeln neuer Kräfte, (weiß der Teufel, wo ich sie herhole!), und alle Bewegungen, Handgriffe und Schritte liefen nach dem einmal eingestellten Mechanismus ab, und er würde nun ohne Unterbrechung weiterlaufen und weiterklappern und weiterächzen bis zum Morgen, aber dieser Morgen war nicht vorstellbar.

Manchmal versuchte der King, an das Barbarenmädchen zu denken. Er versuchte, irgendeine kostbare Einzelheit ihres Gesichts ins Gedächtnis zu holen, das zärtliche Schwarz einer Haarsträhne über der flachen Braue, oder den eigensinnig schrägen Schnitt der bräunlichen Lidfalte, jedoch bröckelten alle Bilder sofort auseinander, und der King gab bald, da er sie sinnlos fand, seine kärglichen Versuche auf.

Endlich bekam er heraus, daß er seine Arbeit tatsächlich in einer Art Halbschlaf erledigen konnte, ohne wirklich zu schlafen. Zwar gab es ständig wiederkehrende Punkte, an denen sein Bewußtsein hochschreckte, – beim Öffnen des Schiebers und beim Auskippen der breiigen Ladung, aber auch dieses Hochschrecken hatte etwas Mechanisches und routiniert Eingefahrenes, und es war immer wieder beruhigend, Albrecht den Bären mit seiner Kraft und Verläßlichkeit neben sich an der Karre zu wissen.

Dies ist die große Krise, dachte der King. Das, was du vor langer Zeit kindlich blöde für deinen berühmten toten Punkt gehalten hast, kommt erst jetzt, mein Lieber. Jetzt erst kommt die gemeinste und müdeste Stunde, und sie wird vermutlich bis drei oder halb vier andauern, oder sie hört überhaupt nicht mehr auf. Verdammte tote, graue Stunde, dachte er, und dann merkte er plötzlich, daß sich irgendetwas verändert hatte.

Irgendetwas hatte sich verändert, dumpfe Katastrophenahnung, irgendein Ton fehlte, und zugleich erschien ein neues Geräusch. Der King karrte halsstarrig weiter, er trottete mit dem leeren Japaner zum Vorratskasten zurück, und während die Mischung in den Bottich klatschte, wußte er auf einmal, daß dieses neue Geräusch die Stille war, die sich wie eine dröhnende Glocke über die Baustelle senkte.

Der Kompressor stand still.

Es war eine unbeschreiblich taube, lähmende Stille, und nur vom Rand der Baustelle, von den Bunkern her, hörte man den kollernden Gang des Betonmischers. Die Maschine leierte in die taube Stille hinein, fast lächerlich in ihrem nachtrabend geschäftigen Eifer und auf jeden Fall leer und ohne Sinn und fürchterlich fehl am Platz. Der Kompressor stand still.

Der King war jetzt völlig wach. Sie hatten noch zwei Ladungen im Vorratskasten, und sie holten sie schnell heraus. Der Brigadier kletterte fluchend als erster vom Gerüst, er lief zum

Kompressor rüber, und er ruderte aufgeregt und wütend mit den Armen.

Die Männer verfüllten den letzten Beton, und als sie fertig waren, gingen sie langsam zum Kompressor rüber. Auch die Leute von der Mischerbesatzung kamen ran, und nun standen sie alle um den schweigenden, streikenden Apparat herum.

Es war eine seltsame, trostlose Brigadeversammlung, und sie standen da, ratlos, ein bißchen verstört, ein bißchen dumm, ihre müden Gesichter unter den verstaubten und verschmierten Hüten und Gummikapuzen waren fahl im kalten Lampenlicht, und sie starrten betreten und stumm auf die Maschine, die in einer schwachen Wolke von Öldunst und Wärme dahockte wie ein schwerfälliges Tier, das nie wieder aufstehen wird.

„Schöne Bescherung", murmelte Zigarre, der mit den Leuten vom Mischer rübergekommen war. „Was soll werden?"

„Dämliche Frage", sagte Nagel. „Nichts wird werden. Feierabend. Schluß."

Ich hab es geahnt, dachte der King. Er sagte laut: „So ein Dreck, so ein elender Dreck", und er trat verstimmt von einem Fuß auf den anderen. Er dachte: Quatsch, – ich hab es nicht geahnt, ich hab es gewünscht, und jetzt ist es passiert. Du kannst dein großes Halleluja absingen. Los, dachte er, sing Halleluja.

Otto redete hitzig auf den Maschinisten ein, und der Bauführer schrie alle beide an, und der Maschinist zuckte müde die Schultern und sah mit zusammengekniffenen Augen über den Brigadier und den Bauführer weg. Die Mischerfahrerin lehnte mit verschränkten Armen am Kotflügel und machte ein töricht angespanntes Gesicht. Der Mann vom Druckgerät fingerte an den heißen Kompressorzylindern herum.

„Ventilschaden", sagte der Maschinist. „Nichts zu machen, die Ventilfeder ist gebrochen." Er steckte den Zündschlüssel ins Armaturenbrett, und er zuckte wieder die Schultern, er sagte wütend: „Dreckmaterial. Pfusch", und dann drehte er den

Zündschlüssel um, und es war eine müde und hoffnungslose Bewegung. Der Anlasser jaulte auf und kurbelte stoßend und rüttelnd den Diesel an. Der Maschinist rückte den Hebel auf Vollgas, er schraubte am Handrad für die Kupplung, und der Kompressor begann zu dröhnen.

Aus dem defekten Ventil fauchte mißtönig und kreischend ein scharfer Luftstrom, und der King hatte flüchtig das dumpfe Gefühl, als kletterte das Fauchen und Kreischen unaufhaltsam höher, und schließlich würde es platzen und sie alle in den kochenden Strudel einer wahnsinnigen Explosion hineinreißen. Die Männer wichen vorsichtig dem tobenden Luftstrahl aus.

„Na also", schrie der Bauführer, „es geht doch."

„Jawohl, es geht", schrie der Maschinist zurück. „Keine Ahnung, Mensch. Soll ich die Karre vollständig in Klump fahren?" Er kuppelte rasch aus und nahm die Zündung weg.

„Wir kriegen keinen Saft auf den Kessel", sagte der Druckgerätmann.

Über dem hochgezogenen Auspuffstutzen wölkte sich bräunlich schwarzer Dieselqualm, und der Maschinist sah bekümmert und vorwurfsvoll auf den Qualm und auf die Maschine, und es schien ihm erst jetzt klarzuwerden, daß sie ihn jämmerlich im Stich gelassen hatte. Er schüttelte bekümmert und vorwurfsvoll den Kopf, und er ließ die Hand mit dem Zündschlüssel sinken.

Der Bauführer lief unruhig und völlig nutzlos hin und her, während der Druckgerätfahrer hinter der Baracke verschwand und dann mit einem klapprigen Fahrrad wiederkam. Er schwang sich im Laufen auf den Sattel, und er schrie dem Maschinisten irgendwas zu.

Der Maschinist war schon dabei, das defekte Ventil auseinanderzubauen. „Vielleicht hat er Schwein und treibt 'ne Feder auf", sagte er zum Bauführer. Der Bauführer hörte kaum hin, er zückte immer wieder die Uhr, und an seinem Gesicht konnte jeder sehen, daß er mit den Zähnen knirschte.

„Verdammter Dreck", sagte der King, es hörte sich jetzt unsinnig, fast lächerlich an, und Albrecht betrachtete ihn blinzelnd von der Seite. Die anderen schwiegen mißmutig, sie standen da mit ihren müden und fahlen Gesichtern; ein paar Männer rauchten, scharrten mit den schweren, klobigen Gummistiefeln im zerwühlten Sand, und sie sahen alle dem Maschinisten zu, wie er das Ventil ausbaute.

Sie warteten in der Haltung von Leuten, die mit einer Mischung von Fatalismus und Gleichgültigkeit gewohnt sind, Schläge aller möglichen Kaliber einzustecken, und sicher lag es an der toten, grauen Stunde zwischen Mitternacht und Morgen, an der Erschöpfung und an der plötzlichen Erlaubnis, dieser Erschöpfung ungehemmt nachzugeben, wenn sie ohne Zeichen von Aufregung oder wenigstens von Teilnahme herumstanden und stumpf auf die Maschine und auf den eilig hantierenden Maschinisten glotzten.

Ich hoffe, du bist mit dieser herrlichen Pause zufrieden, dachte der King. Es war ziemlich kalt, die Luft hatte die satte, rauhe Feuchtigkeit der ersten richtigen Herbstnächte, und vorläufig war es sehr angenehm, in der rauhen, feuchten Kühle dazustehen und nichts zu tun und zu spüren, wie der Schweiß unter dem Gummizeug langsam wegtrocknete. Vielleicht ist der Schaden nach 'ner halben Stunde behoben, dachte der King, meinetwegen kanns 'ne halbe Stunde dauern. Er dachte: Und wenn sich nun keine Ersatzfeder auftreiben läßt?

Sein Gesicht zeigte Verdrießlichkeit, mit braver Empörung vermischt, aber es war eine angestrengt demonstrierte Empörung, und während er neue laute Verwünschungen auf die bockige Maschine und auf den Zeitverlust und die blödsinnige Warterei losließ, schien irgendwas in ihm zu hüpfen. Freilich war er froh, dem mörderischen Japaner entlaufen zu sein, und zugleich begann er sich zu ärgern, daß er froh darüber war.

Albrecht der Bär hatte seine Brille abgenommen, er putzte sie sorgfältig und umständlich, und der King glaubte sich von ihm durchschaut. Albrecht runzelte die Stirn, und es sah aus, als bewegte er eine unerhört schwierige Frage in seinem Schädel.

Der Druckgerätmann kam mit seinem Fahrrad zurück, und er hob leer und bedauernd die Hände. Der Bauführer spuckte aus und trommelte wütend gegen die Kühlerjalousie. Die Brigade glich einer erstarrten Trauergemeinde.

Der Brigadier sah finster auf die Leute.

„Steht doch nicht so dämlich rum, ihr Arschlöcher", brüllte der Maschinist plötzlich. Er knalle verzweifelt seinen Schraubenschlüssel in den Werkzeugkasten. „Los, haut ab", brüllte er, „die Sitzung ist geschlossen."

Nun, dachte der King, bist du zufrieden? Aber er fühlte sich verteufelt unbehaglich, die Kälte begann in ihm hochzukriechen, und es war gar nicht mehr angenehm, in der rauhen, feuchten Kühle dazustehen und nichts zu tun. Er dachte: Hau ab, du Arschloch von einem Kleinbürger.

Er sah, wie Albrecht auf den Maschinisten zuging.

„Willst du was?" sagte der Maschinist. Sein Mund stand schief.

„Ja, Jungchen", sagte Albrecht freundlich. Er stand fürchterlich groß und breit vor ihm, ein fabelhaft ausgewachsener Bär vor einem aufgeregt schnappenden Hündchen. Der Maschinist tastete nach seinem Schraubenschlüssel.

Der Bauführer, mit dem Brigadier rankommend, sagte: „Hört auf, Männer."

„Laß mich ausquatschen, Jungchen", sagte Albrecht. Er redete freundlich, mit freundlich rollendem „R", er war ganz gemütlich, er sagte blinzelnd: „Gestern abend hab ich gehört, wie sie nebenan in der Halle mit Preßluft gestemmt haben, meine Ohren sind gut. Also, Jungchen, dein Kompressor war's nicht."

Der Bauführer schlug sich an die Stirn.

„Vielleicht steht die Maschine noch da", sagte Albrecht, „vielleicht holen wir sie ran, was?"

„Ach du … du Aktivist", schrie der Maschinist, und er schielte vor Überraschung, oder einfach vor Verlegenheit, weil er selbst nicht darauf gekommen war, er sagte schielend: „Ach du dreimal verfluchter Aktivist."

Wenn diese Nachtschicht 'ne Prüfung war, dann bist du fabelhaft durchgerasselt, dachte der King. Dies ist nichts für Waschlappen und Kleinbürger.

Er fror jetzt erbärmlich, er hatte heftiges Verlangen nach Bewegung, und er fühlte sich unwürdig und schuldig und beschämt, (du bist der psychologischen Sabotage schuldig), und auf jeden Fall, so sagte er sich, war er mit Pauken und Trompeten durchgerasselt, wenn es auch niemand gemerkt hatte, und er mußte die Prüfung wiederholen.

Die Männer liefen schon zur Halle rüber, und der King war einer der ersten, die losliefen.

Es war ein Horch-Vierzylinder, und sie zogen und schoben ihn lärmend durch den aufgeweichten Baugrund; die Reifen sackten tief ein, und der King zog und steuerte eifrig vorn am Gestänge, als hätte er irgendwas gutzumachen. Schließlich rangierten sie den Apparat neben die streikende Ifa-Maschine, und er stand klein und gedrungen mit seinem ockergelben Schutzanstrich wie ein rüpliger kleiner Bruder neben der würdigen, grauen Maschine, und der Maschinist klopfte aufmunternd gegen das ockergelbe Abdeckblech.

Er füllte Dieselöl und Wasser auf die Tanks, während der Druckgerätfahrer hastig die Schlauchanschlüsse fertigmachte, er sah nach dem Ölstand und nach der Batterie, und die Brigadeleute standen wieder um die Maschine herum und sahen zu, aber es schienen ganz neue Leute zu sein: Ihre müden, fahlen Gesichter waren belebt von Hoffnung, oder wenigstens von Erwartung und Interesse.

„Na los, fahr an", sagte der Bauführer.

„Gib ihm Zunder", sagte Martin, „kitzel den guten alten Onkel anständig hoch."

Albrecht betrachtete wohlgefällig die fremde Maschine, als wäre sie sein Werk, und er sah vergnügt über den Rand seiner halbierten Brillengläser auf den Maschinisten. Er knöpfte seine Gummijacke zu.

„Hoffentlich zieht er durch", sagte Zigarre. „Hoffentlich kriegt er die Ladung durch."

„Gib ihm anständig Zunder", sagte Martin.

Der Diesel fing an zu tuckern. Der Maschinist ließ ihn mit Halbgas warmlaufen. Dann drückte er das Gas hoch; der Motor heulte, während die schwere Kupplungsscheibe schleifend auf Touren kam, und dann brüllte das volle Aggregat los, die komprimierte Luft zischte in den Schläuchen und im Sicherheitsventil, das bei Überdruck knallend nach oben federte, und es war großartig ermutigend und schön, die Maschine mit Vollgas brüllen zu hören und zu hören, daß alles in Ordnung war.

Sie fuhren im Direktanschluß, den mächtigen Staukessel zwischen Kompressor und Druckgerät außer Betrieb lassend, weil der Horch schwächer als der alte Apparat war, und der Maschinist holte bei jeder Ladung, die sie drückten, das letzte aus der Maschine raus. Sie boxten alle Ladungen glatt und ohne Verstopfer durch die Rohre, und die Brigademänner wußten, daß es jedesmal eine vorbildlich kollektive Leistung der beiden Fahrer war.

Der King, oben am schaukelnden Japaner, begrüßte aufatmend, mit einem wilden Gemisch von Reue und gedämpfter Zuversicht, die erste Ladung, die in den Vorratskasten prasselte, und er begrüßte arglos die ersten herunterklatschenden Betonspritzer wie einen lange vermißten, harmlosen Regen.

Er bewunderte einfältig Albrecht den Bären, der ruhig und überlegen nach einem Ausweg gegrübelt hatte und der ihn klug rausgefunden hatte, während sie blöde und tatenlos und panisch verbiestert herumstanden, und er hätte ihm gern gezeigt, daß er ihn bewunderte. Er dachte: Du mußt noch 'ne Menge lernen, du mußt lernen, klaren Kopf zu behalten, auch wenn dir die Betonsuppe bis zum Hals steht. Und er übersetzte seine Bewunderung für Albrecht in beharrlichen Eifer und in die Anstrengung, das Tempo zu steigern und bis zum Morgen eine gehörige Masse Beton an den Verfüllungsort zu schaffen: er überlegte und berechnete jetzt ökonomisch jeden Handgriff und jeden Schritt, um seine neu erwachten Kräfte nicht zu verschleudern, und es war bemerkenswert, wie er mit Albrecht in einen konstant fließenden, exakten Arbeitsrhythmus geriet, der ihn wohltuend belebte.

Die Zeit schien endlich in Bewegung zu kommen, und man konnte, wenn man hochsah und die Augen gegen die Tiefstrahler abschirmte, dem Himmel ansehen, daß sich der Morgen langsam zurechtmachte und bald heraufkriechen würde. Es gab kaum noch Wolken, und sie segelten sehr hoch und gemächlich über die Landschaft und die Baustelle weg, und zwischen ihnen segelten ein paar Sterne, sehr vereinzelt und blaß, und sie hatten Mühe, gegen das heraufkriechende Grau aufzukommen.

Der King spürte den Morgen. Es wurde plötzlich sehr kalt, man erwartete Rauhreif, und der King war froh, unaufhörlich und angestrengt in Bewegung zu sein. Er horchte, argwöhnisch auf Störungen gefaßt, immer wieder auf den schwer arbeitenden Kompressor, aber es gab keine Störungen. Das hochtourige Geräusch dröhnte gleichmäßig und friedlich von der nahen Hallenwand wieder, und er hoffte mit vorsichtigem Optimismus, daß die Maschine bis zum Schichtende so verläßlich weiterdröhnen und weiterarbeiten würde, und schließlich fühlte er sich beruhigt und zugleich merkwürdig gesichert unter der eintönigen Geräuschhaube.

Manchmal sah er nach dem Himmel; er sah, wie er langsam grau wurde, und er sah auch die vereinzelten, gemächlich segelnden Wolken und die blassen Sterne zwischen ihnen, und dann entdeckte er, dunkel und schattenhaft in der katzengrauen Dämmerung, die Schornsteine vom Kraftwerk West. Sie waren weit entfernt, und während die Tiefstrahler im Zwielicht allmählich ihre kalte, grelle Schärfe verloren, konnte er die beiden fertigen Schornsteine immer deutlicher ausmachen. Ihre großen, dunkelroten Positionslampen oben auf den Beleuchtungssockeln hatten die ganze Nacht herübergeglüht wie gespenstisch in den Himmel gehängte Riesenaugen, und nun waren sie auf ihren Sockeln zu erkennen, ein freundlicher und gar nicht mehr gespenstischer Gruß von sanftem Rot.

Hinter den Schornsteinen war ein schmaler Wolkenstreifen, hell an den Rändern, und der King sah, wie sich der Streifen teilte, und dann erschien ein unsinnig schiefer, kürbisgelber Halbmond unter dem Wolkenrand. Er hing, würdig und milde von Dunst umkreist, und so, als hätte man ihn an einem Flaschenzug hochgehievt, einen Augenblick lang genau in der Mitte zwischen den beiden Schornsteinen, dicht überm Rundgerüst des dritten, der noch nicht fertig war, und sein riesiges, kürbisgelbes Schiefauge strahlte vergnügt und etwas altmodisch, etwas vertrottelt unter den roten Lichtaugen der Positionslampen.

Hallo, verrückter alter Mond, dachte der King, du bist hier nicht gefragt. Du kannst in deine Wolke zurückschaukeln, du bist nicht gefragt. Oder bleib da, meinetwegen, sagte er zum Mond. Du bist ein schiefäugiger, verrückter alter Wolkenschieber, oder ein Schornsteinkratzer, und auf jeden Fall bist du über dieser Landschaft ein ganz herrlicher, ganz unsinniger kürbisgelber, schaukelnder Anachronismus.

Es war eine unerhört romantisch verklärte Luft, in der sich der King jetzt bewegte (für Romantik, mein Freund, wird immer wieder gesorgt werden): Das zunehmende Zwielicht rückte alle Gegenstände ins verdächtig Unwirkliche und Phantastische, obwohl sie eindeutig, ja betonhart greifbar waren, und der King, mit der glasig klaren Einsicht übermüdeter oder leicht fieberkranker Leute, sagte sich, daß er wahrscheinlich erst in dieses verfluchte, dreimal gelobte Land hatte ziehen müssen, um einen solchen Morgen zu erleben.

Freilich war er nun müde und zerschlagen, und sicher waren die anderen Brigademänner ebenfalls müde und zerschlagen; freilich erschienen ihm alle Gesichter grau und schändlich verfallen, aber er bugsierte ohne Aufenthalt den Japaner über die Strecke, ermutigt und erhoben von Albrechts Vorbild und vom verläßlichen Gedröhne des Kompressors und von diesem Morgen, der köstlich und klar heraufdämmerte, und wir lassen ihn die letzte Stunde bis zum Schichtwechsel beruhigt allein mit seinem Japaner und mit seinen Gedanken und mit dem verrückten, altmodischen Baustellenmond, King Klavier, unseren Helden, oder vielmehr das, was einmal ein Held werden soll. Wir vermuten, seine Krise, sein toter Punkt habe Unwillen oder wenigstens Mißbehagen provoziert, (zugleich, da wir ihn kennen, geben wir zu, daß er nicht zum Typ der energisch und hart Agierenden zählt), und dennoch sehen wir mit heiterer Gelassenheit seinen künftigen Abenteuern entgegen: Einmal in Gang gesetzt und dann und wann freundlich angerempelt, trabt unser Held unverdrossen, wenn auch linkisch auf sein Ziel los. Zunächst jedoch, weil wir bisher wenig von seiner Stadt und von seiner Behausung in dieser Stadt wissen, hätten wir Lust, beides kennenzulernen. Dies ist einfach; wir steigen nach Schichtende unbemerkt in seinen Bus.

Der Bus kam pünktlich. King Klavier stieg eine Station vor der Aufbauleitung ein, und sie fuhren auf der breiten, glatten F 97 am Kombinat vorbei. Es war ein schneller, eleganter Skoda, und es saßen nicht viel Leute drin. Der King lehnte sich müde und ein bißchen betäubt gegen die kühle Lederpolsterung, und er genoß es, bequem und schnell und elegant an der riesigen Baustelle vorbeizugleiten und wie ein neugieriger Reisender durch die breiten Scheiben auf das großartige, heftig belebte Panorama zu sehen, und es begeisterte ihn, als sähe er es zum erstenmal.

(Er war immer wieder begeistert, und dieses Gefühl half ihm oft, nicht kurzsichtig und vernagelt im Beton steckenzubleiben, – jedoch hatte es weiß Gott nichts mit jener allgemeinen und ungenau schwärmerischen, für den emphatisch Erhobenen freilich ungefährlichen oder wenigstens unverbindlichen Journalistenbegeisterung zu tun, die man, leicht gerührt oder verärgert, in manchen Berichten antraf.)

Die Schornsteine, fast weiß und ungeheuer hoch, freundlich bewacht von den mächtigen, abgeflachten Kegeln der Kühltürme, rückten langsam über einen Hintergrund aus Kiefern, Bahndämmen, Kränen und Gerüsten, und dann verschwanden sie, und der King sah, daß der Bus jetzt an der Einmündung der Ringstraße vorbeifuhr. Er sah die halbfertigen, ausladenden E-Lok-Hallen und den hohen Rohbau vom Verwaltungsgebäude. Weiter hinten waren andere Hallen, die Waschkauen, ein Stück von der Außen-Kranbahn, und an vielen Stellen stachen schlanke Turmdrehkräne und die stabilen, schräg geneigten Arme der Hebezeuge in den Himmel, und dies alles war, wie der King wußte, nur ein beschränkter Ausschnitt aus dem Riesenbauplatz.

Seine Grenzen, kaum abschätzbar, drängten unbekümmert den Horizont zurück, und der King sah bereits, wie das glücklich vollendete Kombinat ein harmonischer, unaustauschbarer Bestandteil dieser aufregenden Landschaft sein würde. (Sieh auf die Tafel, mein Freund: In zwei Jahren produzieren wir die ersten Hunderttausend Tonnen Briketts.)

Sie fuhren an der neuen Bereitschaftssiedlung und an den Häusern von Brigittenhof und schließlich am Wohnlager vorbei, und es ging sehr rasch, und dann kam die kilometerlange, schnurgerade Strecke durch Heide und Wald, und sie fuhren ein fabelhaftes Tempo. Einmal überholten sie eine lange Reihe von Dumpern und Kippern, die nach Kies unterwegs waren, während ihnen eine zweite Reihe vollbeladen entgegenkam, und der Busfahrer steuerte geschickt und schnell durch das eilige Wagengetümmel.

Der Skoda schaukelte nun weich und wunderbar leicht über den zischenden Asphalt, und das sanfte Schaukeln schläferte den King allmählich ein. Es war die schönste Fahrt, die er jemals gehabt hatte, und er wünschte, hindämmernd, dieses Schweben und Schaukeln sollte kein Ende nehmen und die Fahrt sollte nicht aufhören.

Er hörte weit entfernt den hohen, gleichmäßigen Ton der Maschine, und plötzlich war er wieder am Stockwerkmagazin; der Kompressor dröhnte, und der verfluchte Japaner, unsinnig schwer, ging nicht vorwärts, und die Tiefstrahler schnitten kalkige Streifen in die schwärzliche Baustellennacht, und er, King Klavier, war allein und furchtbar ausgeliefert an das Gedröhn und an die Betonlast; er bekam seine Füße nicht hoch, die Füße waren schon einbetoniert, und gleich würde ihn der Bauführer (er stieg riesig aus seiner Baracke) mit einer vollen Ladung in den Säulenschacht kippen.

Der King blinzelte verwirrt, er spürte das sanfte Schaukeln des Wagens, und er sah einen Moment lang die Chausseebäume am Fenster vorbeifliegen, und er sah die Sonne, die zärtlich über die Spitzen der Kiefern leckte, und dann schlief er ein.

Er schlief bis zur Endstation durch; er merkte nichts von den Haltestellen draußen auf der Strecke und in der Stadt, und als der Bus am Bahnhof hielt, mußte ihn die Schaffnerin ein paarmal an der Schulter rütteln, bis er munter wurde und endlich wußte, wo er war, und er kletterte taumlig und benommen vom kurzen Schlaf aus dem Bus. Die Sonne rückte über die Dächer, aber es war noch sehr kühl. Er spürte die Kälte, und er hatte Lust, mit seinem schweren, verdreckten Betonzeug in den Bahnhof reinzugehen und im Wartesaal einen Kaffee zu trinken. Er war merkwürdig überreizt und steif vor Müdigkeit; sein Kopf und seine Gedanken, alle Dinge schienen ihm wie aus dünnem Glas gedrechselt, immer in Gefahr, bei der kleinsten Erschütterung auseinanderzuklirren, und er bewegte sich in einer Art gläsernem Spannungsfeld: es war ein vollkommen ausgewachsenes Katergefühl, freilich ohne alkoholische Verwüstungen, und er fand es sogleich unsinnig, im verräucherten, häßlichen Wartesaal rumzusitzen und unersetzbare Zeit zu vertrödeln.

Er ging über den Bahnhofsplatz bis zum Wasserturm, wo die Betonstraße anfing. Der Wasserturm hatte dicke Mauern aus dunkelroten Ziegeln, und oben, wo der Behälter ruhte, war er verbreitert, er sah stämmig und ein bißchen protzig aus, und man hörte innen das Wasser rauschen. Der King ging am Zaun lang und um den Turm herum, und das Geräusch vom Wasser weckte heftiges Verlangen nach einem langen, warmen Bad. Er ging schneller.

Die Betonstraße lief geradeaus auf die Wohnblöcke von 650 WE zu, und rechts sah man hinter Gärten und vereinzelten alten Häusern die neuen, schlanken Bauten von der Parallelstraße vorm Bahnhof. Es war ein völlig neuer, freundlicher Stadtteil, und er würde sich ziemlich weit und tief gestaffelt und mit viel Rasen und Bäumen und Blumen hinziehen, wenn alles fertig war, und der King wünschte sich, dies alles nach drei oder vier Jahren zu sehen. (Was für ein köstlich gesteigertes Vergnügen aber mußte es sein, in der ganz neuen Wohnstadt aus Beton und Glas zu leben, die jenseits des Flüßchens vor der alten Stadt nach phantastischen Projekten hochwachsen würde!)

Die Bäume in den Gärten hatten gelbes Laub, ein paar waren schon kahl, und in den herbstlich ruinierten Beeten standen die gelben, roten und tröstlich blauen Farbflecke von verspäteten Dahlien und Astern. Tagelang hatte es geregnet, es hatte Wind und trübe Wolken gegeben, und nun war der Himmel klar, und die Luft trug hundert Sommererinnerungen. Der King ging an den Gärten vorbei, und er sah die Blumen und die gelbbelaubten und kahlen Bäume und den klaren Himmel, und er fühlte sich, obwohl er müde und erschöpft war, wunderbar erheitert.

Er liebte diese Jahreszeit mit ihren leicht melancholischen, verschwimmenden Übergängen von Duft und Farbe und Kontur und mit ihrer unbestimmten, wunderlichen Unruhe, die von der Unruhe kommender Vorfrühlinge kaum zu unterscheiden war.

Hinter der Querstraße, die zur Stadt abbog, kamen die ersten Blöcke von 650 WE. An der Ecke gab es eine alte Kneipe, und die verwitterten Rolläden waren noch runtergelassen. Es war ein schmutziggraues, scheußliches Haus, und es sah sehr tot aus. Oben über der Kneipe stand ein Fenster auf; jemand hatte ein unbezogenes Federbett rausgehängt, und dieser grellrote Klecks war das einzig Lebendige in der fleckigen und bröckligen Fassade. Einmal war der King abends dringewesen, um Zigaretten zu holen, und es sah innen genauso grau und scheußlich aus wie außen. Die Wirtin war sehr unfreundlich; sie verkaufte keine Zigaretten, und ganz offensichtlich hielt sie Leute, die kein Bier tranken, für hoffnungslose Fälle von Weltfremdheit oder einfach Blödheit. Der King war sicher, daß dieses scheußliche, graue Haus eines Tages verschwinden würde; der neue Stadtteil, dereinst erwachsen, würde es aufsaugen, oder wenigstens würde er ihm ein neues Gesicht aufsetzen.

Er überquerte die Kreuzung und ging dann links einen zerfahrenen Weg rein. Das staubige Gelände zwischen den Blöcken war noch zerwühlt und uneben, und an ein paar Stellen waren Frauenbrigaden dabei, Erde abzutragen und in geräumige Anhänger zu schaufeln. Rechts hinter der Betonstraße schwenkte ein Turmdrehkran feierlich seinen langen Ausleger über einen halbfertigen Dachstuhl weg, und das dünne Gitterwerk von Turm und Ausleger stand wie ein wohlgeratener Scherenschnitt vor der blassen Bläue des Himmels.

Es gab schon eine Menge glatt verputzter Häuser, sandfarben, lindgrün und grauweiß und mit zierlich verschränkten Balkongittern, und über den Eingangstüren gab es abenteuerliche Mosaikbilder. Ein gefährlicher gelber Stier rannte mit seitwärts gedrehten Mosaikhörnern gegen einen imaginären Feind los, und über der Nachbartür ließ ein freundliches, dikkes Mädchen mit rosa Schürze und Zopfschleife einen langgeschwänzten Mosaikdrachen andächtig in eine Wolke aus köstlichem Jadeblau steigen.

Der King wich einem Dumper aus, der mit verrücktem Tempo holpernd und schaukelnd an ihm vorbeiraste; er kletterte über Erdhügel und Haufen von Bauschutt und ging dann zwischen zwei Blöcken durch, um den Weg abzukürzen. Hier waren die Blöcke noch unter Gerüsten. Die Gerüste, aus leichten Metallrohren gebaut, sahen sehr sauber und exakt aus wie Zeichnungen auf Millimeterpapier, und auf den Laufbrettern arbeiteten die Putzerkolonnen, und man hörte das eifrige Schleifen, Kratzen und Schaben ihrer Putzkellen. Der King kam an einem Stapel dickbäuchiger Badewannen vorbei, die, sorgfältig in Stroh verpackt, unter einem Dach von Teerpappe auf ihren Einbau warteten, er sprang über einen Graben, in dem die Eingeweide der Kanalisation lagen, und schließlich erreichte er seinen Wohnblock.

Der lange, dreistöckige Bau, noch nicht verputzt, stand quer im Gelände, und als der King nun zum zweiten Eingang hinterging, hatte er das inständige, friedliche Gefühl, nach Hause zu kommen. Er begriff plötzlich, daß er sich in diese kleine Stadt verliebt hatte, die sich vor seinen Augen großartig herausmauserte, und er konnte sich kaum vorstellen, jemals wieder wegzuziehen. Freilich hatte er zunächst diese denkwürdige Kombination von häßlicher und muffiger, altdeutscher

Langweiligkeit in der Innenstadt und von mathematisch klarer, großzügiger Erneuerung an der Peripherie, die bereits auf die Innenstadt übergriff, als ungemütlich ungastlichen Antagonismus verwünscht, – aber nun, da er die Winkel und Gassen und Ruinen in der Altstadt und zugleich die phantastisch heranwachsenden neuen Straßen und Viertel genau kannte, hatte er sich in sie verliebt, und es schien ihm ganz natürlich, daß man sich in sie verlieben mußte.

Auf den Balkonen rechts vom Eingang waren Fliesenleger bei der Arbeit, und unten stand ein Mann an einem qualmenden Teerofen und kippte heißen Asphalt in einen Eimer, und die dunkle, brodelnde Masse füllte die Luft mit ihrem beißenden und strengen, würzigen Geruch.

Im Hausflur war es kalt und merkwürdig still und ausgestorben ohne den vertrauten Feierabendlärm hinter den Türen. Der King stieg schwerfällig die Treppe rauf, seine Gummistiefel schlappten und machten bei jeder Stufe ein dicksohlig und dumpf schleifendes Geräusch.

Die Wohnung hatte ein großes Zimmer und zwei kleinere Zimmer, und an der Flurtür standen auf einem Pappschild die Namen der sieben Bewohner. Der King ging in die Küche, um Stiefel und Gummikombination auszuziehen. Als er das Zeug los war, fühlte er sich sofort viel leichter, und er machte die Tür zu und ging auf Strümpfen in sein Zimmer rüber.

Er war hungrig. Er schloß seinen Schrank auf und sah nach, was es gab. Er nahm Brot, Wurst und Butter und Käse aus dem Fach und stellte alles auf den Tisch, der am Fenster stand. Die Wachstuchdecke auf dem Tisch hatte ein skurriles Muster von bräunlichen Blumen; sie sahen fürchterlich vertrocknet aus. Die Scheiben, die er vom Brot abschnitt, waren sehr dick, und er betrachtete nachdenklich, ein bißchen töricht die dicken Brotscheiben und den Teller mit Butter und Aufstrich.

Er hatte jetzt Lust, primitiv wie ein Holzfäller zu essen, (wenigstens stellte er sich vor, daß ein Holzfäller so aß), oder vielleicht war er zu bequem oder einfach zu müde, seine Mahlzeit, wie er es gewohnt war, sorgfältig und mit einer gewissen wählerisch vorausschmeckenden Pedanterie zurechtzumachen, und er stellte mißmutig den Teller in den Schrank zurück. Dann nahm er Speck aus dem Vorratsfach und schnitt sich ein paar grobe Streifen herunter; das Fleisch war wunderbar fest und weiß, mit einem Schimmer von Rosa an den Rändern, und der kräftige, salzig räuchrige Duft stieg ihm freundlich in die Nase.

Er saß in seinem grauen Arbeitszeug, das er unter der Kombination gehabt hatte, am Tisch, und er aß langsam, schläfrig kauend, das Brot und den Speck, und es war ein herrlich männliches Frühstück.

An der Wand hing, aus einer Kunstmappe rausgeschnitten und ohne Rahmen an den Putz geheftet, eine Reproduktion von van Gogh, und der King sah auf die glühende, von der Sonne betrunkene Landschaft mit Gärten und Kornfeldern auf dem Bild, während er aß, und es hörte nicht auf, ihm zu gefallen. Manchmal sah er zum Fenster, und er überlegte umständlich und bekümmert, was er zu tun hatte, bis er endlich schlafengehen konnte. Aber seine Gedanken rutschten ihm dauernd weg, und er starrte wieder das Bild an.

Es schien ihm unerhört kompliziert oder gar unmöglich, die vielen Handgriffe und Bewegungen zu überlegen und dann auch wirklich auszuführen, um rasch fertigzuwerden, und vielleicht war es das beste, gar nichts zu tun und bloß das Bild mit der verrückten, betrunkenen Landschaft anzusehen.

Ich muß Feuer im Badeofen machen, dachte er müde, und er merkte plötzlich, daß er schon die ganze Zeit halblaut und brummelnd und knurrend vor sich hinredete. Hör auf, du Umstandskrämer, sagte er wütend, dein seniles Getue hängt mir zum Hals raus. Er dachte: Du bist ein blödsinniger, seniler Trottel, und du vertrödelst die Zeit, als hättest du mindestens fünfzig freie Stunden vor dir. Na los, Tempo, – du hast die

Nachtschicht geschafft, (und wie du sie geschafft hast!), und nun wirst du gefälligst die paar Kleinigkeiten schaffen.

Er saß am Tisch, er schob träge Brot und Speck zur Seite, er dachte: Na los, Tempo, und er saß da, streckte sich auf seinem Stuhl und rührte sich nicht. Er hatte Durst, aber in der Kanne war kein Kaffee, und schließlich stand er doch auf und trottete zur Waschküche runter. Der große Kaffeekessel, für die Leute aus dem halben Wohnblock zurechtgestellt, war heute leer, und der King füllte schimpfend seine Kanne mit Wasser. Er trottete dann in sein Zimmer zurück, und nachdem er den Rest vom Frühstück gegessen und hintereinander drei Tassen Wasser getrunken hatte, fühlte er sich ungebührlich, ja unanständig satt und zufrieden, und er war sehr müde.

Er machte das Fenster auf und sah, wie sich im Haus gegenüber die Sonne auf den Scheiben spiegelte. Das Haus war seit seiner Ankunft in der Stadt, dieser Endstation Abenteuer, wie er sie nannte, fast fertig geworden, und er konnte an der Geschwindigkeit, mit der die Maurer und Zimmerleute den Bau hochtrieben, ohne Mühe das allgemeine, aufregende Tempo ablesen, das ihn immer wieder zu mild pathetischer Begeisterung hinriß.

Unten vor seinem Fenster tobte und lärmte ein Schwarm Spatzen im Sand. Der King lehnte sich über die Fensterbank und sah auf die anarchische Versammlung runter, er dachte einfältig ergrimmt: Bißchen mehr Ruhe, bißchen mehr Ordnung, Kollegen. Organisiert euch wenigstens, wenn ihr euch schon rausnehmt, unsere ausgezeichnete Gegend frech und nutznießerisch zu annektieren. Benehmt euch anständig. Er ging ärgerlich vom Fenster weg, er dachte: Tatsache, du vertrottelst. Er hörte vom Flur her jemand kommen, und er hörte am Klappern von Eimer und Kehrschaufel, daß es die Frau vom Reinigungsdienst war.

Die Frau rumorte nebenan im großen Dreibettzimmer, das man passieren mußte, wenn man zum King wollte, und er hörte, wie sie die Stühle rückte, mit dem Bohnerbesen gegen die Metallbettgestelle knallte und irgendwas vor sich hinsang. Sie sang im selben Takt, mit dem sie den schweren Besen hin und herschlittern ließ, und sie hielt bei jedem Hindernis den Ton an; es war eine verwickelte Technik.

Sie kam dann rein, sie war ein bißchen erschrocken, sie sagte: „Meine Güte, ich hab gar nicht gemerkt, daß hier jemand ist." Ihre Stimme war ziemlich heiser.

„Nachtschicht gemacht", sagte der King. Er lehnte schlaff, als könnte er sich zu nichts mehr aufraffen, an seinem Schrank und zündete sich eine Zigarette an.

„Dann stehn sie doch nicht so rum", sagte die Frau, „Sie müssen doch müde sein."

„Ja natürlich", sagte der King. „Aber ich wollte noch baden." Er sah der Frau zu, wie sie flüchtig den Fußboden fegte, und rückte zur Seite. Er betrachtete ihr Kopftuch, das halb nach hinten gerutscht war; es war grau und erinnerte ihn plötzlich an das Barbarenmädchen. „Man sollte nicht singen, wenn man erkältet ist", sagte er blöde. „Sie haben sehr hübsch gesungen." Dieses Haar hier war nichtssagend bräunlich, aber es sah nett aus unter dem Kopftuch. Er schätzte die Frau auf Ende zwanzig, und er fragte sich, ob sie mit ihrer Arbeit zufrieden war.

Die Frau richtete sich auf. „Wollen Sie Witze machen? Sie haben ja keine Ahnung von Musik."

„Nein, ich hab keine Ahnung", sagte er.

„Ich werde Feuer im Bad machen", sagte sie. „Sie fallen ja gleich um, junger Mann." Sie sah ihn mit einer Art zärtlicher Verachtung an, und er bemerkte, daß ihre vorderen Schneidezähne schief übereinander standen, während sie ihn anlächelte.

„Kommt gar nicht in Frage", sagte er schlapp. Er dachte: Na los, beweg dich endlich.

Die Frau ging schnell raus, sie ließ die Türen offen, und er hörte sie im Badezimmer herumwirtschaften. „Sie können die Briketts raufschleppen", rief sie von draußen.

Er ging in den Flur, er sagte müde: „Briketts werden erst am Sonnabend ausgegeben. Und mit Braunkohle kann ich zwei Stunden warten, bis der Ofen einigermaßen heiß ist. Lassen Sie doch sein, es hat keinen Zweck, – ich geh so ins Bett." Er sah durch die Tür, daß sie bereits mit Holzabfällen und Bohnerwachs ein heftiges Feuer im Gang hatte, er dachte wütend: So ist es richtig. Laß dich nur bedienen, du faules Aas.

„Sie sind ziemlich dumm", sagte die Frau, vor dem Ofen hockend. „Ich hab den Schlüssel für die Briketts."

Er trug ihr dann den Eimer vom Keller hoch. Das war alles, was er tun konnte, und er fühlte sich erbärmlich unbehaglich und beschämt. Es liegt nur an der verdammten Müdigkeit, dachte er. Aber zum Teufel, ich habe ein Recht, müde zu sein.

Im Zimmer rieb die Frau den rotbraunen Steinholzfußboden mit einer scharf riechenden Paste ein. Sie arbeitete jetzt langsamer und gründlicher als vorher, und als sie mit dem Einreiben fertig war, fuhr sie mit einem Staublappen über die paar Möbel. Sie hatte eine Menge zu tun.

Der King saß auf dem Bettrand und beobachtete schläfrig die Frau. Das Bett hatte er mit Wolldecke und Kissen wie eine Couch zurechtgemacht, und es sah sehr wohnlich aus.

„Das Wasser wird bald heiß sein", sagte die Frau.

„Ja, schön", sagte der King. „Sie sind sehr freundlich."

Sie sah ihn manchmal kurz von der Seite an, ihre unteren Augenränder waren etwas verdickt. Sie sagte: „Ich weiß, wie es nach einer Nachtschicht ist. Wenn mein Mann von Nachtschicht kommt, mache ich ihm sofort das Bad zurecht … Haben Sie viel Nachtschichten?"

„War die erste", sagte der King, und er fühlte sich wieder beschämt. Zugleich tat ihm die Teilnahme der Frau wohl, er sagte: „Heute abend ist die nächste dran, es reicht."

„Mein Mann ist Kraftfahrer", sagte sie. „Er fährt einen Kipper, bei ITB." Sie schob einen Stuhl unter die Lampe, rückte ihn ein paarmal hin und her und stieg dann rauf. Sie fragte von oben, während sie umständlich an der Milchglasglocke herumputzte: „Was machen Sie draußen?"

„Beton." Er starrte ohne Aufregung, mit grämlichem Interesse, auf ihre Beine, die ein Stück vor ihm auf dem Stuhl standen. Sie hatte dicke braune Strümpfe an, mit einem großen Loch über dem rechten Schuhrand, und die Waden drückten sich kräftig, fast plump nach außen; vielleicht lag es nur an den dicken Strümpfen.

„Und der andere?" fragte sie. „Ihr Zimmerkollege?"

„Maurer", sagte er.

Die Lampe war sicherlich noch nie geputzt worden, und die Frau hatte viel Mühe mit ihr. Die weißliche Kugel wackelte an ihrem dünnen Metallrohr, während die Frau das Glas anhauchte und abrieb. Nach einer Weile sagte sie: „So, Betonarbeiter ... Man gewöhnt sich an alles, nicht wahr?" Sie sah von ihrem Stuhl auf ihn runter, als erwartete sie irgendwas von ihm, sie sagte, feierlich überzeugt: „Der Mensch ist ein Gewohnheitstier", und sie gab der Lampe einen Stoß. „Immer arbeiten, nicht wahr? Wie eine Maschine ... Der Mensch ist bald 'ne richtige Maschine."

„Ja, Maschine", sagte der King, er starrte träge und dumm auf das Loch in ihrem Strumpf.

„Automat", sagte die Frau. „Wie 'n Automat ..." Sie lachte ein bißchen, und als der King keine Antwort gab, wischte sie weiter an der Lampe herum.

Lieber Gott, ich verblöde, dachte er. Laß mich ein Automat und eine Maschine und alles mögliche sein, aber laß mich nicht ganz verblöden. Er stand ächzend auf, er ging am Stuhl mit der Frau vorbei und zum Tisch und nahm sich eine Zigarette.

Die Frau sah wieder runter, sie sagte: „Draußen an der Tür steht ‚Birnschädel'. Heißen Sie Birnschädel?"

„Nein", knurrte der King, und er ärgerte sich sogleich, weil er unfreundlich und undankbar zu der Frau war. „Mein Zimmerkollege", sagte er milde. „Wir nennen ihn Birne. Er ist 'n netter Kerl. Will Ingenieur werden."

„Haha", sagte die Frau auf ihrem Stuhl, „wie komisch. Hören Sie, – Birne ist wirklich komisch." Sie schien Schwierigkeiten mit der Balance zu bekommen.

„Haha", sagte der King, „das ist doch nicht komisch, das ist rationell. Abkürzungen sind immer rationell." Er sah, wie sie leicht und geschickt schwankte, (sie verdrehte etwas die Augen und zeigte ihre schiefstehenden Zähne), er dachte: Was für eine mühsame Veranstaltung. Er trat schließlich an den Stuhl ran, und da er dachte, wie freundlich die Frau zu ihm war und wie energisch und hilfsbereit sie seinen Badeofen besorgt hatte, streckte er seine Hände aus und hielt sie ein bißchen fest.

Sie stützte sich auf seine Schulter, und dann stieg sie herunter, und sie ließ einen Augenblick mit schicklich demonstrierter Arglosigkeit ihre Hand auf seiner Schulter liegen, ehe sie sich umdrehte und nach dem Bohnerbesen griff. Sie rieb den Fußboden blank, und ihre Sorgfalt, ungemein ausgedehnt, beirrte unseren King, während er auf seiner Bettkante saß und wartete, und er sagte sich, daß Birne vermutlich weniger einsilbig und gleichmütig reagiert hätte.

Dieser Birne, Stubengenosse seit dem Umzug des geiernasigen, mageren Alten ins Nebenzimmer, hatte nach seinem Abitur Maurer gelernt und arbeitete jetzt im Kombinat (Objekt 110-KV-Station), bis er zum Studium gehen würde. Er war so groß wie der King, jedoch breiter und muskulöser gebaut, dabei etwas schlaksig, und auf jeden Fall war er ein angenehmer und erfreulicher Junge. Er liebte schwärmerisch Poeme von Puschkin und Majakowski in der Originalsprache, liebte weißhäutige Mädchen, die, mit einer gewissen Neigung zur Fülle, ihm nur bis an die Schulter reichen durften, und er liebte Witze ohne Schlußwendung oder mit völlig blödsinniger Schlußwendung, – aber meistens, wie der King mit sanft betrübtem Mißfallen anmerkte, liebte er Mädchen. Er wirkte stets auf eine unnachahmliche und liebenswerte Art leicht verlottert oder unordentlich, und vielleicht fielen die Mädchen mit ihrem obligaten Bemutterungstrieb gerade auf diese leichte, liebenswerte Verlotterung herein. (Und damit sind zunächst, wenn auch dürftig, seine Merkmale signalisiert.)

Die Frau sagte vorläufig nichts mehr; sie ging dann raus, und der King hörte, wie sie draußen sang, und er hörte das Wasser in die Wanne laufen. Sie war wirklich eine tüchtige Frau, und als sie ins Zimmer zurückkam und ihm sagte, daß das Bad fertig sei, bedankte er sich bei ihr, und er war ziemlich schroff vor Verlegenheit, weil er sich schamlos bedienen ließ.

„Erzählen Sie keine Geschichten", sagte sie, „ich hab es gern gemacht." Sie sagte mit ihrer heiseren Stimme: „Ich mag es gern, wenn ich jungen Leuten helfen kann", und sie sah ihn an und lächelte einfältig.

Dein Mann dürfte es weniger gern haben, dachte er, aber das ist seine Sache, oder auch deine Sache.

Das Wasser war herrlich warm, und der King hatte, wie er glaubte, noch nie ein Bad so nachdrücklich genossen. Er konnte von der Wanne aus die Sonne im geriffelten Fensterglas sehen, und der ganze Raum füllte sich mit vergnüglichem Behagen, eindeutige Ermunterung zu kindlich unartikulierten Badezimmergesängen.

Einmal klopfte die Frau an die Tür, sie rief, er solle nicht einschlafen, und danach hörte er sie noch eine Weile im Korridor rumoren, bis sie schließlich ihr Zeug zusammenraffte und in die Wohnung nebenan ging. Die Stille war köstlich, und der King fühlte sich fabelhaft erneuert, als er fertig war; es schien ihm nun unglaublich, daß er jemals die Nachtschicht und den Japaner und die graue, breiige Betonmasse verflucht haben sollte, und er war sicher, in der nächsten Schicht ohne Anfechtung über die Runden zu kommen.

Im Bett konnte er nicht gleich einschlafen. Er lag da und horchte auf den neuen Wecker, der auf dem Nachttisch neben ihm tickte, und das Ticken ging gemütlich in seinem Kopf herum, und er drehte sich auf die Seite. Er dachte mit flüchtiger Genugtuung an die Leute, die jetzt am Stockwerkmagazin Beton verfüllten, (möchte wissen, wie die Karrenmänner aussehen ... aber ihr, Freunde, ihr habt keinen schaukelnden, kürbisfarbenen Baustellenmond ...), und er dachte an andere Leute, die er morgens gesehen hatte, als sie zur Arbeit gingen, und dann versuchte er an das Barbarenmädchen zu denken, (bläulich schwarze Haarsträhne, – ach, ich kriege dein Gesicht nicht zusammen), und er spürte langsam den Schlaf rankommen, während er dalag und nachdachte.

Er fiel irgendwo scheußlich tief runter, und er riß verstört die Augen auf, aber es war kein Grund zur Panik. Es hing und stand und saß alles ordentlich an seinem Platz, so wie sie es eingerichtet hatten, und sie hatten es freundlich und sehr schön eingerichtet.

Wenn er zur Wand rübersah, konnte er das Bild über Birnes Bett sehen. Es hing genau ihm gegenüber, und er sah auf dem Bild durch eine nicht vorhandene Mauer in ein Zimmer rein, das unsinnig, fast paralytisch bunt war. Altmodisch und riesig groß stand da ein kanariengelbes Bett, Alpträume unter der dicken, gewürfelten Decke; es gab einen ärmlich eisernen Waschständer und eine wacklige Kommode, und das Ganze war von einer makabren Heiterkeit, ein bißchen schief, ein bißchen ungelenk, und die Farben, erbarmungslos und grell vertieft, überfielen und verzückten das Auge wie nach dem Genuß einer gewissen Droge.

Der King starrte auf das Bild und sah, wie die Farben allmählich über den Rand hinauswucherten, und vielleicht lag er selbst in diesem unsinnig kanariengelben Bett, und es war abenteuerlich und verrückt, sich nicht zu wehren und abzuwarten, was da auskriechen würde.

Er schlief zwei Stunden lang ganz fest, und als er munter wurde, merkte er, daß er geschwitzt hatte und geträumt haben mußte. Unten vor dem Haus grummelte eintönig ein Schlepper, und das Geräusch schob ihn sanft in seinen Schlaf zurück, und er schlief bis zum Mittag, wo er nochmal wach wurde und lange überlegte, an welchem Ort er war, und danach schlief er wieder ein.

Sieben Stücke mit einem Thema
oder
Erziehung eines Helden.

wenden!

1. Stück.   Ein Abschied

2. Stück.   Attest eines Arztes

3. Stück.   Johann, du Aas

4. Stück.   Nachtschicht

5. Stück.   Ein Brigadier haut auf die Pauke

6. Stück.   Monolog einer Frau

7. Stück.   Tagebuchfragmente des Helden

Anhang

Siegfried Pitschmann
Ein Mann namens Salbenblatt

Salbenblatt, in seiner proletarischen Verkleidung, aber halbwegs gesäubert, fuhr gleich nach der Nachtschicht zur Klinik durch. Er stieg torkelnd aus dem Bus; war irgendwann eingeschlafen, hatte von Beton geträumt, in den es ihn hineinrüttelte, bis er hochschreckte und Ahorn gelb und rot am Chausseerand vorbeifliegen sah, und dann war es ganz hübsch, wie die Sonne aufging und über die Spitzen der Kiefern leckte, über dem Sand und dem schummrigen Heidekraut.

Die Baustelle lag jetzt weit dahinten, und er brauchte sich nichts mehr vorzumachen. Also die Hände. Er hatte es acht Tage, acht Nächte verbissen, doch Katzmann, Ascholl und Popella, denen er zugeteilt war, das Dreigestirn am Himmel des Bereichsleiters, am Füllort, auf den Laufplanken, hatten es längst gemerkt, und zum Schluß konnte er nicht mal mehr den Schaufelstiel halten, geschweige einen Karrengriff. Natürlich nichts Blutiges, nichts von außen zu sehen, sie waren bloß kaputt, irgendwas in den Gelenken, in denen es knirschte und scheuerte, wenn er sie bewegte, und der Arzt, der ihm alles mit einem sechssilbigen Fremdwort erklärte und Ruhigstellung befahl, fragte ihn, ob er nichts besseres wüßte, als ausgerechnet Beton zu karren.

Salbenblatt sagte höhnisch: „Wer sonst, wenn nicht ich?", dachte: Typisch Akademiker, besah das Werk, das die Schwester an ihm vollbrachte, bedankte sich und ging. In der Vorhalle mit dem Gummibaum, den Gesundheitsprospekten und der optimistischen Darstellung der Lebensalter über den Doppeltüren half ihm jemand, die Jacke überzuhängen, und auf einmal wußte er, daß er noch nie so erledigt gewesen war wie jetzt.

Sie würde ihn, so wie er nun war, rechts Gips vom Handrücken bis zur Schulter, links Elastikbinde mit Schiene, gewiß ans Herz drücken. Er stellte sich vor, wie er da klingelte mit seinem Gipsellbogen, an der Tür, an der Wohnung, in der er die Jahre mit ihr gelebt hatte.

Sicher rief sie dann: „Mein Armer, mein Held, mein Veteran", während er eine Weile baubudenstark über die Ornamente ihres Teppichs stampfen würde, den sie damals, in ihrer Volkskunstphase, eigenhändig geknüpft hatte. Fragte ihn gewiß nach Einzelheiten, die sie gleich mit Erläuterungen versah, wobei sie sich Mühe gab, das Gesinge wegzulassen, das er bei ihr nicht ausstehen konnte, die rhetorische Hebung am Satzschluß, die sie Gott weiß wem zuliebe benutzte. Vermutlich würde sie Wodka eingießen, Freudenschluck mit ihm, dann würde sie ihn in sein Zimmer mit dem Schreibtisch und den Büchern führen, von denen nur das eine von ihm war. Plötzlich an seinem Hals, trotz der störenden Bandagen, und dann sagte sie: „Schrecklich leer ohne dich. Warum hast du nicht geschrieben? Hab nichts gemacht, nichts verändert, und die Uhr ist auch stehengeblieben, siehst du?" Er würde wie in einem Museum herumgaffen, nichts sagen. Dann ihre Augen, die plötzlich groß und hungrig auf ihn gerichtet waren, und sie würden schon in das hineinschlittern, was sie mal UNSERE INTIMSPHÄRE genannt hatte, und darauf hatte er sie sechs Wochen lang einfach nicht anrühren können. Ihre Haut war immer noch frisch wie ein Erdbeerblatt, Salbeiblatt, Salbenblatt, und sie legte seine linke Hand auf, die ja einigermaßen beweglich war. Erst das alte leise Grauen, dann mehr und mehr begeistert, wie sie sich in die heiße Katze verwandelte, die einzige Art, wo er glaubte, daß sie ohne ihren verdammten Altruismus war, aber auch daran war vielleicht zu zweifeln, und sie würde alles mit ihm tun, was sie liebte, was er liebte.

Dabei ging Salbenblatt jetzt durch die Straßen, durch die Stadt, die einen zeitgenössischen Anbau bekam, nicht gerade schön, aber nützlich, aber human, jedem eine, dann jedem seine Wohnung, und er ging an Vorgärten vorbei, an den herbstlich ruinierten Beeten, an den alten Häusern, wo ihm Leute entgegenkamen, und die Sonne schien ihm ins Gesicht. Er war müde, doch ohne Angst, daß sein Schlaf nicht ausreichte bis zur nächsten Nachtschicht; er hatte jetzt viel Zeit. Er hatte noch viel Zeit.

Er würde weder telegrafieren noch die neun Stunden mit der Bahn fahren. Es gab überhaupt kein Zimmer mehr, in das sie ihn führen könnte, das längst liquidiert war, auf Speicher gestellt, seit er Leonore am Telefon gesagt hatte, daß es vorbei war. Der Hörer klebte schweißnaß an seinem Ohr, während er auf die Zellenwand starrte, in die jemand MACHE ES GRATIS 2-2-7-4 geritzt hatte, und er konnte sie atmen hören am anderen Ende, dann sagte sie: „Ja, verstanden", und er schwor ihr, daß keine andere Frau da war, kein Mädchen, natürlich nicht, er hatte nur lange genug nachgedacht, bloß diese Neurose zu zweit, bei der er niemals mehr vernünftig arbeiten konnte. „Verstanden", sagte sie wieder, und die ganze Zeit zitterte er, Mitleid könnte ihn überfahren, oder Selbstmitleid, was viel schlimmer war, und als sie fragte, ob er wenigstens noch mal nach Hause käme, sagte er: „Nein", dann hängte er auf.

Sein Heimweg ging woanders lang, und sie würde es überstehen. Hatte ganz andere Zusammenbrüche überstanden, seit sie aufgewacht war vom Poltern der Gewehrkolben der Befreier, damals am Tor des Heims, wo die Nazitanten eine erstklassige germanische Zuchtstute aus ihr machen wollten, trotz dieser Mutter, die aus Ravensbrück geflohen war. Leonore war großartig im Überstehen. Heulte an keiner Klagemauer, und eigentlich hatte er immer was dagegen gehabt. Warum?

Er dachte jetzt an den Tag, als Schatten auf die Erde fiel, als sie kaum zu atmen wagten, als stündlich der Trauermarsch ertönte, danach die Stimme des Radiosprechers oder des Jüngsten Gerichts, die den Tod Dshugaschwilis bekanntgab, oder später, als das Denkmal beiseitegerückt wurde, hinter dem ja auch die Toten, die Verletzten und zeitweilig Verkrüppelten lagen. Oder noch später, als der, der es weggerückt hatte, selber der GENIALE GÜTIGE AN DER SPITZE gewesen sein würde, bloß viel volkstümlicher, falls das Kollektiv ihn nicht rechtzeitig entfernte, und Leonore erklärte es ihm, dem armen Salbenblatt, hatte es schon immer gewußt, zum Beispiel dieses Neulandabenteuer, total unwissenschaftlich, hatte eben nur geschwiegen bis dahin, und er, der es genauer haben wollte, wie üblich, der noch über Formfragen quengelte, fand ihre Art Disziplin zum Kotzen, nichts als Anpassung. Darauf lächelte sie; fein, wie er als Intellektueller wieder mal im Himmel thronte und Zensuren verteilte, während das Geschichtsrad einfach weiterrollte, auch ohne ihn. Oder über ihn hinweg.

Aber nichts davon in den Sachen, die er geschrieben hatte, nichts vom Wind der Epoche, vielleicht wegen Opportunismus, den er doch ihr vorwarf, oder wegen Scheißangst. Jedenfalls wegen Unfähigkeit, obwohl sie es hundertmal mit ihm erörtert hatte.

Übrigens saß er hier auf einer Bank, an der er sonst vorbeigerannt war, friedlich anzusehen von außen, nur ein Mann in der Sonne, der die Arme bandagiert und eingegipst hatte und auf die Übung eines Orgelschülers horchte, die aus dem benachbarten Kirchengemäuer drang, Bach vermutlich, hinter dem Schild: CHRISTEN HELFT, ES REGNET IN UNSER DACH. Spatzen hüpften da, ein Kleiber, der kopfüber einen Stamm hinablief, und oben, über blauen Astern, raschelten Blätter im Luftzug, durch den Altweiberfäden trieben. Hier saß er vorläufig, und es war kein Vergnügen, an alle die Sachen zu denken, die er getan, die er nicht getan, über die er nie geschrieben hatte. Es war nicht die KÖNIGSEBENE, von der Leonore redete, als marschierte sie täglich da herum. Unten war es auch nicht. Wo war es?

Am Ende hätte er über seine Mappe schreiben sollen, die neben ihm auf der Bank lag, abgewetztes Leder, vor sechzehn Jahren sein Gesellenstück, ganz brauchbare Täschnerarbeit. Sie war ja immer dabeigewesen, seit ihn der Teufel geritten hatte, ausgerechnet er hätte was zu verkünden, hatte seine Bücher, Kartoffeln, Manuskripte, Schnapsflaschen, Blumen geschleppt, alle Reisen mitgemacht, Kongresse, ein Eisenbahnunglück leichten Grades, Sitzungen, eine Preisverleihung, eine Schlägerei, an der er unschuldig war, und jetzt also jede Tagschicht und Nachtschicht im Beton, im Baustellendreck, mit nichts anderem gefüllt als einer Brotbüchse, der Schachtel Zigaretten, Feuerzeug und dem, was er seit ein paar Jahren seine Eiserne Ration nannte. Die war einem schließlich sicher, auf die lief's hinaus, wenn man erst mal richtig begriffen hatte, daß man ein Versager war.

Salbenblatt wollte noch bleiben; die Schmerzen, die vorher seine Gelenke zerschnitten hatten, gingen allmählich in schwaches Ziehen über. Er wollte den Spatzen zusehen, Feierabend spielen, oder Koexistenz mit sich selber, am besten an nichts mehr denken. Vielleicht gut, wenn Katzmann, Ascholl und Popella hier wären, mit denen er allerhand Kubikmeter Fundament gemacht hatte, daß er bloß ihre Gesichter sah, ihre Ansprachen hörte vor diesem Bindenzeug. Vielleicht ging man was trinken, steckte ihm eine Zigarette in den Mund, redete ein bißchen; das genügte. Aber die wohnten draußen im Lager der Fabrik, da hätte er gleich am Anfang zu ihnen ziehen sollen, nachdem der Arbeitskräftelenker in der Kaderbaracke ihn gefragt hatte, ob er denn als MESSIAS zu unseren Menschen käme, als BRINGER GOETHES oder dergleichen. Wollte ihm einfach Hochmut unterschieben, wie Leonore. „Andernfalls spare ich mir den üblichen Schmus", sagte der Mann, der sehr praktisch war, und grinste über seinem offenen Hemdkragen.

„Heute fehlen Betonschaufler auf meiner Liste. Fangen Sie mal gleich Ihr neues Leben an. Schaufeln Sie." Natürlich Schwindel, wie er, Salbenblatt, sich das zurechtgedacht hatte; man fing niemals von vorne an. Es lief einem nach. Man tauschte Kugelschreiber gegen Karre und Schwielen, so daß man heute über ein paar Sachen mehr Bescheid wußte als vorher, aber im Grunde war es nur ein Kulissenwechsel.

Das sah man also, ohne sich zu ereifern. Vielleicht endlich historisch, wie sie es dauernd von ihm verlangt hatte. Womöglich war man doch so ein Rudiment, das am liebsten auf Elfenbeintürmen hauste, in der verdünnten Luft der Zauberberge. Sie hatte ja immer die richtige Erklärung im richtigen Schubfach, sie schleppte ja immer die ganze Verantwortung; vom ersten Tage an hatte sie sich in den Kopf gesetzt, ihn zu retten.

Unten aus dem Turm der Kirche kam ein Mann mit Brille, der nach Liturgie und Junger Gemeinde aussah, schloß die Pforte ab und ging zufrieden weg. Und denen regnete es ins Dach. Salbenblatt tastete nach der Tasche und stand auf. Er merkte plötzlich, wie schwer seine Füße in den Gummistiefeln waren, während er in die Straße zu seiner Unterkunft einbog. Einer von diesen praktischen Typenblocks, die einem bloß Angst machten, daß man auch die richtige Tür erwischte, falls man nicht nüchtern war, und die er früher, aus der Entfernung, als Träume aus Glas und Beton besungen hatte. Meistens von Übertreibungen gelebt, um der Zukunft willen, um es jedermann recht zu machen, besonders Leonore, die schon wußte, was die Leute lesen wollten, und über dem ganzen Feilen und Basteln und Herumbiegen war das bißchen Leben in seinen Geschichten kaputtgegangen. Wenigstens das, von dem er dachte, daß er es kannte.

Da stieg er die Treppe hoch in seinem Glasraum, wo es um diese Zeit still war, wo es durch die offenen Flurfenster zog, und es war alles nichts, wenn er jetzt ansah, was er gemacht hatte. Oben ging er sofort in sein Zimmer, das er für sich allein hatte, am Ende der Wohnung. Er hängte mühsam die Jacke an den Nagel, ließ sich aufs Bett fallen und starrte die Wand an, das Wickelmuster auf der gelben Tünche, dann Leere.

Er hörte wieder das Dröhnen des Kompressors aus der Nachtschicht, das Fauchen des Druckgeräts, das ihnen Ladung um Ladung aufs Gerüst schickte, über den Säulenschächten, die sie vollkippten, und Katzmann steckte bis an die Knie im Betonbrei und fluchte, wenn die Mischung zu wasserhaltig war. Das hätte man schreiben können, und dann, wie plötzlich Stille eintrat, als der Diesel am Kompressor zu Bruch ging, etwas an der Einspritzleitung, und wie sie um den Maschinisten herumstanden, der seinen Schraubenschlüssel hinknallte und den Ingenieur anschrie, weil wieder mal Ersatzteile fehlten, und wie er, Salbenblatt, enttäuschten Arbeitseifer und Katastrophenstimmung gemimt hatte und sich dabei die Hände rieb, weil er irgendsowas herbeigewünscht hatte, weil er es nicht mehr aushalten konnte in den Gelenken. Wie sie dann die kleinere Maschine vom Nachbarobjekt holten, die bei jeder Beschickung einen Höllenspektakel machte, und der Mann am Druckgerät tanzte vor seinem Manometer, wenn wieder eine Füllung raus war ohne Verstopfer. Hätte man schreiben können; alles Helden, sogar er, kämpften trotz Havarie, trotz Müdigkeit, trotz mieser Technik weiter, um DEN PLAN zu retten. Oder später dann, wie hinter einem Wolkenstreifen hinter den Schornsteinen des Kraftwerks der Mond hochkam, während die Tiefstrahler allmählich ihr scharfes Licht verloren, während Morgennebel über die Ebene zogen und Kälte aus der Erde stieg.

Sicher hätte man ein paar ergreifende Formulierungen gefunden, nichts ausgelassen, vielleicht was dazugemacht, vielleicht Regen, vielleicht den Ingenieur zurechtgestutzt, der dann kein schulfrischer Knabe mehr war, mit seinen Merksätzen über Menschenführung, die er noch nicht verdaut hatte, und ganz sicher hätte Leonore gefragt, wo hier eigentlich das Neue war. Etwa dort, vier Jahre früher, wo Ascholl als Baubudenrüpel wegen einer Wette öffentlich Beischlaf getrieben hatte, mitten am Tage, mitten auf der Chaussee, so daß die Kipperfahrer, die nicht durchkamen, aussteigen und sich das ansehen mußten? Und es war doch merkwürdig, nicht wahr, daß derselbe Ascholl, der inzwischen ein redlicher Ehemann mit Kind, Kleinwohnung und Kühlschrank war, sich ausgerechnet heute voll Scham erinnern würde, in der Hoffnung, er könnte es tilgen. Falls man nicht das GESUNDE VOLKSEMPFINDEN damit herausforderte. Falls man nicht wieder mal das alte Schema vom Sozialismus erwischt hatte, der ganz ohne Sozialisten aufgebaut wurde. Also anders. Also wie?

Salbenblatt, immer noch in seiner Verkleidung, in seinem Zimmer, dachte jetzt, daß er es niemals zusammenbekommen würde, weder in einem Satz, noch in Romanen. Bloß Karrenschieberei, und was war wirklich damit gesagt? Eben gesagt, wie sie hier schufteten, vielleicht auch, was sie dachten, vielleicht auch Romantik, und mittendrin konnte man so tun, als wüßte jeder über $E=mc^2$ Bescheid, indem man's einfach hinschrieb, und wenn man ordentlich kritisch wurde oder Mikro-Strukturen zeigte, waren sie sogar in München, Hamburg oder sonstwo geneigt, das Ganze für Literatur zu halten, bis auf die Rückfälle in Realismus für die gewöhnlichen Leute. Da hatte er ewig von den wahrhaftigen, großen Geschichten geträumt, ehe er seine Begabung restlos verhurt haben würde, ewig davon geträumt, wie er es Leonore schon zeigen wollte, und nun, als es Zeit war, waren plötzlich keine Kräfte mehr da. Kein Antrieb, nichts mehr, für das es sich lohnte, nur noch Gerüste, nur noch ein blöder Haufen Gips und Mull, der jetzt nicht mal imstande war, sich selber die Stiefel auszuziehen.

Schlurfte hier mit ihnen im Zimmer herum, vom Bett zum Schrank, vom Schrank zum Fenster, das auf die Straße zeigte und das er gedankenlos aufstieß. Er stützte die unförmigen

Arme auf die Fensterbank und sah nach unten, wo sie den Gehsteig bearbeiteten, wo ein Mann am Teerofen stand und heißen Asphalt in einen Eimer laufen ließ. Die brodelnde Masse, zusammen mit dem Qualm aus dem Ofen, füllte die Luft mit beißendem Geruch, wie man ihn zur Schulzeit gern gehabt hatte und dann nicht mehr, dann gehaßt, wegen der Toten, die man auf einem brennenden Markt gesehen hatte, auf dem brennenden Straßenbelag, und später als Scheiterhaufen aus übriggebliebenen Strümpfen, die infolge Seuchengefahr eingeäschert wurden. Salbenblatt schloß das Fenster; er schlug mit der harten Bandage den Riegel fest.

Vielleicht war jemand im Haus, der schichtfrei hatte, der einem helfen konnte, den Gipspanzer am Ellbogen durchzutrennen, wie sie es damals bei dem Eisenbieger im Nebenzimmer gemacht hatten, der freie Hand haben wollte und dem sie nachher den Verband wieder zurechtflicken mußten. Vielleicht sollte man irgendwas zurücklassen, das Leonore entlastete, das ihr die Schereien ersparte, falls man mit dieser Pfote mehr als die eigene Unterschrift fertigbrachte. Aber am Ende verfaßte man lauter Rührseligkeiten, bestenfalls Order, alles Geschriebene zu vernichten, oder die Beteuerung, daß Leonore mit seinem Abgang nichts zu tun hatte, und vermutlich würde es doch an ihr hängenbleiben, auch wenn sie sofort für eine passende Auslegung sorgen würde. Immerhin war er ihr Mann, trotz einjähriger Abwesenheit, und er war eben auf tragische Weise verunglückt, nichts anderes, während sie ungebrochen an ihre Arbeit eilte, in ihre Bücherei-Inspektion, wo sie inzwischen gelandet war. Keine Zeit für Beileidsgefasel; sie organisierte jetzt das Organisieren, um mal nicht von Kunst zu reden, die man am besten abschaffen sollte, die sowieso versagt hatte als PRODUKTIVKRAFT. Schöngeistig, aber asozial. War viel nützlicher, ein richtiges Brot zu backen, ein Haus zu bauen, den Feind zu schlagen. Ihn, Salbenblatt, hatte jedenfalls noch keine Literatur beflügelt, fünf Karren Beton pro Schicht mehr zu fahren, schon gar nicht seine eigene. Doch die glaubte das, diese Tüchtige-Witwen-Leonore, die hörte nie auf.

Es war immer dieselbe Leier, solange er dachte. Hatte stets irgendwelche Krücken bereit, um sich durchzuschwindeln, zum Beispiel diese Sorte Zynismus, mit dem man gerade losgehumpelt war. Natürlich auch, wie man Leonore beiläufig die Schuld aufhalste. Und dann seine Lieblingskrücke, altbewährt, Krise der Kunst, die für jede Pleite herhielt, wo man genau wußte, daß es nur Krisen der Künstler waren. Sogar diese Weisheit, wenn man sich nicht endlich bequemte. Wozu?

Er merkte kaum, daß er seit einer Weile laut redete. Unter einem Stuhl lag die Tasche; er hob sie auf. Alter Prachtsack, ziemlich lappig geworden, die Schlösser waren blind, und an der Rückseite platzte eine Naht aus, obwohl er sie erst mit Pechdraht repariert hatte, wie den Bügel, der mehrfach geknickt und jetzt mit braunem Lenkerband umwickelt war. Er legte die Tasche auf den Tisch und griff mit der linken Hand, die das noch konnte, in das Innenfach; da brauchte er nicht lange zu suchen, da hatte er seine Eiserne Ration.

Er war ganz klar. Manchmal, in Gedanken, hatte er es schon gemacht; famos zum Einlullen, solange man nicht wirklich bis ans Ende dachte. Aber diesmal schluckte man es, man war so frei. Kein verdammtes Alleshalbsoschlimm mehr im Hinterhalt, keine von diesen Denkbloßandeineverantwortung-Reserven. Man schluckte es einfach runter, dann Nebel, das stufenweise Fallen, das Rauschen, tiefer und tiefer, dann gut. Er brauchte jetzt nur ein handfestes Glas zu besorgen, Wasser aus der Küche, wobei er mit dem Gipsarm gegen die Türklinke stieß, alles verschwappte und umkehren mußte; danach, immer behindert von den Verbänden, hatte er das Zeug aus den Packungen aus der Tasche ins Glas zu schütten, viermal zehn, und dann konnte er zusehen, wie es sich langsam auflöste und zu einer trüben, milchigen Flüssigkeit mischte.

Andere zerschossen sich mit Jagdgewehren die Schläfe, daß es wie Unfall aussah, oder mit Dienstpistolen, eigenen oder geborgten. Jedenfalls ehrenhaft, wie jener General im Großen Vaterländischen Krieg nach einer verlorenen Schlacht, direkt vor den Augen des Südfront-Beauftragten, der es mit seiner Aufforderung natürlich nicht gleich wörtlich gemeint hatte, zum Teufel, und zwanzig Jahre später würde man darüber lachen können, in einer Berliner Versammlungshalle, wo hinter dem kugelköpfigen Praktiker aus der Ukraine, der nebenbei solche Anekdoten erzählte, kaum noch der ehemalige Beauftragte zu erkennen war. Gut, es war seine, Salbenblatts UNKLARHEIT, wie gewöhnlich, wenn er es nicht verstand. War eben kein Kämpfer, nie einer gewesen. Bloß Schiß vor Disziplin, der Tugend der Revolution, das war ja nicht neu, und es endete mit einer chemischen Formel, lautlos.

Er starrte auf das Glas und dachte, daß er erst ins gelobte Land der Kräne und Baugruben hatte ziehen müssen, um dahinterzukommen. Jetzt würde er niemals darüber schreiben. Auch nicht, woran es lag, wenn er am liebsten in der Vergangenheit herumgekrochen war, die er mit Sentimentalitäten vollgestopft hatte, statt hoffnungsfroh nach vorn zu blicken, wie damals, wenigstens diesen einen Tag, von dem er dachte, daß es der einzige wahre Anfang war, als er sich in seinen HJ-Lumpen auf die Erde warf, als oben die Glocken dröhnten, als er wußte, daß es vorbei war. Nie wieder Dienst, nie wieder Luftschutzraum und Panzerschreck, nie wieder die brennenden Straßen, die Flüchtlingstrecks, die Leichenberge. Nie wieder Angst. Er lag mit dem Gesicht zur Erde, die noch da war, die er riechen konnte, Gras und Huflattich, die er mit den Händen kratzte, während er auf das nicht endende, nicht enden sollende Geläute horchte und sich ausheulte.

Später hatte man es dann zur Legende gemacht, zu irgendeinem Traum von Frieden, Glück und so weiter, WEIDE MEINE LÄMMER, während draußen die Wölfe herumschlichen, und es war doch eigenartig, daß man als Pimpf überhaupt nichts gegen Drill und patriotisches Geschmetter gehabt hatte, erst nachträglich, wo man es in seinen teutonischen Komplex umfummelte. Stand damit am Straßenrand und rümpfte die Nase, wenn's den Leuten bei Marschmusik die Beine unterm Hintern wegriß vor lauter Begeisterung; da stieg man besser in den Keller zurück, Kerze an, und trauerte um Deutschland, das man leider nicht lieben konnte, hier nicht und woanders erst recht nicht.

Das Schlimmste daran war, dachte Salbenblatt jetzt, vor dem Tisch, vor dem Glas mit der alles lösenden Tinktur, daß man genau wußte, was mit einem los war. Sein Kopf wußte es. Klarer Schuldspruch, falls es für sowas einen Gerichtshof gegeben hätte, falls man sich auch noch anhören wollte, wie er Leonore in die Parade gefahren war, mächtig überlegen, als sie es wieder mal nicht lassen konnte, ihm Klassenindifferenz vorzuwerfen. Ausgerechnet sie, in der ja immer noch so ein Stück BdM-Ziege steckte, die mit ihrem schlechten Gewissen die Hände an die Hosennaht legte, und wenn's hundertmal ein Simsonschema war, die damals fröhlich weitergemacht hätte ohne Rote Armee und Antihitlerfront, ohne die Handvoll Ausnahmen wie ihre eigene Mutter, die wirklich eine Heldin war und die er verehrte, die Flugblätter gedruckt hatte und aus dem Lager geflohen war und als Fallschirmspringerin gekämpft hatte, im Partisanengebiet, während die Scheißmehrheit des Volks in die Innere Emigration gegangen war, oder gleich in Befehlsnotstand, wie er selber, der Sohn des Heizers, des stramm verreckten Soldaten Salbenblatt, und nun sollte sie ihm gefälligst mit Ruhm vom Halse bleiben, den plötzlich alle für sich entdeckten, als wären die zwölf Jahre nie gewesen.

Großartig, wie er dann die Tür zuknallte, nachdem Leonore geschrien hatte: „Ich verbiete dir, von meiner Mutter zu reden", und er hatte ihr ebenfalls was verboten, soweit war es also, und dann lief sie ihm nach und wollte zu Ende diskutieren, aber er sagte einfach nichts mehr, malte Kreuze auf die Blätter auf seinem Schreibtisch und dachte an Nerven, und dann schmiß sie mit Keramik, Vase oder Aschenbecher, und er drehte sich um; da starrten sie sich an, da sagte sie: „Mein Gott, wir hassen uns ja." Da war sie auf einmal der Versöhnler, da klammerte sie sich an seine Schulter und weinte und konnte nicht aufhören, und er mußte sie auf den Armen durch die Wohnung schleppen und wiegen, während er sanft auf sie einredete und schon dachte, daß es jetzt genug war, während er auf ihre verzottelten Haare, ihre verschwollenen Augenlider blickte und merkte, daß sie ihm zu schwer wurde, und es war nichts als dieses kalte, erhabene Erbarmen, das man für Liebe ausgab, und dann dachte er, daß es vielleicht besser gewesen wäre, wenn er beizeiten ein Kind mit ihr gemacht hätte.

Am Ende war man also gar nicht fertig mit ihr, immer noch nicht, soviel man auch zerstört hatte, durch Gewöhnung, durch Trägheit, durch das ganze Ichgetue, das man bloß getarnt hatte, weil's am bequemsten war. Selbst dann, als man eines Tages herausbekam, daß Leonore Nebenwege ging, als sie mit diesem Burschen anfing, diesem schreibenden Zellulosefachmann, der mit seinen hemdsärmligen GESÄNGEN AUS DER PAPIERMÜHLE den Leuten den Kopf verdrehte, wo immer er auftrat, kurzgeschoren, in eine Art Chinesenkittel gezwängt. Ließ es laufen; höchstens, daß man eine Menge Spürsinn aufbrachte, vielleicht Fallen stellte, um sich nur ordentlich betrogen zu fühlen, wegen Moral, oder wegen Leiden, was vollkommen verrückt war, oder Tiefenpsychologie, die man gerade nötig hatte, bis man dann schließlich auf der Treppe saß, im Dreiminutenlicht, mit seinem ewigen Verständnis für alles, vor seiner eigenen Tür, die jetzt verschlossen war, hinter der man das Atmen hören konnte, das Geflüster, das Geschrei, so einfach zu haben, und da hatte man einst von einem Geist, einem Fleisch geträumt. Natürlich ging er dann los, arbeitete mit Ohrfeigen, wobei er sich am Kinn des Bänkelsängers den Finger verstauchte, hörte was von Argumenten und zeigte stumm auf die Tür, dann war das vorbei.

Jetzt, mit allem, was schon kaputt war, würde er endlich auch die Erinnerungen zerstören. Es waren nicht so sehr die bitteren, als vielmehr die mit dem Geschmack von Glück, die ja gleichzeitig da waren, nur verdrängt, die einem die meisten Schmerzen verursachten. Worauf noch warten? Vielleicht auf Extrablumen, bloß weil er die Güte hatte, den kleineren Verrat zu wählen, anstatt zum Beispiel auszuwandern?

Salbenblatt lehnte sich über den Tisch. Er befahl seiner linken Hand, nach dem Glas zu greifen. Er sah, wie sie sich ruhig nach vorn bewegte, er hörte das Schleifen, mit dem das Gewebe von den Binden über die Tischplatte rutschte. Dann kam sie zurück, und dann konnte es sein, daß er sich doch erinnerte, ganz ohne Schatten, heller und heller, während er trank, während es sich rasend ausbreitete, so daß sie am Abend, wenn es todsicher vorüber war, nichts von Verzweiflung oder Schrecken an ihm finden würden.

Dann konnte es sein, daß es auf einmal wie Sternschnuppen flog, dort, über den Wiesen, wo es jetzt war, weit hinter den Lichtern der Stadt und dem Hügel mit der zerschossenen Windmühle, über dem Fluß, wo es nach Salbei und wilder Minze roch und wo die Kalizüge über die Brücke fuhren, und er wollte Leonore erklären, wie das Leuchten zustande kam, wollte noch mehr erklären, aber sie hielt ihm den Mund zu, der von ihren Küssen zerbissen war, und dann warf sie sich herum und rief seinen Namen, und ihre Hände sagten es ihm, und dann endlich wußte er, daß er zurückgekehrt war, dorthin, wo ihr Anfang war.

Dann war es ein Geräusch im Nebenzimmer, und Salbenblatt stand da und hatte das Glas noch gar nicht angerührt; da war es die Frau vom Reinigungsdienst, die wie jeden Tag kam und gleich tüchtig zu wirtschaften begann, und sie bedauerte ihn ein bißchen in seinem Gips.

Er stand ungeschickt im Wege, sah, wie sie seine Tasche in den Schrank packte, weil sie nichts herumstehen lassen konnte, wie sie den Stuhl hochhob, das Glas in den Eimer kippte, die Bettdecke zurechtschüttelte und dann mit ihrem Bohnerbesen in alle Ecken fuhr. Er starrte auf den Eimer und auf die raschen Bewegungen der Frau, er stellte sich vor, wie er jetzt auf allen Vieren loskroch und stand immer noch da, und als sie fragte, ob sie ihm was zu essen machen sollte und schon das Brot aus dem Fach holte, nickte er bloß. Er hatte seit einer Ewigkeit nichts mehr im Magen.

1967

Nachwort

> … und über dem ganzen Feilen und
> Basteln und Herumbiegen war das bißchen
> Leben in seinen Geschichten kaputtgegangen.
> Wenigstens das, von dem er dachte,
> daß er es kannte.
>
> Siegfried Pitschmann,
> „Ein Mann namens Salbenblatt"

„In alter Verbundenheit, Dein halbvergessener Siegfried Pitschmann"[1]
Unter der Losung „Greif zur Feder Kumpel, die sozialistische deutsche Nationalkultur braucht dich!" findet am 24. April 1959 die 1. Bitterfelder Konferenz statt. Aus der eigentlich als kleine Autorenkonferenz des Mitteldeutschen Verlages geplanten Tagung wird eine politische Großveranstaltung, als sich die Staatsführung einschaltet. Walter Ulbricht ruft dazu auf, die Trennung von Kunst und Leben, von Künstler und Volk zu überwinden. Die Künstler sollen in die Produktion gehen, selbst am sozialistischen Aufbau teilnehmen und ihre dort gemachten Erfahrungen künstlerisch verarbeiten. Die Werktätigen sollen ihrerseits an Kultur und Kunst herangeführt werden, selbst „zur Feder greifen"[2]. Um die Motivation

---

[1] Siegfried Pitschmann (S.P.) an Günter Caspar (G.C.), 04.01.1958. – Archiv Aufbau, SBB IIIA Dep38 1238 0077 (Nachweis in: Stella, Kristina: Brigitte Reimann. Kommentierte Bibliografie. – Bielefeld : Aisthesis Verlag, 2014. – Laufende Nummer 03749; im Folgenden zitiert als [BRB]).
[2] Ulbricht, Walter: Fragen der Entwicklung der sozialistischen Literatur und Kultur. – In: Neues Deutschland, 15.05.1959.

der Künstler und die praktische Umsetzung des „Bitterfelder Weges" zu fördern, werden Gelder und Wohnungen zur Verfügung gestellt und die Betriebe dazu verpflichtet, Künstler einzustellen und zu unterstützen.

Als das Schriftstellerehepaar Siegfried Pitschmann und Brigitte Reimann im Januar 1960 auf dem „Bitterfelder Weg" nach Hoyerswerda ins Kombinat „Schwarze Pumpe" geht, ist dies für Brigitte Reimann Neuland, für Siegfried Pitschmann ein „Wiedersehen":

> Es war noch der alte Bahnhof, auf dem unser Zug hielt, ein kleiner, ganz gewöhnlicher steingrauer Provinzbahnhof, wie es sie an allen Strecken gibt. Ich gestehe, daß ich Herzklopfen hatte; ich erkannte alles wieder, das Stationsschild mit dem sorbischen Namen „Wojerecy", den ich nie richtig aussprechen konnte – sogar den Mann im altmodischen Knipserhaus, der mich einmal nicht durchlassen wollte, als ich meine Wochenkarte vergessen hatte. Der Bahnhofsplatz grüßte uns mit freundlichen, doppelten Lampenketten, die es damals noch nicht gab, und von den langen Schaufensterreihen auf beiden Seiten des Platzes blinzelten vergnüglich einladend die bunten Leuchtfiguren der Reklame zu uns herüber. Wir standen da am Rande des weiten Vierecks, beschirmt von Licht, sahen die nächtlich ruhige neue Straße hinunter und warteten auf den Linienbus, und das Herzklopfen hörte nicht auf: Das also war aus dem chaotisch zerklüfteten, halboffenen Gelände von einst mit seinen Baugruben, Gerüsten, Fundamenten und Aufzugsbuden geworden – ein wohlgeordnetes, heiteres Entrée für Reisende in die Zukunft, und zugleich wußte ich, damals wie heute, daß dies erst der Anfang war.[3]

Zweieinhalb Jahre zuvor, im August 1957, als noch niemand vom „Bitterfelder Weg" spricht, da ist es Siegfried Pitschmanns Idee, als Schriftsteller in die Produktion zu gehen, um so zu er-

---

[3] Pitschmann, Siegfried: Das Wiedersehen : Gedanken eines Schriftstellers. – In: Wochenpost Jg. 6 (1959) Nummer 48.

fahren, „wie das Leben wirklich ist"[4]. Keine Fördergelder, keine Wohnung, keine Sonderkonditionen. Im Gegenteil: Pitschmann ist inkognito dort, lässt sich über die „Zentrale Arbeitskräftelenkung" einstellen, wird zunächst Betonarbeiter, später Maschinist für Baumaschinen, und er wohnt in der sogenannten „Zwischenbelegung" mit anderen Bauarbeitern gemeinsam in einer Wohnung, hat nicht einmal ein eigenes Zimmer.

Aus dieser Situation heraus meldet sich Siegfried Pitschmann im Januar 1958 bei Günter Caspar[5] von der Literaturzeitschrift „Aufbau", die 1952 seine erste Erzählung „Sieben ist eine gute Zahl" veröffentlicht hatte. Pitschmann, Meister der „short story", Rilke-Fan und großer Verehrer von Ernest Hemingway, steht sich zeitlebens selbst ein wenig im Weg. Immer wieder braucht er die Bestätigung anderer, um die Qualität seiner eigenen literarischen Texte anerkennen zu können. „Fishing for Compliments" könnte man es bei oberflächlicher Betrachtung nennen. Aber das trifft es nicht. Pitschmanns Selbstzweifel sind echt, und sie werden ihn bis zu seinem Tod nie verlassen. Pitschmann schickt Caspar im Januar 1958 seine „komische Geschichte"[6] und bittet ihn um dessen „ehrliche Meinung zu meinem unverschämten Experiment"[7]. Und er berichtet ihm über „Schwarze Pumpe":

> Meine freiwillige Meldung nach hier geschah zwar aus voller Überlegung, jedoch nicht mit der billigen Junge-Autoren-Hoffnung, nach gewisser Zeit den Roman über den Aufbau des Kombinats Schwarze Pumpe (sorbisch Corna Plumpa) zu verfertigen. Ich lebe hier einfach als Bauarbeiter wie jeder andere. Es kann durchaus möglich sein, daß mich eines Tages

---

[4] Pitschmann, Siegfried: Verlustanzeige. – Weimar : Wartburg-Verlag, 2005. – Seite 43.
[5] Günter Caspar (1924-1999), Cheflektor des Aufbau-Verlages.
[6] S.P. an G.C., 04.01.1958. – Archiv Aufbau, SBB IIIA Dep38 1238 0077 [BRB – 03749].
[7] Ebd.

irgendein Problem packt, kann sein, daß mir eine kleine Serie von Erzählungen glückt; – alles steht noch offen.[8]

Günter Caspar ist mittlerweile Lektor im Aufbau-Verlag und verantwortlich für zeitgenössische deutsche Literatur. Er mag den sensiblen Autor, erkennt das Potenzial, das in ihm steckt, und wird künftig zu seinem größten Förderer und zugleich zu seinem ehrlichsten Kritiker werden. Im Antwortbrief verreißt Caspar die „komische Geschichte". Behutsam, aber präzise formuliert er eine detaillierte Kritik der eingeschickten neunzehn Seiten:

> Deine „Mitternachtsetüde"[9] freut und ärgert zugleich. Sie freut, weil sie sauber, anständig geschrieben ist und beweist, daß Du Talent hast. Sie ärgert, weil sie erstens überdreht und zweitens nicht auf den Punkt geht.[10]

Dann aber folgt die Initialzündung für die „Erziehung eines Helden":

> Schaffst Du nicht rasch solche sechzig Seiten mit Skizzen und Feuilletons, Kurzerzählungen, Dönschen und Histörchen (ganz egal wie das heißt, wenn's nur gut ist) über die Schwarze Pumpe? Bauarbeiter sein ist ungeheuer nützlich – für seine Zeit. Bei Dir müßte dabei etwas herausspringen. Du siehst, mein lieber Siegfried Pitschmann, Du bist wirklich nur halb vergessen und es liegt an Dir, Phönix zu spielen. Gib Dir mal einen Ruck und schmeiß Krise und Stagnation in irgendeinen Eimer. Antworte bald und sei bis dahin herzlich gegrüßt von Deinem Günter Caspar.[11]

---

[8] Ebd.
[9] Unveröffentlicht. Siegfried-Pitschmann-Archiv im Literaturzentrum Neubrandenburg (Archiv SPA), Mappe 18, Dokument 1.
[10] G.C. an S.P., 14.01.1958. – Archiv Aufbau, SBB IIIA Dep38 1238 0075 [BRB – 03857].
[11] Ebd.

„Da ich nicht das Talent habe, an falscher Stelle den Helden zu spielen"[12]

Pitschmann beißt an. Aber er will nicht einzelne Geschichten schreiben, sondern einen größeren zusammenhängenden Text, „eine einzige Erzählung, nur von verschiedenen Seiten angepackt"[13]. Außerdem braucht er schnell eine neue Arbeit, da er kurzfristig aus gesundheitlichen Gründen in „Schwarze Pumpe" kündigen muss:

> Meines Bleibens in Pumpe wird nicht länger sein, da ich nicht das Talent habe, an falscher Stelle den Helden zu spielen. […] Du hast mich gefragt, ob ich nicht in der Lage sei, rasch etwa 60 Seiten Geschichten von der Schwarzen Pumpe zu schreiben. […] ich möchte schon; denn wenn ich nun nach Genesung auch meinen Schw.-Pumpen-Dienst quittieren werde, so habe ich doch in dem immerhin halben Jahr meines Bauarbeiterlebens genug erlebt, um ein Bändchen damit zu füllen. Es geistert seit einiger Zeit ein gewisser Plan herum. […] Ich wollte, völlig unabhängig von irgendwelchen Verlagsverträgen, eine kleine Sammlung von Erzählungen machen; eigentlich eine einzige Erzählung, nur von verschiedenen Seiten angepackt. Titel (leicht größenwahnsinnig) etwa „Erziehung eines Helden".[14]

Am 20. Februar 1958 treffen sich Siegfried Pitschmann und Günter Caspar zu einem Arbeitsgespräch im Aufbau-Verlag, und am 24. Februar unterzeichnen Verlagschef Klaus Gysi und Autor Siegfried Pitschmann den Verlagsvertrag über das „noch zu schaffende Werk ‚Schwarze Pumpe' (Arbeitstitel)"[15]. Das Manuskript soll bereits am 31. Mai fertig sein.

Caspar sorgt dafür, dass Pitschmann Schreibmaschinenpapier zugeteilt wird und er einen Platz im Schriftstellerheim

---

[12] S.P. an G.C., 04.02.1958. – Archiv Aufbau, SBB IIIA Dep38 1238 0073 [BRB – 03750].
[13] Ebd.
[14] Ebd.
[15] Brigitte-Reimann-Archiv im Literaturzentrum Neubrandenburg (Archiv BRA), 00862-00006-02.

„Friedrich Wolf" in Petzow bekommt, um ungestört an seinem Buch arbeiten zu können. Am 3. März 1958 beginnt Siegfried Pitschmann mit der Arbeit und ist froh über die Ruhe, das schöne Zimmer und die angenehmen Bedingungen in Petzow, die so völlig im Kontrast zu dem stehen, was er in den letzten Monaten erlebt hat. Der Abschied von „Schwarze Pumpe" ist ihm dennoch nicht leichtgefallen:

> Es war doch ein merkwürdiges Gefühl, als ich zum letztenmal an meiner guten alten, klapprigen Betonmischmaschine stand, zum letztenmal, gewissermaßen als Gast, die vertrauten Hebel herumschwenkend. Baustellenromantik, die aber mißtrauisch machen sollte; denn sie überkommt nur Gäste, Besucher, solche, die nicht oder nicht mehr dazugehören. Steht man im Prozeß drin, hat man andere Gedanken.[16]

In dem literarischen Text, von Pitschmann selbst meist allgemein als „Erzählung" bezeichnet, aber eher einem Kurzroman gleichkommend, verarbeitet der Schriftsteller seine eigenen Erlebnisse, und er siedelt sie in derselben Zeit an, in der sein Baustellenabenteuer begonnen hatte: im Sommer und Herbst 1957.

Der Held ist ein junger Pianist, der mit seinem Beruf als Unterhaltungsmusiker unzufrieden ist und sich innerhalb der Gesellschaft unnütz fühlt. Die Trennung von seiner Freundin ist der entscheidende Anstoß. Er entsagt dem Alkohol von einem Tag auf den anderen und entschließt sich, einen kompletten Neuanfang zu wagen, in die harte Realität einer Großbaustelle hinauszugehen. Schauplätze des Kurzromans sind das im Bau befindliche Kombinat „Schwarze Pumpe" und die damalige Kleinstadt Hoyerswerda, deren Ausbau zu einer riesigen Wohnstadt für die Arbeiter des Kombinates gerade

---

[16] S.P. an G.C., 03.03.1958. – Archiv Aufbau, SBB IIIA Dep38 1238 0067 [BRB – 03752].

beginnt, sowie in Rückblenden das malerische Dorf Weimar-Hopfgarten, in dem die Freundin des Pianisten als Lehrerin arbeitet.

Die DDR möchte ihre Autoren zu moralischen Instanzen aufbauen, die den Arbeitern und Bauern mit der „richtigen" Literatur den Weg weisen. Siegfried Pitschmanns ungeschminkte Schilderung der Realität auf der DDR-Vorzeigebaustelle in „Schwarze Pumpe" widerspricht dem gewünschten Idealbild. Die unverkennbare Orientierung an Ernest Hemingway, dem Vertreter der Literatur des „Klassenfeindes", tut ein Übriges, denn genau zur selben Zeit hat sich Erwin Strittmatter, gerade Vorsitzender des Deutschen Schriftstellerverbandes geworden, den Kampf gegen die „harte Schreibweise" auf die Fahnen geschrieben. Aber davon ahnt Pitschmann zu diesem Zeitpunkt noch nichts; er will von der Wirklichkeit erzählen und mit seinem Roman endlich als Autor ernst genommen werden. Er kann sich nicht vorstellen, dass diese Wahrheit zu wahr sein wird, um veröffentlicht werden zu dürfen.

„Du weißt, wir warten"[17]

Die Ruhe und die ungestörte Arbeit am literarischen Text finden ein jähes Ende, als Siegfried Pitschmann im Schriftstellerheim auf Brigitte Reimann trifft. Beide fühlen sich sofort seelenverwandt.

Brigitte Reimanns Tagebucheintrag vom 29. März 1958 könnte ebenso gut von Siegfried Pitschmann, den sie nun Daniel nennt, stammen: „Alles verrückt, natürlich, und keine Arbeit, und alle Pläne hin und die guten Vorsätze."[18]

Es kommt, wie es kommen muss. Der Text wird zum Abgabetermin am 31. Mai 1958 nicht fertig, und Günter Caspar

---

[17] G.C. an S.P., 04.06.1958. – Archiv Aufbau, SBB IIIA Dep38 1238 0064 [BRB – 03866].
[18] Reimann, Brigitte: Ich bedaure nichts. – Berlin : Aufbau-Verlag, 1997. – Seite 88-89 (Tagebucheintrag vom 29.03.1958).

mahnt: „Was macht Dein Manuskript? Ist es noch nicht fertig, so schreibe mir wenigstens. Du weißt, wir warten."[19] Freundlich mahnende Briefe Caspars und aufschiebend entschuldigende Pitschmanns gehen hin und her. Brigitte Reimann erkennt, dass ihr Partner dringend einen Zwischenerfolg braucht, um seine Motivation nicht zu verlieren, und erreicht bei einer persönlichen Vorsprache im Verlag, dass die, ebenfalls bei Aufbau verlegte, Wochenzeitung „Sonntag" einen Vorabdruck aus Pitschmanns Text zusagt. Unter allergrößten Anstrengungen schafft Reimann es in allerletzter Minute, dem gründlichen, langsamen und voller Bedenken steckenden Autor das fast vollständige Manuskript für den Vorabdruck abzutrotzen:

> [...] ich hab es versucht, ich hab ihm auf den Fersen gesessen und mit allen möglichen erlaubten und unerlaubten Mitteln ihm Leistungen abgepreßt, die er sonst nicht erreicht hat – mit dem Erfolg, daß er nachts Herzanfälle bekam und physisch derart litt, daß ich mir vorgenommen hab, künftig nichts mehr erzwingen zu wollen.[20]

Pitschmann schickt das Manuskript an Caspar, und sein kleiner Nebensatz: „Hoffentlich bist Du ein bißchen zufrieden"[21], lässt schon ahnen, was kommen könnte, falls es nicht so sein sollte. Caspar ist unzufrieden mit dem Text und damit, dass die letzten drei Seiten fehlen:

> Schönen Dank für Deinen Brief vom 31. Juli und für das dritte Kapitel. Heute ist nun allerdings schon wieder Montag und die Schlußseiten vom „Neuling im Netz" fehlen noch. Deshalb hat

---

[19] G.C. an S.P., 04.06.1958. – Archiv Aufbau, SBB IIIA Dep38 1238 0064 [BRB – 03866].
[20] Brigitte Reimann (B.R.) an G.C., 20.08.1958. – Archiv Aufbau, SBB IIIA Dep38 1238 0050 [BRB – 03760].
[21] S.P. an G.C., 31.07.1958. – Archiv Aufbau, SBB IIIA Dep38 1238 0053 [BRB – 03759].

sich auch der „Sonntag" bis heute nicht entscheiden wollen, und er wird sich wahrscheinlich auch nicht dafür entscheiden. Auch ich glaube, daß der „Neuling im Netz", der drei volle Seiten des Blattes umfassen würde, nicht das richtige zum Vorabdruck ist. Deine Intentionen kommen noch nicht klar genug zum Ausdruck. Und wenn dem so ist, dann ist ein Vorabdruck nicht gerade das richtige.[22]

Da nützt es auch nichts, dass Caspar an Pitschmann schreibt: „Ich habe mit großem Interesse weitergelesen und warte sehr auf das, was da weiter kommen wird", denn der gleich anschließende Satz: „Bleibt es bei Ende August?"[23] fügt der inhaltlichen Kritik am Text den für Pitschmann über alles verhassten Zeitdruck hinzu. Die Situation führt zur ersten großen Krise um den Roman. Pitschmann wird alle folgenden Ereignisse nur als weitere Bestätigung seiner fehlenden Begabung und seiner nicht ausreichenden Beharrlichkeit verstehen.

Brigitte Reimann fasst den Stand der Dinge in einem Brief an Caspar zusammen, und ihre Worte wirken wie eine sich selbst erfüllende Prophezeiung, wenn sie die Gründe für den späteren Verriss des Manuskripts, der Siegfried Pitschmann zum Selbstmordversuch treiben wird, hier schon ahnungsvoll beschreibt:

> Sie können sich wohl vorstellen, wie auf ihn die Absage vom „Sonntag" gewirkt hat – Ihr Brief kommt ja einer Absage gleich –, und wie sehr enttäuscht wir waren. Eine Enttäuschung, die bei Daniel nicht verletzter Autoren-Eitelkeit entspringt: dieses „nicht geeignet" bezogen wir auf die ganze Erzählung, auf die Thematik; Daniel tobte und schwur, er werde das Buch nicht zuende schreiben, weil ja doch kein ernsthaftes Interesse bestünde. […] In der Tat ist es befremdlich, daß eben jene Redaktionen, die nach Gegenwartsliteratur schreien, für die

---

[22] G.C. an S.P., 11.08.1958. – Archiv Aufbau, SBB IIIA Dep38 1238 0052 [BRB – 03874].
[23] Ebd.

Autoren so wenig tun oder zu tun bereit sind – gerade für diese mutigen, parteilichen und zumeist noch sehr jungen Autoren. [...] Sie wissen selbst, daß Daniels Erzählung ein Stück Literatur wird, mehr: neue Literatur (und nicht von einem Konjunkturritter geschrieben), genau das, was wir brauchen – angeblich brauchen. Lippenbekenntnisse der „Zuständigen"?[24]

Reimann verpackt ihre Kritik an einer heuchlerischen Kulturpolitik in zwischen den Zeilen liegende Aussagen, ohne dabei jedoch die Grenze des „Erlaubten" zu überschreiten:

> Schließlich ist es nicht damit getan, daß Reportagen veröffentlicht werden, in denen singende Maschinistinnen rote Nelken am Kopftuch tragen. [...] Sie sollten Daniel bei irgendeiner Veröffentlichung als Betonarbeiter etikettieren; das wäre ein hübscher Gag: an wieviele Funktionärsbrüste würde er gezogen werden! [...] Daniel braucht eine Bestätigung; ich muß dafür sorgen, daß er diese Bestätigung bekommt und sobald als möglich bekommt, sonst verzweifelt er vollends an seiner Arbeit.[25]

Das Bild der roten Nelken findet sich auch in Pitschmanns „Erziehung eines Helden":

> Und dann dachte er: Was willst du? Hast du vielleicht erwartet, hier laufen alle mit roten Nelken im Knopfloch rum, emphatisch Aufbaulieder singend?[26]

„Wer soll denn darüber wahrhaftig schreiben, wenn nicht wir?"[27]
Günter Caspar ist erfahren genug, um zu erkennen, wann er einem seiner Autoren beispringen muss, der zu straucheln droht.

---
[24] B.R. an G.C., 20.08.1958. – Archiv Aufbau, SBB IIIA Dep38 1238 0050 [BRB – 03760].
[25] Ebd.
[26] Kapitel III, Neuling im Netz, Seite 48.
[27] Pitschmann: Verlustanzeige. – Seite 77.

Brigitte Reimanns Brief verfehlt seine Wirkung in dieser Hinsicht nicht. Auf dem Weg in den Sommerurlaub macht Caspar am 1. September 1958 einen Umweg über Burg und trifft sich mit Brigitte Reimann und Siegfried Pitschmann. Nach dem Gespräch sorgt Caspar dafür, dass der „Sonntag" einige Monate später doch einen Vorabdruck veröffentlichen wird[28] und in der Anthologie „Des Sieges Gewißheit", die anlässlich des 10. Jahrestages der Gründung der DDR erscheinen soll, ein Romankapitel Platz findet.[29]

Pitschmann schöpft neuen Mut für die Vollendung seines Buches, doch finanziell sind er und Reimann in großen Nöten; beider Ehescheidungen haben die letzten Reserven aufgebraucht.

Walther Victor vom Deutschen Schriftstellerverband bietet ihnen Unterstützung an. Pitschmann beantragt eine „Arbeitshilfe" beim Schriftstellerverband und schließt – weil Victor ihm sagt, dass dies die Voraussetzung dafür sei, sie zu bekommen – mit dem Ministerium für Kultur einen Vertrag ab, der diesem (und dem Schriftstellerverband) gestattet, das Romanmanuskript für den „internen"[30] Gebrauch [sic!] zu verwenden. Damit nimmt das Verhängnis seinen Lauf, denn der Schriftstellerverband will jetzt selbstverständlich das Manuskript, für das er die Arbeitsbeihilfe gewährt, auch zu sehen bekommen. Eduard Klein, Sekretär des DSV, begründet das inhaltliche Interesse des Verbandes an dem unveröffentlichten Dokument:

> Du hast ein Thema aufgegriffen, das für unsere junge Literatur und besonders auch für unsere jungen Autoren sehr wichtig

---

[28] Erschienen in insgesamt vier aufeinanderfolgenden Ausgaben als Fortsetzungsgeschichte. – Pitschmann, Siegfried: Neuling im Netz. – In: Sonntag, 18.01.1959 bis 08.02.1959.

[29] Pitschmann, Siegfried: Neuling im Netz. – Seite 583-601. – In: Des Sieges Gewißheit. – Berlin : Aufbau-Verlag, 1959.

[30] S.P. an G.C., 01.03.1959. – Archiv Aufbau, SBB IIIA Dep38 1235 0066 [BRB – 03772].

ist. Es ist daher nur natürlich, daß wir das Romanmanuskript schon in seinem Werden kennenlernen wollen.[31]

Pitschmann hat ein ungutes Gefühl und hüllt sich zunächst in Schweigen. Klein wird deutlicher:

> Die Mitglieder der Arbeitsgemeinschaften junger Autoren sind verpflichtet, dem Verband auf Wunsch ihre Arbeiten vorzulegen. Anders könnte die Hilfe und Anleitung des Verbandes ja auch nicht wirksam werden. Daß der Verband von seinem Recht mit Maß und Takt Gebrauch machen muß, damit aus der Hilfe keine Bevormundung wird, versteht sich am Rande. […] Ich glaube, daß wir uns anhand des Manuskripts viel schneller einigen werden, als wenn wir brieflich darüber theoretisieren, welche Rechte der Verband hat.[32]

Ob dahinter zunächst wirkliches Interesse an Pitschmanns literarischer Arbeit steckt, oder ob der Schriftstellerverband in Vorbereitung der „Diskussion über die sogenannte ‚harte Schreibweise'"[33] gezielt Manuskripte beschafft, die unter diesem Verdacht stehen, um mittels einer Verleumdungsdebatte deren Erscheinen zu verhindern, ist anhand der vorliegenden Dokumente nicht zu belegen, allenfalls zu vermuten.

Pitschmann hat letztlich keine andere Wahl, als dem Schriftstellerverband sein vollständiges Manuskript zu schicken. Eduard Klein bekommt es Mitte April 1959 mit der Bitte, es im Anschluss an Günter Caspar weiterzugeben, was auch geschieht: „Das Gesamtmanuskript geht zunächst an Eduard

---

[31] Deutscher Schriftstellerverband (DSV), Eduard Klein (E.K.) an S.P., 11.03.1959. – Archiv BRA, 00862-00106 [BRB – 04298].
[32] DSV, E.K. an S.P., 31.03.1959. – Archiv BRA, 00862-00114 [BRB – 04301].
[33] Strittmatter, Erwin: An die Basis – gegen Selbstzufriedenheit. – In: Neues Deutschland, 28.04.1959.

Klein (unser alter Fehler: wir machen keine Durchschläge), den wir bitten werden, es Dir zu übergeben."[34]

Die „harte Schreibweise"
Wenige Tage später, auf der Bitterfelder Konferenz vom 24. April 1959, begründet Walter Ulbricht mit seiner Aufforderung an die Künstler, an die Basis zu gehen, den „Bitterfelder Weg", und es gibt noch eine zweite Rede, die weitreichende Konsequenzen nach sich zieht: Erwin Strittmatter hält als Vorsitzender des Schriftstellerverbandes der DDR einen ebenso viel beachteten Diskussionsbeitrag wie Ulbricht. Auch Strittmatter fordert die junge Schriftstellergeneration der DDR auf, neugierig zu sein und selbst zu erkunden, wie es in der Praxis zugeht:

> Täglich werden im Gedröhne der Fabriken, im Staub der Bauplätze und auf den Felderweiten der landwirtschaftlichen Produktionsgenossenschaften Heldentaten vollbracht. […] Wir klagen, unsere Sitzungen im Schriftstellerverband seien nicht interessant genug, sie langweilen. Warum langweilen sie? Weil wir nicht voll von Erlebnissen sind, die wir auf Fahrten und Erkundigungen hatten. […] Ich habe es schon oft gesagt und sage es hier nochmals: Wer Kontakt mit unserer Wirklichkeit, mit unseren Menschen, kurzum mit unseren heutigen und künftigen Lesern hat, der brauchte nicht krampfhaft nach Themen und Entwürfen für ein neues Werk zu suchen.[35]

Dann kommt Strittmatter auf den Punkt und greift – freilich ohne Namen zu nennen – Siegfried Pitschmann und dessen unveröffentlichtes Romanmanuskript direkt an:

> Aber es gibt noch andere Gründe, die die wirklich schöpferische und vorwärtsweisende Diskussion im Verband hemmen.

---
[34] B.R. an G.C., 14.04.1959. – Archiv Aufbau, SBB IIIA Dep38 1235 0063 [BRB – 03773].
[35] Strittmatter: An die Basis.

> Wir sind soeben dabei, eine Diskussion über die sogenannte „harte Schreibweise" vorzubereiten. Einige unserer jungen und einige unserer nicht mehr ganz jungen Autoren haben sich diese Schreibweise von nicht sehr fortschrittlichen amerikanischen oder westdeutschen Schriftstellern abgeguckt. Sie sagen etwa so: Was faselt ihr davon, daß die Helden unseres Werktages poetische und liebenswerte Menschen sind? Die Realität ist hart. Das Kombinat „Schwarze Pumpe" wird nicht von weißen Lämmern aufgebaut. Na, das gewiß nicht! Es wird aber nicht nur von Radaubrüdern, Säufern, Glücksrittern und von solchen Arbeitern aufgebaut, die ihre Kräfte um der dicken Lohntüte willen verdoppeln und verdreifachen. [...] Und doch gibt es bei uns ein solch literarisches Herangehen an die Arbeit unserer Werktätigen: Alles Poetisieren der Arbeiter und der Arbeit ist streng verpönt; nackt und kalt wird über Vorgänge und Menschen geschrieben, als seien die Arbeiter Maschinenteile, die zufällig auch denken können. So etwas Ähnliches drückt sich meines Erachtens auch in der sogenannten „harten Schreibweise" aus.[36]

Strittmatter greift in der Rede auch seine Kollegen im Vorstand des Schriftstellerverbandes an, die diese Schreibweise „ganz einfach [als] ein künstlerisches Mittel unter anderen" betrachten, die „sich nicht über das Antihumanistische dieser Schreibweise einig sind, wenn sie das Problem für gar nicht so ernst halten"[37]. Er will eine großflächige Diskussion im Verband und eine klare Verurteilung der „harten Schreibweise": „Das darf es nicht geben", und: „Da stiften wir Verwirrung."[38] Strittmatter begründet auch, warum er diese Verurteilung anstrebt:

> Seitdem ich im Verband sitze und mir langsam einen Überblick verschaffen kann, sehe ich, daß sich unsere jungen Autoren dieser Schreibweise zuwenden und befleißigen. Das Problem ist deshalb ernst, weil unsere Werktätigen instinktiv, aber auch

---
[36] Ebd.
[37] Ebd.
[38] Ebd.

zuweilen schon sehr bewußt merken, daß man auf diese Weise schlecht von ihnen spricht, schlecht von ihnen schreibt. All ihr Denken und Fühlen wird unterschlagen. Man manipuliert ihr Herz in die Lohntüte hinein. Sie fühlen sich unverstanden und sagen: So sind wir nicht. Selbst dann, wenn man ihnen einzureden versucht, es sei echte Kunst, mit der sie es da zu tun hätten, sie müßten das kennen und sich darauf einstellen und sich daran gewöhnen. Was für eine Blasiertheit![39]

Siegfried Pitschmann kennt die am 28. April 1959 im „Neuen Deutschland" veröffentlichte Rede Erwin Strittmatters vermutlich nicht, denn seine erste Reaktion auf die Angriffe gegen die „harte Schreibweise" im Zusammenhang mit der „Erziehung eines Helden" lässt sich erst für den Juni 1959 belegen – und auch dann ohne Bezugnahme auf den Artikel im ND.[40]

Im Mai 1959 wird Brigitte Reimanns Romanmanuskript „Zehn Jahre nach einem Tod"[41] bei einem Arbeitsgespräch im Lektorat des Aufbau-Verlages zerpflückt. Auch die „Erziehung eines Helden" bleibt bei diesem Gespräch – in Abwesenheit des Autors – von der Kritik der Lektoren Schreck und Caspar nicht verschont. Pitschmann greift zur Schreibmaschine. Nicht nur, um seine Frau zu verteidigen. Die uneingeschränkte Solidarität zwischen beiden führt dazu, dass nicht nur sie damit droht, ihr „Buch wegzuschmeißen"[42], sondern auch Pitschmann:

> Es tut mir weiß Gott leid, daß nun alles so gekommen ist, und ich habe mich selbst derart geärgert, daß ich nun auch noch den ganzen dämlichen Krempel hinschmeißen möchte. Offenbar hat Herr Schreck gewisse Vorstellungen vom Leben ringsum […], die erheblich von unseren eigenen Beobachtungen abweichen, und man kann gewiß nicht sagen, daß wir die

---

[39] Ebd.
[40] Vgl. Seite 219ff.
[41] Unveröffentlicht. Manuskript verschollen.
[42] S.P. an G.C., 13.05.1959. – Archiv Aufbau, SBB IIIA Dep38 1235 0055 [BRB – 03777].

ganze Zeit im Elfenbeinturm gesessen hätten. So, wie manche Leute die Helden in Büchern gern sehen möchten, (und nicht nur in Büchern), sind sie leider nirgends anzutreffen.[43]

Caspar vermittelt wiederum geschickt, besänftigt, rückt Argumente zurecht und relativiert Übertreibungen. Und auch diesmal gelingt es ihm, wie Pitschmanns Antwortbrief zeigt. Den selbstbewussten Siegfried Pitschmann, der uns in diesem Brief entgegentritt, hätte man sich auch bei der Reaktion auf die Diffamierung seines Romanmanuskriptes durch den Deutschen Schriftstellerverband gewünscht, die ihn nur zwei Wochen später in die tiefste Krise seines Lebens stürzen wird. Pitschmanns Worte lesen sich fast wie eine vorweggenommene Antwort:

> [...] war ich wütend, weil nach Brigittes Bericht Dein Mitarbeiter an meinem Betonkapitel bemängelte, es wäre zu düster, unoptimistisch oder einfach nicht positiv genug. Ich verdächtigte ihn summarisch, daß es ihm nicht behagte zu lesen, gewisse Arbeiten wären auch im Sozialismus noch verdammt schwer und weiß Gott kein eitel Zuckerschlecken. Du mußt verstehen: Wenn wir auf derartige Einwände immer gleich hochgehen, so liegt es daran, weil wir zu viele schlechte Geschichten, Berichte und dergleichen lesen und hören, [...] wo alles immer gleich in Ordnung ist, wo also die Menschen schon so gut sind, daß man sich eigentlich wundern müßte, warum wir noch nicht weiter sind. Unsere „Ausfälle", „Querschüsse", oder „kritischen Randbemerkungen", oder wie man es nennen will, haben doch keine destruktive Absicht, sondern richten sich mit dem ehrlichen Willen, vorwärtszuhelfen, gegen Klitterei, Schönfärberei, gegen Unwahrheit und Heuchelei, die uns insgesamt einfach die Vielfalt und das Niveau der Literatur einzuengen und zu verarmen scheinen.[44]

---

[43] Ebd.
[44] S.P. an G.C., 05.06.1959. – Archiv Aufbau, SBB IIIA Dep38 1235 0050 [BRB – 03778].

Erst am 15. Juni bekommt Siegfried Pitschmann durch Wolf-Dieter Brennecke, den Vorsitzenden des Magdeburger Schriftstellerverbandes, Kenntnis von der im Deutschen Schriftstellerverband stattgefundenen Diskussion um seinen Roman:

> Unser Bezirksvorsitzender des Verbandes, Wolf D. Brennecke, berichtete mir gestern von einer Sitzung, die kürzlich der Verband in Anwesenheit illustrer Leute in Berlin veranstaltete mit dem Thema „Harter Stil". (Ich schreibe alles so, wie mir Brennecke es erzählt hat, was jetzt kommt.) Auf der Diskussion trat ein Herr Gerhard Baumert vom Verbandssekretariat auf, welcher mein Buch als warnendes Beispiel für „harten Stil" hinstellte. Er sagte zu Brennecke, der Aufbau-Verlag habe mein Manuskript dem Verband gegeben, weil er, der Verlag, nicht damit einverstanden sei und weil er es in dieser Form nicht veröffentlichen werde. Der Verband sei mit dem Verlag der gleichen Meinung, daß es sich um ein kleinbürgerliches Buch handle, dazu noch in diesem so verruchten „harten Stil" geschrieben, usw.[45]

Pitschmann ist verwirrt über das, was ihm Brennecke erzählt hat, denn er vertraut Caspar, aber er will sichergehen und fragt deshalb per Brief nach.[46] Caspar telegrafiert sofort, nachdem er den Brief bekommen hat:

> Haben ebenfalls aus zweiter Hand von der Diskussion im Verband gehört. Die ist selbstverständlich ohne irgend ein Zutun unsererseits erfolgt. Halten das Vorgehen für unmöglich. Hatten noch keine Gelegenheit von uns aus Klärung des Sachverhalts herbeizuführen.[47]

Drei Tage später geht es weiter: In der „Berliner Zeitung" vom 26. Juni 1959 nimmt der Autor mit dem Kürzel „ski" das

---

[45] S.P. an G.C., 19.06.1959. – Archiv Aufbau, SBB IIIA Dep38 1235 0046 [BRB – 03779].
[46] Ebd.
[47] G.C. an S.P., 23.06.1959. – Archiv Aufbau, SBB IIIA Dep38 1235 0045 [BRB – 03897].

Beispiel aus Strittmatters Rede auf und geht noch mehr ins Detail. Wieder wird der Name Pitschmann nicht genannt, aber die Bezüge sind eindeutig:

> Stilistisch äußert sich die „harte Schreibweise" vor allem in Elementen wie Wiederholungen, stereotypen Redewendungen, aufgelösten Sätzen, vor allem aber im häufigen Gebrauch von Vokabeln aus dem Verbrecher- oder Kommiß-Jargon. Vorbild für unsere Autoren waren die Amerikaner Hemingway, Mailer, Jones und andere. Der „hard boiled style" (hartgesottene Stil) dieser Schriftsteller hat seine Wurzeln in einer zutiefst pessimistischen und nihilistischen Weltauffassung. Sie sehen ihre Umwelt als schlecht an (was größtenteils berechtigt ist), aber sie halten sie für unabänderlich. So gestalten sie die „Größe" der Schlechtigkeit, machen sie interessant. Da sie keine Perspektive für die Entwicklung der menschlichen Gesellschaft erkennen, sind sie nicht in der Lage, eine wirklich realistische Darstellung der Welt zu geben. [...] Es handelt sich also bei der Diskussion um den „harten Stil" nicht um Stilfragen: Form und Inhalt sind nicht zu trennen. Das wurde am Beispiel nachgewiesen. Einer unserer jungen Autoren arbeitet an einem Werk, das den Aufbau der „Schwarzen Pumpe" zum Inhalt hat. Die Menschen, die hier arbeiten, werden als ständig betrunken, geldgierig und ohne moralischen Halt geschildert. [...] Zu den großartigen Leistungen, wie sie täglich beim Aufbau des Sozialismus vollbracht werden, befähigt unsere Arbeiter nicht die Geldgier, nicht der Zufall, sondern ihr Bewußtsein. [...] Gewiß gibt es in der „Schwarzen Pumpe" Arbeiter, die trinken, [...] aber in den Romanen werden diese im einzelnen vorhandenen Tatsachen als naturalistisch verabsolutierte Einzelwahrheiten dargestellt, ohne daß die zukunftsträchtigen Kräfte gezeigt werden. [...] Zwei der Autoren, Karl Mundstock und Harry Thürk, waren anwesend und sprachen zu diesen Problemen. Sie haben sich von den diskutierten Werken distanziert. [...] Die „harte Schreibweise", Ausdruck einer dem Sozialismus feindlichen Ideologie, ist ein Rest jener revisionistischen Strömungen, die, wie Christa Wolf betonte, bei uns im Prinzip als überwunden gelten können. Dennoch [...] muß der Schriftstellerverband

bemüht sein, vor allem die jungen Autoren bei der Klärung zu unterstützen, damit sie fähig sind, die Werke zu schaffen, die die lesenden Arbeiter von ihnen erwarten.[48]

Im Grunde ist es ein Treppenwitz der Geschichte, wenn ausgerechnet dem Schriftsteller Siegfried Pitschmann vorgeworfen wird, „keine Perspektive für die Entwicklung der menschlichen Gesellschaft"[49] zu erkennen: Pitschmann hatte eine Vorreiterrolle dabei eingenommen, „die noch vorhandene Trennung von Kunst und Leben, die Entfremdung zwischen Künstler und Volk zu überwinden"[50], indem er bereits ein Jahr vor dem Beschluss auf der „Bitterfelder Konferenz" als einfacher Bauarbeiter in das Kombinat „Schwarze Pumpe" gegangen war. Und ausgerechnet Pitschmanns Protagonist, Musiker von Beruf, sah seine größte Entwicklungschance darin, an die Basis zu gehen und dort als einfacher Betonarbeiter zu erfahren, wie das Leben wirklich ist. War das keine Perspektive? Oder meinte Strittmatter mit „Perspektive" vielleicht Brigitte Reimanns ironisch gemeinte „singende Maschinistinnen mit der roten Nelke am Kopftuch"[51] in einem Roman, der als Gegenwart beschreibt, was man sich als Idealbild für die Zukunft erträumt?

Nach Erscheinen des Artikels schildert Pitschmann seinem Lektor die weiteren Ereignisse:

> Am vergangenen Wochenende war Verbandstagung in Halberstadt, bei der auch Strittmatter zugegen war. Er wünschte eine Aussprache zwischen uns und dem Verband im Beisein der Herren Baumert und Klein in Berlin […] Mein Manuskript, das er nicht kannte, erbat er sich von mir, und er wird es mir in

---
[48] Die harte Schreibweise. – In: Berliner Zeitung, 26.06.1959.
[49] Strittmatter: An die Basis.
[50] Beschluss des V. Parteitages der Sozialistischen Einheitspartei Deutschlands, 10. bis 16. Juli 1958.
[51] B.R. an G.C., 20.08.1958. – Archiv Aufbau, SBB IIIA Dep38 1238 0050 [BRB – 03760].

Berlin wiedergeben. Strittmatter sagte, es wäre gut, wenn Du an dieser Aussprache im Verband teilnehmen könntest [...] und wir beide bitten Dich flehentlich, mit uns gemeinsam zu dieser Diskussion zu gehen. [...] Vielleicht hast Du inzwischen in der Berliner Zeitung [...] über „Die harte Schreibweise" gelesen, worin meine Arbeit (allerdings ohne Namensnennung) warnend verworfen wird. [...] Lieber Günter, wir hätten beide dringend ein bißchen Rückenstärkung nötig [...] vielleicht bringt nun die Aussprache im Verband mit Deiner freundlichen Unterstützung so etwas wie eine Klärung oder Beruhigung.[52]

Die Aussprache im Verband wird ein Desaster. Deren Resultat ist ein „glatter Totschlag, ein Verriß von Daniels Buch, wie man ihn sich plumper und ungerechter kaum denken kann"[53], beschreibt Brigitte Reimann die Ereignisse in ihrem Tagebuch.[54] Gerhard Holtz-Baumert und Eduard Klein richten „unqualifizierte Angriffe" gegen das Manuskript, stempeln den Protagonisten als Kleinbürger ab und nennen dessen innere Konflikte „Wehwehchen eines Intellektuellen"[55]. Sie verurteilen das Buch als „nicht sozialistisch"; „man mußte wirklich den Eindruck gewinnen, daß das Buch nicht mehr zu retten sei"[56]; und wenn Erwin Strittmatter Pitschmann dennoch „eine große Begabung"[57] bescheinigt und dessen „Landschaftsschilderungen"[58] rühmt, klingt das in Kenntnis

---

[52] S.P. an G.C., 29.06.1959. – Archiv Aufbau, SBB IIIA Dep38 1235 0043 [BRB – 03781].
[53] Reimann: Ich bedaure nichts. – Seite 118.
[54] Reimann, Brigitte: Brigitte Reimann in ihren Briefen und Tagebüchern. – Berlin : Verlag Neues Leben, 1983. – Seite 55-56; Reimann: Ich bedaure nichts. – Seite 118-119.
[55] Ebd.
[56] Reimann: Brigitte Reimann in ihren Briefen und Tagebüchern. – Seite 56 (in „Reimann: Ich bedaure nichts" gestrichen).
[57] Reimann: Brigitte Reimann in ihren Briefen und Tagebüchern. – Seite 56; Reimann: Ich bedaure nichts. – Seite 118.
[58] Ebd.

seiner Bitterfeld-Rede schon fast wie Hohn. Brigitte Reimann fasst die Essenz des Tribunals treffend zusammen:

> Sie kennen die Theorie, aber sie kennen die Praxis nicht, und wo die Praxis nicht mit ihren Vorstellungen übereinstimmt, muß sie umgelogen und zurechtgerückt werden.[59]

Selbst Jahrzehnte später, als Pitschmann der befreundeten Marie-Elisabeth Lüdde seine Lebenserinnerungen aufs Band spricht, ist immer noch deutlich der Riss zu spüren, der sich seit diesem Tag durch die Biografie des Schriftstellers Siegfried Pitschmann zieht:

> Es war ein entsetzliches Abschlachten, ein Strafgericht. Für mich war in dieser einen Stunde alles aus. Etwas in mir zerbrach. Denn ich hatte meine nächste überschaubare Lebensspanne mit der Hoffnung auf dieses Buch und mit der Hoffnung auf mich selbst als Schriftsteller verbunden. Und ich dachte, damit trete ich mit einem Paukenschlag in die Literatur ein, und dann müsse man mich als Autor ernst nehmen. Ich wollte nicht mehr ein Schriftsteller sein, von dem noch kein fertiges Werk existiert, nur Verstreutes in Zeitschriften. Ich wollte nicht, dass sie sagen: „Er soll ja angeblich ein begabter Kerl sein, eine große Hoffnung!" […] Tief drinnen war ich verzweifelt und wurde immer verzweifelter. Meine Hoffnung war weg. Alles brach zusammen, auch das bisschen finanzielle Hoffnung. […] Bis zu dieser Strafsitzung hatte sich das alles verdichtet, es war so eine Art Vorgefühl und Vorahnung, aber ich wusste nichts Rechtes. Es wurde nur immer hinter vorgehaltener Hand irgendwas geraunt. […] Und da war das Grinsen der Eingeweihten über mich „armes Würstchen", das noch keine Ahnung hatte. Gerade diese Unwissenheit hat mich fertig gemacht.[60]

Diesmal gelingt es Günter Caspar nicht, Siegfried Pitschmann eine Perspektive aufzuzeigen und ihm mit seinen Anmerkungen im Manuskript weiterzuhelfen. Auch Brigitte Reimann

---

[59] Ebd.
[60] Pitschmann: Verlustanzeige. – Seite 78-79.

irrt, als sie Caspar am 30. Juli schreibt: „Deine zartfühlenden Streichungen im Betonkapitel hat Siegfried anerkannt; ich glaube, er sieht Land."[61] Siegfried Pitschmann hält sich für einen „Versager"[62] und glaubt, dass er niemals „imstande sein wird, ein Buch zu beenden"[63]. Drei Tage später versucht Siegfried Pitschmann, sich das Leben zu nehmen. Der Selbstmordversuch misslingt dank des beherzten Eingreifens von Brigitte Reimann und deren Eltern.

Brigitte Reimann wendet sich an Erwin Strittmatter. Der fährt umgehend nach Burg und besucht gemeinsam mit ihr Siegfried Pitschmann im Krankenhaus. „Von seiner Verdammung der ‚harten Schreibweise' rückte Erwin Strittmatter zu diesem Zeitpunkt noch nicht ab, gegenüber dem schreibenden Paar Pitschmann/Reimann wollte er jedoch Wiedergutmachung leisten"[64], schreibt Annette Leo in ihrer Strittmatter-Biografie. Es ist fraglich, ob Erwin Strittmatter bereits von Anfang an bewusst war, dass er in seinem Kampf gegen die „harte Schreibweise" nicht nur einen literarischen Stil aus der DDR-Literatur zu verbannen suchte, sondern weit über das Ziel hinausschoss, indem er die Autoren einer Charakterdebatte aussetzte, oder ob er dies erst nach Siegfried Pitschmanns Selbstmordversuch realisierte.

Ein Mann namens Salbenblatt

Die „Erziehung eines Helden" fasst Pitschmann nicht mehr an. Das Thema „Schwarze Pumpe" behandelt er aber weiter; in kleinen, meisterhaften Erzählungen, die ebenfalls auf seinen Erlebnissen aus den Jahren 1957 und 1958 basieren, und die

---

[61] B.R. an G.C., 30.07.1959. – Archiv Aufbau, SBB IIIA Dep38 1030 0145 [BRB – 03783].
[62] Reimann: Ich bedaure nichts. – Seite 119.
[63] Ebd.
[64] Leo, Annette: Erwin Strittmatter. – Berlin : Aufbau-Verlag, 2012. – Seite 214.

zwischen 1959 und 1960 entstehen: „Wunderliche Verlobung eines Karrenmanns" (1959), „Das Fest" (1959), „Das Wiedersehen" (1959), „Vom Ruhm der Unzufriedenheit" (1960) und „Elvis feiert Geburtstag" (1960).

Nur 1961 wandert die „Erziehung eines Helden" noch einmal für einen Moment auf den Schreibtisch Pitschmanns. Basierend auf dem dritten Kapitel „Neuling im Netz" entsteht eine vollkommen überarbeitete selbstständige Erzählung mit dem Titel „Das Netz"; politisch sehr viel angepasster und mit Fokus auf einen Helden, der nicht freiwillig im Kombinat ist, sondern zur Bewährung. Die Protagonisten heißen jetzt Martin („Neuling") und Eva („das Mädchen"), und beide studieren am Lehrerbildungsseminar in Weimar. Die Figur der Freundin erhält größeres Gewicht, und hierfür flicht Pitschmann außer der 1. Szene (Im Park in Weimar) alle anderen Rückblendepassagen aus dem Roman in die Erzählung mit ein: 2. Szene, An der Talsperre; 3. Szene, Trennung im Zimmer des Mädchens; 4. Szene, Besuch in Hopfgarten, der Alkohol. Eine weitere Szene fügt er hinzu: 5. Szene, Aussprache im Lehrerbildungsseminar und Relegation nach „Schwarze Pumpe".

Nach der Scheidung von Brigitte Reimann und seinem Weggang aus Hoyerswerda im Jahr 1964 befasst sich Pitschmann zunächst überhaupt nicht mehr mit dem Thema „Schwarze Pumpe". Er ist wieder verheiratet und lebt nun in Rostock. Als ihm jedoch im Oktober 1965 Brigitte Reimann die Nachricht vom Unfalltod Erwin Hankes, Meister in ihrer ehemaligen Brigade im Kombinat „Schwarze Pumpe" und enger Freund der beiden Schriftsteller, übermittelt, ist Pitschmann tief betroffen und verarbeitet den Verlust in seiner Erzählung „Die Ansprache" (1966), die er dafür noch einmal im Kombinat spielen lässt.

Nun ist ihm das Thema wieder präsent; die Erinnerungen an die Zeit in Hoyerswerda und mit Brigitte Reimann beschäftigen ihn noch einmal, und er schreibt seine letzte

Schwarze-Pumpe-Erzählung mit dem Titel „Ein Mann namens Salbenblatt" (1967), in der er auch die Trennung von Brigitte Reimann literarisch verarbeitet. Die Erzählung kann als Schlussstrich unter seiner Beschäftigung mit dem Romanstoff „Erziehung eines Helden" und als dessen „Epilog" gesehen werden: Siegfried Pitschmann nimmt den Handlungsfaden aus dem letzten Roman-Kapitel wieder auf und schließt den Kreis, indem er Salbenblatt/Pitschmann als Schriftsteller zu erkennen gibt, der seine Erlebnisse in „Schwarze Pumpe" in den Kapiteln eins bis sieben auf den Musiker King Klavier übertragen hatte, nun aber, da er vor den Scherben seiner Existenz steht, die Maske lüftet. Die Betonkrätze bedeutet das Ende des Abenteuers „Schwarze Pumpe", die Erziehung des Helden scheint gründlich misslungen. Der Schriftsteller Salbenblatt/Pitschmann hat auf der ganzen Linie versagt, sein Roman ist verrissen, die Liebe zu Leonore, die Züge Brigitte Reimanns trägt, ohne diese zu kopieren, ist verspielt, und so bleibt nur, sich mit der „Eisernen Ration" in der ledernen Tasche von all dem zu erlösen.

„Sicher weißt Du, daß ich sehr dickköpfig bin und eine einmal angefangene Sache nicht aufgeben werde, auch wenn es Zeit dauert."[65]
Auf der Basis der hier geschilderten Zusammenhänge wird nachvollziehbar, wie unversöhnlich sich der sensible Wortkünstler Pitschmann und der Literaturbetrieb der DDR gegenübergestanden haben und weshalb der Umgang des Deutschen Schriftstellerverbandes mit dem Romanmanuskript „Erziehung eines Helden" zum Selbstmordversuch Pitschmanns und dessen lebenslangem Kampf gegen immer wiederkehrende Schreib-Blockaden führte.

---

[65] S.P. an G.C., 04.07.1960. – Archiv Aufbau, SBB IIIA Dep38 1238 0022 [BRB – 03804].

Selbst Günter Caspar schaffte es nach den Ereignissen von 1959 nicht mehr, dem von ihm hochgeschätzten Schriftsteller die traumatische Angst vor dem Versagen zu nehmen. Mit großer Beharrlichkeit und unendlicher Geduld gelang es Caspar dennoch, Pitschmann fünf Bücher abzutrotzen[66] sowie etliche Abdrucke in Anthologien und Zeitschriften – jedoch keinen Roman.

Kristina Stella

---

[66] Das Netz. – Berlin : Verlag Kultur und Fortschritt, 1962; Wunderliche Verlobung eines Karrenmanns. – Berlin : Aufbau-Verlag, 1961; Kontrapunkte. – Berlin : Aufbau-Verlag, 1968; Männer mit Frauen. – Berlin : Aufbau-Verlag, 1974; Er und Sie. – Berlin : Aufbau-Verlag, 1975 sowie nach Caspars Ausscheiden aus dem Verlag: Elvis feiert Geburtstag. – Berlin : AtV, 2000; Auszug des verlorenen Sohns. – Leipzig : Reclam, 1982.

Editorische Anmerkungen

Erziehung eines Helden

Diese erste Ausgabe des bisher unveröffentlichten Textes „Erziehung eines Helden" basiert auf dem Originalmanuskript, das sich im Siegfried-Pitschmann-Archiv im Literaturzentrum Neubrandenburg befindet. Dabei handelt es sich um ein maschinenschriftliches Manuskript von 155 durchgezählten Seiten, auf dessen erster Seite Siegfried Pitschmann handschriftlich den Titel „Erziehung eines Helden" geschrieben hat (EeH01).

In seinen handschriftlichen Notizen (EeH07) gibt Siegfried Pitschmann einen alternativen Titel für das Buch an, der die Vermutung entkräftet, bei dem Manuskript mit den sieben Kapiteln könnte es sich um ein unvollständiges Fragment handeln. Sie lautet: „Sieben Stücke mit einem Thema oder Erziehung eines Helden". Auch die geplanten Überschriften der einzelnen Stücke hat Pitschmann dort bereits notiert (im Manuskript hat er sie später umbenannt):

1. Stück. Ein Abschied
2. Stück. Attest eines Arztes
3. Stück. Johann, du Aas
4. Stück. Nachtschicht
5. Stück. Ein Brigadier haut auf die Pauke
6. Stück. Monolog einer Frau
7. Stück. Tagebuchfragmente des Helden

Die vorangestellte Widmung wurde dem handschriftlichen Konvolut „Fragmente aus ‚Erziehung eines Helden'" entnommen (EeH06).

Siegfried Pitschmann hat auf dem Manuskript (EeH01) nachträglich handschriftlich einige Rechtschreibkorrekturen angebracht. Diese wurden übernommen. Weitere wenige Rechtschreibfehler wurden stillschweigend korrigiert. Die Rechtschreibung folgt ansonsten dem Originalmanuskript.

Pitschmann vertauscht häufig die Satzzeichen, wenn zwei Passagen wörtlicher Rede aufeinandertreffen. Er schreibt zuerst das Komma und dann die Ausführungszeichen, obwohl zumeist die umgekehrte Reihenfolge richtig wäre. Dies wurde durchgehend stillschweigend korrigiert. Siegfried Pitschmann hat beim Layout des Manuskripts Textpassagen eingerückt, die den Text einer außenstehenden Erzählerperson wiedergeben; dies wurde im Buch ebenso gesetzt.

Die Seite 96 des Manuskripts fehlt (Schluss des fünften Kapitels). Die Seite befindet sich nicht im Siegfried-Pitschmann-Archiv, und die entsprechende Textpassage ist weder aus Siegfried Pitschmanns Arbeitsnotizen noch aus anderen Manuskriptversionen zu rekonstruieren. Sie fehlt deshalb im Buch. Es handelt sich vermutlich nur um das Satzende.

Die Seite 140 des Manuskripts (Kapitel sieben) ist unvollständig. Der Text konnte jedoch von einem anderen Manuskript, das identisch ist (EeH05), entnommen werden, sodass keine Textlücke entstanden ist.

Auf den Manuskriptseiten 117 bis 141 (Kapitel sieben) finden sich teils großflächige Streichungen (ca. 80 Prozent des Ursprungstextes) und zahlreiche Umformulierungen der übrigen Textpassagen. Es ist zu vermuten, dass Siegfried Pitschmann diese Änderungen vornahm, nachdem sein Romanmanuskript vom Schriftstellerverband verrissen worden war, und dass er auf diese Weise versuchte, kritische Stellen zu entfernen bzw. sprachlich zu entschärfen. Der Text verliert hierdurch jedoch seinen ursprünglichen Charakter und den originalen „Pitschmann-Ton"; wichtige Informationen zum Verständnis der weiteren Handlung und Anschlüsse in der Handlung sind nicht mehr vollständig vorhanden. Die großflächigen Umarbeitungen widersprechen Siegfried Pitschmanns Arbeitsweise, an einmal fertiggestellten Manuskripten, wenn überhaupt, nur äußerst sparsame Veränderungen vorzunehmen. Die Änderungen haben Entwurfscharakter und wurden von Siegfried Pitschmann später nicht weiter verfolgt. Die Herausgeberin hat sich deshalb dazu entschlossen, den Originaltext zu veröffentlichen; ohne die nachträglichen Streichungen und Umformulierungen.

In Siegfried Pitschmanns handschriftlichen Entwürfen (EeH06) finden sich die auf Seite 146 des Typoskripts (Kapitel sieben) geschilderte Szene in einer ausführlicheren Version, in der King Klaviers Wohnung detaillierter beschrieben wird, und ein erweiterter Entwurf für den Schluss. Diese Entwürfe wurden nicht berücksichtigt.

Das dritte und siebente Kapitel „Neuling im Netz" und „King Klaviers Etüde in Beton" wurden bereits veröffentlicht. Alle anderen Manuskriptteile sind bisher unveröffentlicht.

Kapitel III: Neuling im Netz

Auszüge unter dem Titel „Neuling im Netz" wurden in der „Mühlhäuser Warte" und im „Sonntag" (als Fortsetzungsgeschichte) abgedruckt.

Pitschmann, Siegfried: Neuling im Netz / Siegfried Pitschmann. – In: Mühlhäuser Warte (1959) Nummer 5

Pitschmann, Siegfried: Neuling im Netz / Siegfried Pitschmann. – In: Sonntag 14 (1959) Nummer 3, 18.01.1959

Pitschmann, Siegfried: Neuling im Netz : 1. Fortsetzung / Siegfried Pitschmann. – In: Sonntag 14 (1959) Nummer 4, 25.01.1959

Pitschmann, Siegfried: Neuling im Netz : 2. Fortsetzung / Siegfried Pitschmann. – In: Sonntag 14 (1959) Nummer 5, 01.02.1959

Pitschmann, Siegfried: Neuling im Netz : Schluss / Siegfried Pitschmann. – In: Sonntag 14 (1959) Nummer 6, 08.02.1959

Ein Auszug unter dem Titel „Neuling im Netz" wurde in einer stark gekürzten und leicht veränderten Fassung in der Anthologie „Des Sieges Gewißheit" abgedruckt.

> Pitschmann, Siegfried: Neuling im Netz / Siegfried Pitschmann. – Seite 583-601. – In: Des Sieges Gewißheit : ein Volksbuch vom Aufbau der Deutschen Demokratischen Republik. / im Auftrage des Deutschen Schriftstellerverbandes und des Aufbau-Verlages herausgegeben von I. M. Lange und Joachim Schreck. Einband und Schutzumschlag Erich Rohde. [Geleitwort Erwin Strittmatter]. – Berlin : Aufbau-Verlag, 1959. – 834 Seiten. – Lizenznummer 301 (120/63/59) Gebunden (Leinen) : DM 9.00

Eine unveränderte Fassung unter dem Titel „Etüde in Beton für die linke Hand' oder Neuling im Netz" wurde in dem Konferenzband „Siegfried Pitschmann" abgedruckt.

> Pitschmann, Siegfried: „Etüde in Beton für die linke Hand" oder Neuling im Netz / Siegfried Pitschmann. – Seite 128-145. – In: Siegfried Pitschmann / herausgegeben von Kai Agthe. Literarische Gesellschaft Thüringen e.V. – 1. Auflage. – Weimar : Wartburg-Verlag, 2012. – 200 Seiten. – (Schreiben und Erzählen ; 2). – ISBN 978-3-86160-242-2 Kartoniert (Karton) : Euro 16.90

Eine eigenständige Erzählung und vollkommen veränderte Fassung unter dem Titel „Das Netz" entstand 1961 für den Sammelband „Wunderliche Verlobung eines Karrenmanns" und wurde in den folgenden Publikationen abgedruckt; außerdem blieb von dieser Fassung ein Entwurf des ersten Teils in Form eines handschriftlichen Manuskripts erhalten; entstanden am 22. März 1961 im Schloss Reinsberg.[1] In der Erzählung „Das Netz" wird aus dem Pianisten King Klavier der ehemalige Student Martin. Martin bemüht sich genau-

---

[1] Ehemaliges Betriebsferienheim des Kombinats „Schwarze Pumpe"; nicht zu verwechseln mit Schloss Rheinsberg in Brandenburg.

so wie King Klavier, den Anforderungen der ungewohnten physischen Arbeit auf dem Bau gerecht zu werden, aber er ist im Gegensatz zu King Klavier nicht freiwillig im Kombinat „Schwarze Pumpe". Martins Ex-Freundin Eva hatte gemeinsam mit ihren Studienkollegen am Lehrerbildungsinstitut Weimar dafür gestimmt, dass Martin sein Studium abbrechen und sich auf dem Bau bewähren soll. Er soll dort seine Lebensunsicherheit und seine Labilität überwinden, vom Alkohol loskommen und sich ein Beispiel an den Arbeitern nehmen. Die authentische Schilderung des Alltags in „Schwarze Pumpe" im Original wird in der bearbeiteten Fassung durch eine, zwar sprachlich und kompositorisch hervorragend gestaltete, aber ideologisch angepasste Wandlung des Protagonisten zum typischen „positiven Helden" ersetzt.

Pitschmann, Siegfried: Das Netz / Siegfried Pitschmann. – handschriftlich. – 22. März [19]61. – 7 Blatt, 12 Seiten. – Archiv SPA, Mappe 17, Dokument 1 (Original)

Pitschmann, Siegfried: Das Netz / Siegfried Pitschmann. – Seite 120-181. – In: Pitschmann, Siegfried: Wunderliche Verlobung eines Karrenmanns : Erzählungen / Siegfried Pitschmann. Einband und Schutzumschlag Karl Fischer. – Berlin : Aufbau-Verlag, 1961. – 180 Seiten. – Lizenznummer 301 (120/42/61) Gebunden (Leinen) : DM 6.30

Pitschmann, Siegfried: Das Eingeständnis : [Auszug] / Siegfried Pitschmann. – In: Der Bienenstock (1962) Nummer 62

Pitschmann, Siegfried: Das Netz / Siegfried Pitschmann. Umschlag und Illustrationen Gerhard Rappus. – Berlin : Verlag Kultur und Fortschritt, 1962. – 63 Seiten : Illustrationen. – (Kleine Jugendreihe ; 13. Jahrgang, 1. Dezemberheft). – Lizenznummer 3 (285/94/62) Kartoniert (Karton) : [Preis nicht mitgeteilt]

Kapitel VII: King Klaviers Etüde in Beton
Ein Auszug unter dem Titel „Beton" wurde in einer stark gekürzten und leicht veränderten Fassung in der „Volksstimme Burg" abgedruckt.

> Pitschmann, Siegfried: Beton / von Siegfried Pitschmann. – In: Volksstimme Burg (1959-05-16)

Ein Auszug unter dem Titel „Erziehung eines Helden" wurde in einer stark gekürzten und leicht veränderten Fassung in der Zeitschrift „Der Bau" in insgesamt sechs Folgen abgedruckt.

> Pitschmann, Siegfried: Erziehung eines Helden / von Siegfried Pitschmann. – In: Der Bau Jg. 3 (1960) Nummer 12 bis 17

Ein Mann namens Salbenblatt

Bei der Durchsicht des Siegfried-Pitschmann-Archivs fand sich außerdem das fünfzehnseitige Typoskript einer Erzählung mit dem Titel „Ein Mann namens Salbenblatt" von 1967. Das Originalmanuskript wird im vorliegenden Band erstmalig veröffentlicht. Die Beziehung der Originalfassung dieser Erzählung zum Roman „Erziehung eines Helden" wird im Nachwort ausführlich erläutert.

> Pitschmann, Siegfried: Ein Mann namens Salbenblatt. – maschinenschriftlich. – [Undatiert]. – 15 Blatt, 15 Seiten. – Archiv SPA, Mappe 3, Dokument 25 (Original)

> Pitschmann, Siegfried: Ein Mann namens Salbenblatt. – maschinenschriftlich. – [Undatiert]. – 15 Blatt, 15 Seiten. – Archiv SPA, Mappe 3, Dokument 29 (Original: Durchschlag)

Bei dem Manuskript handelt es sich um die bisher unbekannte und unveröffentlichte erste Fassung einer später unter dem Titel „Unten in Bitterfeld" veröffentlichten Erzählung. Das

Versagen des „Helden" und das DDR-Tabuthema Selbstmord waren 1967 unpublizierbar. Die stark veränderte und entschärfte Fassung unter dem Titel „Unten in Bitterfeld" (1972) entstand für den Sammelband „Männer mit Frauen" und wurde in den folgenden Publikationen abgedruckt. Der Titel „Unten in Bitterfeld" ist eine Anspielung auf Siegfried Pitschmanns ganz persönlichen „Bitterfelder Weg" 1957/1958 in „Schwarze Pumpe", kann aber auch als Bezug zu Strittmatters Rede auf der 1. Bitterfelder Konferenz gesehen werden. Die um das Selbstmordthema bereinigte Erzählung hatte allerdings ihren ursprünglichen Charakter und ihren Spannungsbogen verloren und mit dem Original nur noch wenig gemeinsam. Sie ist damit ein gutes Beispiel dafür, wie stark der Kontrast zwischen den „originalen" Pitschmann-Erzählungen und dem ist, was daraus wurde, nachdem er – aus den verschiedensten Gründen – Veränderungen vorgenommen hatte.

Pitschmann, Siegfried: Unten in Bitterfeld / Siegfried Pitschmann. – Seite 186-198. – In: Pitschmann, Siegfried: Männer mit Frauen / Siegfried Pitschmann. Umschlag Ingrid Schuppan, Erich Rohde. – 1. Auflage. – Berlin ; Weimar : Aufbau-Verlag, 1974. – 211 Seiten. – (bb ; 294). – Lizenznummer 301 (120/131/74) Kartoniert (Karton) : EVP 1.85

Pitschmann, Siegfried: Unten in Bitterfeld / Siegfried Pitschmann. – Seite 170-181. – In: Pitschmann, Siegfried: Männer mit Frauen / Siegfried Pitschmann. Einbandgestaltung Ingrid Schuppan, Erich Rohde. – 2. Auflage. – Berlin ; Weimar : Aufbau-Verlag, 1978. – 211 Seiten. – (bb ; 294). – Lizenznummer 301 (120/57/78) Kartoniert (Karton) : M 1.85

Pitschmann, Siegfried: Unten in Bitterfeld / Siegfried Pitschmann. – Seite 423-436. – In: Alfons auf dem Dach und andere Geschichten/ Herausgegeben und mit einem Nachwort versehen von Manfred Jendryschik. Gesamtausstattung Gerhard Medoch. – Halle ; Leipzig : Mitteldeutscher Verlag, 1982. – 451

Seiten. – Lizenznummer 444 (300/9/82) Gebunden (Leinen) : M 12.80

Pitschmann, Siegfried: Unten in Bitterfeld / Siegfried Pitschmann. – Seite 181-191. – In: Pitschmann, Siegfried: Auszug des verlorenen Sohns : Erzählungen / Siegfried Pitschmann. Auswahl und Nachwort von Gerhard Rothbauer. – 1. Auflage. – Leipzig : Reclam, 1982. – 203 Seiten. – (Reclams Universal-Bibliothek ; Band 953 : Belletristik). – Lizenznummer 363 (340/21/82) Kartoniert (Karton) : M 2.00

Pitschmann, Siegfried: Unten in Bitterfeld / Siegfried Pitschmann. – Seite 128-140. – In: Pitschmann, Siegfried: Elvis feiert Geburtstag : Erzählungen / Siegfried Pitschmann. Umschlaggestaltung Torsten Lemme. – 1. Auflage. – Berlin : Aufbau Taschenbuch Verlag, 2000. – 184 Seiten. – (AtV ; 1461). – ISBN 3-7466-1461-9 Kartoniert (Karton) : DM 14.90

Quellenverzeichnis

„Erziehung eines Helden" und die hinzugefügte Erzählung „Ein Mann namens Salbenblatt" wurden nach dem Manuskript gedruckt; mit freundlicher Genehmigung von Siegfried Pitschmanns Erben. Das Quellenverzeichnis weist alle Manuskriptversionen nach, die im Siegfried-Pitschmann-Archiv im Literaturzentrum Neubrandenburg (Archiv SPA) vorhanden sind.

EeH01
Pitschmann, Siegfried: Erziehung eines Helden : [Gesamtmanuskript]. – maschinenschriftlich. – [Undatiert]. – 155 Blatt, 155 Seiten. – Archiv SPA, Mappe 2, Dokument 1 (Original)
Gesamtmanuskript. Seite 96 fehlt, Seite 140 ist unvollständig.

EeH02
Pitschmann, Siegfried: [Erziehung eines Helden] : [Teilmanuskript] ; Neuling im Netz. – maschinenschriftlich. – [Undatiert]. – 29 Blatt, 29 Seiten. – Archiv SPA, Mappe 6, Dokument 1 (Original)
Inhalt ist identisch mit den Seiten 20 bis 49 des Gesamtmanuskripts; mit handschriftlichen Korrekturen von Siegfried Pitschmann.

EeH03
Pitschmann, Siegfried: [Erziehung eines Helden] : [Teilmanuskript]. – maschinenschriftlich. – [Undatiert]. – 50 Blatt, 50 Seiten. – Archiv SPA, Mappe 11, Dokument 6 (Original: Durchschlag)
Durchschlag der Seiten 27 bis 75 des Gesamtmanuskripts. Seite 70 ist doppelt vorhanden: einmal nur halbbeschrieben, aber textidentisch.

EeH04
Pitschmann, Siegfried: [Erziehung eines Helden] : [Teilmanuskript] ; King Klaviers Etüde in Beton. – maschinenschriftlich.

– [Undatiert]. – 20 Blatt, 20 Seiten. – Archiv SPA, Mappe 16, Dokument 2 (Original: Durchschlag)
Durchschlag der Seiten 102 bis 121 des Gesamtmanuskripts; mit Streichungen und einer Anmerkung von Brigitte Reimann.

EeH05
Pitschmann, Siegfried: [Erziehung eines Helden] : [Teilmanuskript]. – maschinenschriftlich. – [Undatiert]. – 38 Blatt, 38 Seiten. – Archiv SPA, Mappe 7, Dokument 1 (Original)
Inhalt ist identisch mit den Seiten 102 bis 155 des Gesamtmanuskripts; mit handschriftlichen Korrekturen von Siegfried Pitschmann.

EeH06
Pitschmann, Siegfried: Fragmente aus „Erziehung eines Helden". – handschriftlich. – [Undatiert]. – 19 Blatt, 19 Seiten. – Archiv SPA, Mappe 7, Dokument 2 (Original)
Enthält die Widmung und zusätzliche Textstellen.

EeH07
Pitschmann, Siegfried: Erziehung eines Helden : [Notizen]. – handschriftlich. – [Undatiert]. – 127 Blatt, 127 Seiten. – Archiv SPA, Mappe 1, Dokument 1 (Original)
Enthält die in der editorischen Notiz aufgeführten und als Faksimile abgedruckten alternativen Kapitelüberschriften sowie den ursprünglichen Romantitel.

Salb01
Pitschmann, Siegfried: Ein Mann namens Salbenblatt. – maschinenschriftlich. – [Undatiert]. – 15 Blatt, 15 Seiten. – Archiv SPA, Mappe 3, Dokument 25 (Original)

Salb02
Pitschmann, Siegfried: Ein Mann namens Salbenblatt. – maschinenschriftlich. – [Undatiert]. – 15 Blatt, 15 Seiten. – Archiv SPA, Mappe 3, Dokument 29 (Original: Durchschlag)

Biografie Siegfried Pitschmann

Siegfried Daniel Pitschmann wird am 12. Januar 1930 im niederschlesischen Grünberg (heute: Zielona Góra) geboren. Er ist das zweite von insgesamt sechs Kindern. Der Vater, Daniel Pitschmann, ist Tischlermeister, kann aber seinen Beruf nur noch eingeschränkt ausüben, da er im Ersten Weltkrieg schwer verwundet worden war. Pitschmanns Mutter entstammt einer alten schlesischen Handwerker- und Lehrerfamilie. In Grünberg besucht Siegfried Pitschmann zunächst die Volks-, später die Oberschule und bekommt Klavierunterricht. Er ist ein schmaler, kränklicher und sensibler Junge. Seine Asthma-Erkrankung erfordert immer wieder Kuraufenthalte, bei denen er von starkem Heimweh geplagt wird. Zu Beginn des Jahres 1945 wird die Familie mit den vier Kindern Siegfried, Karl-

Heinz, Erika und Ruth nach Mühlhausen in Thüringen evakuiert. Zwei Geschwister leben nicht mehr: Die kleine Schwester Dorothea ist während des Krieges mit zehn Monaten an Ernährungsstörungen gestorben, der ältere Bruder, noch nicht achtzehnjährig, in den letzten Kriegsmonaten gefallen.

Im Herbst 1946 beginnt Pitschmann bei dem Mühlhäuser Uhrmachermeister Arthur Rost in der Linsenstraße 13 eine Lehre, die er 1950 erfolgreich abschließt. In dieser Zeit beginnt er zu schreiben. 1945 entsteht das erste Gedicht. 1946 reicht der gerade sechzehnjährige Siegfried Pitschmann beim Preisausschreiben des Volksbildungsministeriums zum besten Jugendbuch Thüringens die Erzählung „Monika und Friederchen" ein und erhält wegen seines beachtlichen Erzähltalents dafür einen Anerkennungspreis. Pitschmann beginnt an einem Roman zu arbeiten, der in einem Oberschul-Internat spielt und der – ebenso wie zahlreiche Hörspiele – unveröffentlicht bleibt. 1950 tritt er in die Arbeitsgemeinschaft Junger Autoren Thüringens ein.

Pitschmann gehört gemeinsam mit seinem besten Freund Klaus und dessen Schwester Ingeborg, Pitschmanns erster großer Liebe, einem privaten Kulturkreis in Mühlhausen an, in dem man sich zu Lesungen, Hausmusik und Gesprächen über Kunst trifft. Dort lernt Pitschmann auch die dreizehn Jahre ältere Elfriede Stölcker kennen. Seine Eltern billigen die Beziehung nicht, und es gibt heftige Kontroversen mit dem autoritären Vater. Aber die selbstbewusste Elfriede geht zu Pitschmanns Eltern und hält bei dem Vater um die Hand des Sohnes an. 1951 heiratet der einundzwanzigjährige Siegfried Pitschmann die kunstinteressierte und weltoffene Geschäftsfrau Elfriede Stölcker (später verheiratete Hesse), die aus einer alteingesessenen Mühlhäuser Gerberfamilie stammt und aus ihrer früheren Ehe zwei Söhne mit in die Beziehung bringt. Die Familie lebt zunächst in einer kleinen Dachgeschosswohnung in der August-Bebel-Straße 53. Eine ausgebaute Bodenkammer, die mit der Wohnung verbunden wird, dient Siegfried Pitschmann als Arbeitszimmer.

Von 1950 bis 1956 arbeitet Siegfried Pitschmann als Uhrmacher in Mühlhausen; zeitweise hilft er dem Vater in dessen Tischlerei. In der knapp bemessenen Freizeit schreibt Pitschmann. Seine Frau, literaturbegeistert und ebenso Rilke-Fan, glaubt an Pitschmanns Talent und ermutigt ihn zum Schreiben. 1951 nimmt Siegfried Pitschmann am „Zweiten Deutschen Schriftstellerseminar" in Bad Saarow teil. Seine erste Veröffentlichung, die Erzählung „Sieben ist eine gute Zahl", in der es um den Aufbau der Stalin-Allee in Berlin geht, wird im Juniheft 1952 der Literaturzeitschrift „Aufbau" veröffentlicht. Pitschmanns späterer Lektor Günter Caspar, damals Redakteur beim „Aufbau", und Bodo Uhse hatten ihn auf die Großbaustelle geschickt, mit dem Auftrag, eine Reportage zu schreiben. Auch der Mühlhäuser Kreisbibliothekar Hans-Joachim Weinert unterstützt den jungen Schriftsteller und verschafft Pitschmann die Möglichkeit, bei von den Bibliotekaren der Kreisstelle Mühlhausen, dem Kulturbund oder der „Gesellschaft für deutsch-sowjetische Freundschaft" in Thüringen organisierten Veranstaltungen aus seinen Texten zu lesen. Pitschmanns erste Buchveröffentlichung ist der Abdruck der Erzählung „Eine halbe Stunde und fünf Minuten" in der 1953 im Thüringer Volksverlag Weimar erscheinenden Anthologie „Einen Schritt weiter". Die Liebesgeschichte „Sieben ist eine gute Zahl" reicht Pitschmann 1953 bei einem Preisausschreiben des Deutschen Schriftstellerverbandes mit dem Thema „Die schönste Liebesgeschichte" ein und erhält – gemeinsam mit drei weiteren Einsendern – einen zweiten Preis. Die Preisträger werden von Anna Seghers im „Sonntag" vom 7. Juni 1953 bekanntgegeben und bekommen den Preis persönlich von ihr überreicht. Ebenfalls 1953 wird der gemeinsame Sohn Thomas der Eheleute Siegfried und Elfriede Pitschmann geboren. Doch danach beginnt die Ehe zu kriseln. Pitschmann leidet darunter, trotz seines anfänglichen Erfolges, vom Schreiben nicht leben zu können und von seiner Frau ausgehalten zu werden. Er beginnt zu trinken.

1957 zieht Pitschmann die Notbremse. Er ist entschlossen, sein Leben von Grund auf zu verändern und seinen eigenen selbstständigen Weg zu finden. Er hört von einem Tag auf den anderen auf zu trinken und geht im August auf die Großbaustelle des Kombinates „Schwarze Pumpe" in der Lausitz. In seiner Brigade – einer Betonbrigade beim VEB Industriebau Cottbus – weiß niemand, dass er eigentlich Schriftsteller ist. Erst kurz vor Weihnachten 1957 lüftet er das Geheimnis. Im Februar 1958 findet Pitschmanns vorweggenommener „Bitterfelder Weg" ein unfreiwillig jähes Ende, als ihm die sogenannte „Betonkrätze" und eine chronische Stirnhöhlenerkrankung die Weiterarbeit auf dem Bau unmöglich machen.

Nach seiner Rückkehr aus „Schwarze Pumpe" arbeitet Siegfried Pitschmann als freier Autor. Günter Caspar wird sein Lektor beim Aufbau-Verlag und ermutigt ihn, die Erlebnisse auf der Großbaustelle in einem Roman zu verarbeiten. Im Schriftstellerheim „Friedrich Wolf" in Petzow beginnt Pitschmann die Arbeit an seinem autobiografischen Roman „Erziehung eines Helden". Dort lernt er auch Brigitte Reimann kennen. Die beiden beginnen eine Affäre und trennen sich darauf von ihren jeweiligen Ehepartnern. Am 27. November 1958 wird Brigitte Reimann geschieden, am 20. Dezember Siegfried Pitschmann. Am 10. Februar 1959 heiraten sie in Werder bei Potsdam. Gemeinsam leben sie zunächst in Burg in Brigitte Reimanns Elternhaus, im Januar 1960 ziehen sie nach Hoyerswerda in eine eigene Zwei-Zimmer-Neubauwohnung. Siegfried Pitschmann arbeitet jetzt – diesmal gemeinsam mit seiner Frau – zum zweiten Mal im Kombinat „Schwarze Pumpe". Beide sind verschiedenen Brigaden zugeteilt, leiten gemeinsam den „Zirkel schreibender Arbeiter" und nehmen rege am Kulturleben des Kombinates teil. Reimann und Pitschmann sind ein erfolgreiches Schriftstellerpaar. Für ihr gemeinsames Hörspiel „Ein Mann steht vor der Tür" (1960) erhalten sie 1960 den 2. Preis im Internationalen Hörspielwettbewerb. Das Hörspiel „Sieben Scheffel Salz" (1960) ist ihre zweite Koproduktion. Im Juni 1961 wird ihnen für beide Hörspiele gemeinsam der Literaturpreis des „Freien Deutschen Gewerkschaftsbundes" (FDGB) verliehen. Das Fernsehspiel „Die Frau am Pranger" nach Brigitte Reimanns gleichnamiger Erzählung wird 1962 mit großem Erfolg im Deutschen Fernsehfunk ausgestrahlt; das Drehbuch hatten Brigitte Reimann und Siegfried Pitschmann gemeinsam geschrieben. Pitschmanns erste eigene Buchveröffentlichungen, der Erzählband „Wunderliche Verlobung eines Karrenmanns" (1961, gewidmet Brigitte Reimann) und die Erzählung „Das Netz" (1962) fallen ebenfalls in diese Zeit. Zu Pitschmanns Arbeitsprinzip gehört es, die Manuskripte veröffentlichter Texte inklusive aller früheren Fassungen zu vernichten. Von seinen unveröffentlichten Texten hingegen sind viele Manuskripte erhalten geblieben; teilweise in verschiedenen Bearbeitungsstufen und Versionen.

Die Ehe mit Brigitte Reimann bringt Pitschmann kein langfristiges privates Glück.[1] Als er am 2. Januar 1964 für zwei Monate nach Petzow ins Schriftstellerheim fährt, weiß er, dass er nicht nach Hoyerswerda zurückkehren wird. Doch im Schriftstellerheim kann Siegfried Pitschmann nicht dauerhaft wohnen bleiben. Dieter Noll, dem die dramatische Wendung in der Ehe seines Freundes nicht verborgen geblieben ist, bietet ihm seine Hilfe an. Er besitzt einen Garten an einem See in Königswusterhausen bei Berlin, in dem ein alter Wohnwagen

---

[1] Der Briefwechsel zwischen Brigitte Reimann und Siegfried Pitschmann dokumentiert die Liebesgeschichte der beiden Schriftsteller, die gleichzeitig so verschieden waren, vom Anfang bis zum Ende: „Wär schön gewesen!" : der Briefwechsel zwischen Brigitte Reimann und Siegfried Pitschmann / herausgegeben von Kristina Stella. – Bielefeld : Aisthesis Verlag, 2013.

steht, der früher Artisten gehörte. Ostern 1964 zieht Pitschmann in seine provisorische Behausung ein. Am 13. Oktober 1964 werden Siegfried Pitschmann und Brigitte Reimann geschieden. Siegfried Pitschmann legt die „Erziehung eines Helden" endgültig auf Eis und beginnt seinen neuen Roman mit dem Arbeitstitel „Reise des Lodekind". Der Roman bleibt unvollendet; Pitschmann will es nach dem Debakel um „Erziehung eines Helden" (siehe Nachwort) nicht mehr gelingen, unbelastet zu schreiben:

> Warum nicht einfach heruntererzählen ohne Rücksicht auf Ballast? Warum schon das Lektorat vor dem Lektorat? Ein Teufelskreis aus Pedanterie, Vorsicht und Verkürzungssucht, den es nur selten zu durchbrechen gelingt. Ich denke voll Neid und Eifersucht an das dicke Manuskript, das ich unbekümmert, ohne Hemmungen in vierzehn Tagen schrieb; freilich war ich damals achtzehn Jahre alt, und natürlich konnte die Arbeit nicht gedruckt werden.[2]

Bei Noll lernt Pitschmann ein junges Mädchen kennen. Sie ist Anfang zwanzig und arbeitet an der Staatsbibliothek in Ostberlin. Birgitt und Siegfried Pitschmann heiraten am 29. Dezember 1964 und ziehen im März 1965 nach Rostock, wo ihnen eine kleine Neubauwohnung zugewiesen wird; Tochter Nora kommt zur Welt. Siegfried Pitschmann wird Vorsitzender des Schriftstellerverbandes des Bezirkes Rostock. 1968 erscheinen „Kontrapunkte" und 1974 der Erzählband „Männer mit Frauen". Pitschmann recherchiert im Wissenschaftler-Milieu und schreibt die Erzählung „Fünf Versuche über Uwe", die Lothar Warneke 1974 unter dem Titel „Leben mit Uwe" verfilmt (Drehbuch: Siegfried Pitschmann). 1975 erscheint das Buch „Er und Sie. Drei Studien für Schauspieler und Publikum". 1976 wird Pitschmanns dritte Ehe geschieden. Er

---

[2] Pitschmann, Siegfried: Tagebücher März 1964. – Seite 162. – In: Neue Texte (1964) 4.

beginnt bei Hanns Anselm Perten am Volkstheater Rostock als künstlerisch-wissenschaftlicher Mitarbeiter und als Dramaturg zu arbeiten. Die Theaterfassung von „Er und Sie" wird am Volkstheater uraufgeführt und fünfzigmal mit großem Erfolg gespielt. Im selben Jahr wird Siegfried Pitschmann der Heinrich-Mann-Preis der Akademie der Künste der DDR verliehen, 1978 der Louis-Fürnberg-Preis. 1977 heiratet er ein viertes und letztes Mal; sein zweiter Sohn David wird 1983 geboren. 1982 bekommt Siegfried Pitschmann ein Stipendium und einen Studienplatz am Leipziger Literaturinstitut „Johannes R. Becher"; der Erzählband „Auszug des verlorenen Sohns" erscheint.

1989 erzählt Siegfried Pitschmann in Katharina Schuberts Dokumentarfilm „Ich habe gelebt und gelebt und gelebt" in mehreren Interviews von seiner Zeit mit Brigitte Reimann; 1999 gibt er in Sabine Ranzingers Feature „Und trotzdem haben wir immerzu geträumt davon" Auskunft über Leben, Lieben und Arbeiten mit Brigitte Reimann. 1990 zieht er nach Suhl und kehrt damit in das geliebte Thüringen zurück. Seine Frau Undine wohnt in Potsdam. Pitschmann hängt sehr an ihr, aber er braucht das Alleinsein mehr als die räumliche Nähe. Er lebt zunächst zurückgezogen in einer kleinen Zweizimmerwohnung; von 1992 an engagiert er sich als Vorstandsmitglied in der „Literarischen Gesellschaft Thüringen" und setzt sich für junge Autoren ein. 1993 kehrt er noch einmal für einen Besuch nach Hoyerswerda zurück und hält zum „Tag der heiligen Barbara" am 4. Dezember eine vielbeachtete Rede.

Anlässlich seines siebzigsten Geburtstages erscheint im Jahr 2000 Pitschmanns letzter Erzählband mit dem Titel „Elvis feiert Geburtstag". Seine Lebenserinnerungen spricht er im Herbst 2001 auf Band: Marie-Elisabeth Lüdde, Oberkirchenrätin und gute Freundin in Pitschmanns letzten Lebensjahren, hatte die Idee und führt die Interviews mit ihm; eine ganze Woche lang. 15 Stunden Tonbandprotokoll entstehen. Am 29.

August 2002 stirbt Siegfried Pitschmann in Suhl an einer Lungenembolie. Auf seinen Wunsch hin wird er in Mühlhausen beerdigt. Die Trauerfeier mit anschließender Urnenbeisetzung findet am 27. September 2002 auf dem Friedhof in Mühlhausen statt. Die Trauerrede hält Marie-Elisabeth Lüdde. 2004 gibt sie unter dem Titel „Verlustanzeige" posthum – wie mit Pitschmann vereinbart – die 2001 entstandenen Tonbandprotokolle als Buch heraus. Der Nachlass Siegfried Pitschmanns befindet sich seit Oktober 2008 als Dauerleihgabe im Literaturzentrum Neubrandenburg.

Werke
Ein Mann steht vor der Tür (1960, Hörspiel, gemeinsam mit Brigitte Reimann); Sieben Scheffel Salz (1960, Hörspiel, gemeinsam mit Brigitte Reimann); Wunderliche Verlobung eines Karrenmanns (1961); Die Frau am Pranger (1962, Drehbuch, gemeinsam mit Brigitte Reimann); Das Netz (1962); Kontrapunkte (1968; polnisch 1970); Der glückliche Zimpel, die Frau und die Flugzeuge (1973, Hörspiel); Leben mit Uwe (1974, Szenarium zum DEFA-Film); Männer mit Frauen (1974); Er und Sie : drei Studien für Schauspieler und Publikum (1975 Buch; 1976 Theaterstück); Auszug des verlorenen Sohns (1982); Elvis feiert Geburtstag (2000). Posthum: Verlustanzeige (2004); Vier Erzählungen (2004); Schreiben und Erzählen (2012); „Wär schön gewesen!" : Briefwechsel mit Brigitte Reimann (2013).

Dank

Dass die „Erziehung eines Helden", deren Handlung im Sommer und Herbst 1957 spielt und die zwischen März 1958 und Juli 1959 entstand, aus der Schublade hervorgeholt und vor dem Vergessen gerettet werden konnte, ist vor allem der Familie Siegfried Pitschmanns zu verdanken, die den Nachlass sorgfältig bewahrt und der Forschung zur Verfügung gestellt hat.[1]

Ich danke Undine, David, Nora und Thomas Pitschmann, die die Veröffentlichung des Romans unterstützten und genehmigten, und dem Literaturzentrum Neubrandenburg, das die Arbeit im Archiv ermöglichte. Dem „Zentralarchiv VE Mining & Generation Schwarze Pumpe" danke ich für die Genehmigung des Abdrucks der Fotografien aus dem Werksarchiv. Ich danke Stephan Brühl für die Bildbearbeitung, Matthias Aumüller für seinen fachkundigen Rat und Detlev Kopp, der den verlegerischen Mut aufbrachte und damit dieses Projekt ermöglichte. Mein besonderer Dank geht an Klaus Lepsky für seine große Unterstützung.

Siegfried Pitschmann wäre am 12. Januar 2015 fünfundachtzig Jahre alt geworden. Wir erinnern an ihn mit diesem Buch.

Kristina Stella, Kronberg im Januar 2015

---

[1] Das Siegfried-Pitschmann-Archiv befindet sich als Dauerleihgabe im Literaturzentrum Neubrandenburg.

Inhalt

Erziehung eines Helden

I	Ein Mann unterwegs	9
II	Laufzettel – Nr. 7635	29
III	Neuling im Netz	33
IV	Dialog über Ausnahmeleute	69
V	Lektionen für den Langen	73
VI	Tagebuch von Ruth P., Blatt 128	121
VII	King Klaviers Etüde in Beton	127

Anhang

Ein Mann namens Salbenblatt	187
Nachwort	203
Editorische Anmerkungen	229
Quellenverzeichnis	237
Biografie Siegfried Pitschmann	239
Dank	247

„Wär schön gewesen!"

Der Briefwechsel
zwischen Brigitte Reimann
und Siegfried Pitschmann

Hrsg. von Kristina Stella

2013, 2. Auflage
ISBN 978-3-89528-975-0
309 Seiten, geb. € 24.80

Die in diesem Band erstmals veröffentlichte Korrespondenz zwischen Brigitte Reimann und Siegfried Pitschmann schließt eine Lücke in den bereits erschienenen Briefwechseln der DDR-Schriftstellerin und ermöglicht Einblicke in das private und berufliche Zusammenleben Brigitte Reimanns mit ihrem Ehemann und Schriftstellerkollegen Siegfried Pitschmann.

Der Band gibt auch Auskunft über Ereignisse, die Brigitte Reimann in ihren Tagebüchern nicht thematisiert, und lässt bislang unbekannte Facetten der Autorin entdecken. Die zwischen 1958 und 1971 entstandenen Briefe zeugen darüber hinaus von der Euphorie der Künstler in der Frühzeit der DDR; sie geben ein authentisches Zeugnis aus der Zeit des „Bitterfelder Weges" und der „Ankunftsliteratur" und berichten vom Leben und Schreiben der Schriftsteller in der noch jungen Republik.

Der Band ist mit Zeichnungen illustriert, die Siegfried Pitschmann für Brigitte Reimann angefertigt hat. Sie werden hier zum ersten Mal veröffentlicht.

In kurzen Zwischentexten liefert die Herausgeberin Informationen, die zum besseren Verständnis der Briefe beitragen. Ein Register gibt Auskunft über die in den Briefen erwähnten Personen. Im Verzeichnis der Briefe werden alle Originalvorlagen nachgewiesen und ihre Aufbewahrungsorte angegeben.

Der Briefwechsel Reimann-Pitschmann in der Kritik

Ein Roman? Nein, die wahre Geschichte zweier junger Schriftsteller, die glaubten, die Leidenschaft füreinander sei einzigartig, und die vorhatten, gemeinsam durchs Leben zu gehen und sich gegenseitig Mut zum Schreiben zu machen. Er ist der heute nahezu unbekannte Siegfried Pitschmann. Sie ist die schon zu Lebzeiten bekannte Schriftstellerin Brigitte Reimann, die vor 40 Jahren in einer Ost-Berliner Klinik an Krebs starb, gerade einmal 39 Jahre alt. [...] In [dem] nun publizierten Band mit den Briefen des Paares werden der Geschichte [dieser Beziehung] neue Dimensionen hinzugefügt: nicht allein die Perspektive des Ehemanns, der wunderbar zartfühlende und begehrliche Briefe schreibt, sondern auch [Reimanns] Geschick, die erotischen Eskapaden ganz anders als im Tagebuch darzustellen.
Der Spiegel (15.07.2013)

[...] ein erhellender, durchweg interessanter, nicht selten bewegender Briefwechsel.
Frankfurter Allgemeine Zeitung (19.07.2013)

Der nun veröffentlichte Briefwechsel zwischen der großen DDR-Autorin und ihrem als Schreiber hochbegabten, aber auch verkannten Mann ist ein literarisches Ereignis.
Die Zeit (25.07.2013)

Die Briefe sind meist voller Fieber. Die Liebesschwüre sind heiß. [...] Siegfried Pitschmanns Versuche, der Geliebten ein Halt zu sein und sich gleichzeitig nicht selbst aufzugeben, verdienen Bewunderung und Respekt. Aber er konnte sie nicht aufhalten. Sein hier ebenfalls veröffentlichter Nachruf auf die zu früh Gestorbene ist ein Zeugnis menschlicher Größe.
Neues Deutschland (20.07.2013)

Über die literarische Bedeutung der Briefe hinaus – hier ist ganz besonders auch auf die des einstigen Uhrmachers Pitschmann hinzuweisen – erlaubt der Briefwechsel einen tiefen Einblick in die Ende der 1950er Jahre noch vorhandene Euphorie von Künstlern und das Gefühl eines Aufbruchs, das nicht zuletzt mit solchen schriftstellerischen Experimenten wie dem »Bitterfelder Weg« verbunden war, an denen Reimann und Pitschmann beteiligt sind.
Jahrbuch für Kommunikationsgeschichte (2013)

Leseprobe

Am Abend des 30. Mai 1958 muss Brigitte Reimann Mühlhausen verlassen und nach Burg zurückfahren, denn am Wochenende findet in Magdeburg die Schriftstellertagung des Bezirksverbandes statt, und schon wenige Tage darauf wird ihr Ehemann aus dem Gefängnis entlassen werden und zu ihr nach Hause kommen. Dann wird sie ihm reinen Wein einschenken und sich endgültig entscheiden müssen.

Siegfried Pitschmann an Brigitte Reimann

Freitagabend ... [30.05.1958]

Liebstes Delta-Mädchen,
ist es möglich, daß da einfach ein Zug abfährt, eine Hand winkt aus einem Fenster, und auf dem Bahnsteig steht einer, das Gesicht merkwürdig verkrampft, während der Zug fährt und fährt, in der Kurve verschwindet, – und der Mann steht immer noch da, dreht sich schließlich um, geht, plötzlich von einem furchtbaren Einsamkeitsgefühl überfallen, den langen grauen Bahnsteig zurück, fremd unter hundert Fremden, und er weiß auf einmal, wie das ist, wenn man sich „maßlos" fühlt. Liebste, es ist wahr, ich fühle mich maßlos, irgendwas ist mir rausgerissen, – meine lebenswichtigste Hälfte fehlt, ist nicht mehr da und für entsetzlich lange Tage auch nicht mehr erreichbar.

Aber dies soll kein langer Jammer-Brief werden: nur Mitteilung meines Heimweh-Zustands, nur Bericht von meinem nie dagewesenen Gefühl, das, wie nun alles aussieht, nur für Dich und Dich und Dich aufgespart blieb und nun da ist und nicht mehr tilgbar ist.

Dies genug fürs erste. Will schnell den Brief wegbringen, dann sofort schlafen. Um 8 habe ich ganz sehr an Dich gedacht, aber wie soll ich noch Unterschiede machen zwischen ganz sehr oder weniger sehr an Dich denken: Du bist der herrlichste und wunderbarste und kostbarste Teil meiner selbst, und alle Gedanken suchen Dich.

– Das Radio leiert, – wie kann es anders sein, jene tausendmal mit Dir gehörte komische Nummer „Chanson d'amour (rataratara)", – wirklich herrlich saublöd. Jetzt anschließend Elvis the Pelvis mit irgendeinem *irren* Rock'n Roll. Seine Stimme hüftschaukelt geil und irr.

Radio hören ohne Dich, – komisch, daß das überhaupt geht, aber was soll ich machen.

Traurig, – wahnsinnig glücklich, daß es Dich gibt, – traurig, mit hundert und einem Traum.

Ausschließlich Dein, immer Dein D.

I.l.D.

Jota ist wahnsinnig verhungert nach Delta.

Brigitte Reimann an Siegfried Pitschmann

Magdebg., am 31.5.58

Mein liebster Dan,

ich hatte eine seltsam unwirkliche Fahrt zwischen Trauer und Freude, Traurigkeit und Hoffnung, zwischen Orient und Thüringen; ein Jugendbuch, in einem Tunnel: sekundenlang bestürzende Vorstellungen von Vorbeisein und Wahn und Angst; einmal, vom Buch aufblickend, das Bild einer schönen Landschaft, Tal und Hügel; die Thüringer Pforte vermutlich. Und in allem Du, Daniel, und ein sonderbares Gefühl von Geborgenheit, trotz allem. Es gibt Dich ...

Nachher hab ich im Gang gestanden, dort, wo Du zuletzt standest. – Ich sitz im Wartesaal, gleich muß Schreyer kommen, ich bin aufgeregt und hab kein Geld, und der Wartesaal ist abscheulich – aber wenn ich die Augen zumache, bist Du da, Liebster, und ich küsse Dich und denke an die letzte Nacht und bin schrecklich hungrig nach Dir, ein süßes Jota-Mädchen!

Ich bin wahnsinnig vor Liebe zu Dir, und es wird alles gut werden, nicht wahr? Morgen schreib ich Dir einen richtigen Brief. Vergiß nicht: abends um acht!

Ich umarme Dich, Dany, und ich küsse zärtlich Deinen Mund und Deine Hände und den kleinen Finger.

Deine Brigitte